Kompendium bankbetrieblicher Anwendungsfelder

Herausgegeben von

BANKAKADEMIE e.V., Frankfurt am Main

Bank-Controlling II:
Risikopolitik in Kreditinstituten

Dr. Michael Schulte

1. Auflage 1996

BANK AKADEMIE-VERLAG GmbH

Hansaallee 2 · 60322 Frankfurt am Main
Telefon (0 69) 95 91 63-0 · Fax (0 69) 95 91 63-95

Kompendium bankbetrieblicher Anwendungsfelder

Herausgegeben von
BANKAKADEMIE e.V., Frankfurt am Main

Die Deutsche Bibliothek – CIP-Einheitsaufnahme

Schulte, Michael:
Bank-Controlling / Michael Schulte. – Frankfurt am Main : Bank-Akad.-Verl.
(Kompendium bankbetrieblicher Anwendungsfelder)
2. Risikopolitik in Kreditinstituten. – 1. Aufl. – 1996

ISBN 3-9802586-4-5

1. Auflage 1996

© 1996 BANKAKADEMIE-VERLAG GmbH, Hansaallee 2,
60322 Frankfurt am Main

Satz und Druck: Kessler Verlagsdruckerei, Bobingen
Printed in Germany

ISBN 3-9802586-4-5

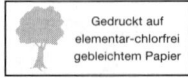
Gedruckt auf
elementar-chlorfrei
gebleichtem Papier

Vorwort

Die BANKAKADEMIE, kompetenter Bildungspartner des Kreditgewerbes, bietet engagierten Nachwuchskräften von Kreditinstituten zwei Wege an, um sich für anspruchsvolle Fach- und Führungsaufgaben zu qualifizieren: die Hochschule für Bankwirtschaft, Private Fachhochschule der BANKAKADEMIE, und eine dreistufige berufsbegleitende Bildungskonzeption, die sich aus dem Bankfachwirt-, Bankbetriebswirt- und Management-Studium zusammensetzt.

Das siebenbändige Kompendium bankbetrieblicher Anwendungsfelder wurde für Studierende des **Bankbetriebswirt-Studiums** konzipiert. Es wendet sich aber auch an Studenten der Fachhochschulen und Universitäten sowie an Bankpraktiker.

Für die angesprochenen Zielgruppen stellt sich oftmals die Frage nach der Wahl des geeigneten Fachbuches, das sowohl den Ansprüchen des Praktikers genügt, aber auch die notwendigen theoretischen Grundlagen problemorientiert behandelt. Diesen grundlegenden Herausforderungen möchte sich dieses Kompendium stellen.

Im Vordergrund der Fachbuchreihe steht die Entwicklung der Fachkompetenz in den verschiedenen Teilgebieten. Mit dem Band „Risikopolitik in Kreditinstituten" gewinnt der Leser einen nachhaltigen Eindruck von der Vielfältigkeit und der Aktualität risikopolitischer Problemstellungen.

Darüber hinaus vermittelt das Kompendium vertiefende Kenntnisse in den immer stärker an Bedeutung gewinnenden Bereichen der methodischen, persönlichen und sozialen Kompetenz. Diese Inhalte werden in den Bänden „Organisationsentwicklung in Banken" und „Schlüsselqualifikationen aktiv trainiert" praxisorientiert dargestellt.

Die im Rahmen des **Bankbetriebswirt-Studiums** gesammelten Erfahrungen wurden in das Kompendium integriert.

Um das Verständnis zu fördern, wurden die Inhalte mit Beispielen und kleinen Fallstudien angereichert und durch aktuelle Bezüge ergänzt. Diskussionsfragen am Ende eines jeden Kapitels erleichtern die Lernkontrolle.

Ganz besonders danken wir allen Autoren für ihre Ausführungen. Unser Dank gilt auch allen Dozenten, Studierenden und Praktikern, die zur Entwicklung dieser Fachbuchreihe beigetragen haben.

Dr. Helmut Reinboth
Hauptgeschäftsführer
der BANKAKADEMIE e.V.

Inhalt

Einleitung

Seit Mitte der siebziger Jahre sind auf den Kredit- und Finanzmärkten die Risiken stärker in den Vordergrund gerückt. Dies bezieht sich sowohl auf das klassische Ausfallrisiko, insbesondere in Form schlagend gewordener Länderrisiken, als auch auf wesentlich verstärkte Marktpreisveränderungen auf den wichtigsten in- und ausländischen Finanzmärkten. Die Risikopolitik ist daher seit etwa Anfang der achtziger Jahre ein stark an Bedeutung gewinnendes Thema. In der Zwischenzeit wurden die **risikopolitischen Analysemethoden und Instrumente** in enger Verzahnung zwischen Theorie und Praxis immer weiter verfeinert und haben heute einen hohen Stand erreicht.

Enge Verzahnung zwischen Theorie und Praxis

Während in den siebziger Jahren zunächst die Umsetzung des Marketing-Gedankens prägend für die Entwicklung in der kreditwirtschaftlichen Praxis war, schloß sich in den achtziger Jahren eine intensive **Controlling-Orientierung** an, die zunächst primär unter dem Gesichtspunkt der Ertragssteuerung zu sehen war. Inhaltlich wird dieser Teil des Controllings im Rahmen dieser Fachbuchreihe in dem Buch **„Bank-Controlling I: Ertragsmanagement in Kreditinstituten"** behandelt. Erst Mitte der achtziger Jahre wurde der Controlling-Begriff systematisch auch auf den Risikobereich ausgedehnt und fand die Umsetzung der entwickelten risikopolitischen Konzepte in den Kreditinstituten stärkere Beachtung. In den neunziger Jahren werden die entwickelten Konzepte weiter verfeinert und auf einer breiten Basis in die kreditwirtschaftliche Praxis umgesetzt. Vor diesem Hintergrund werden die neunziger Jahre von zahlreichen Bankmanagern auch als das Jahrzehnt des Risk Managements bezeichnet.

Umsetzung der entwickelten Konzepte in den 90er Jahren

Mittlerweile reichen viele zunächst in der Theorie entwickelten Ansätze bis weit in die betriebliche Praxis hinein. Das **Ziel** dieses Buches **Bank-Controlling II** ist es, die wesentlichen theoretischen Konzepte der Risikopolitik und ihre praxisorientierte Umsetzung verständlich zu erläutern sowie ihre Bedeutung für das Gesamtinstitut aufzuzeigen.

Dabei erfolgt im wesentlichen eine Beschränkung auf die interne Sichtweise des Risk Managements. Die immer komplexer werdenden Risikobegrenzungsnormen der Bankenaufsicht, die Ausdruck eines quasi externen Risk Managements sind, können schon aus Platzgründen nicht im einzelnen behandelt werden. Die Überarbeitungen und Neuerungen bei den verschiedenen Regelungen (z. B. Kapitaladäquanzrichtlinie) zeigen jedoch, daß die Bankenaufsicht die hier dargestellten Entwicklungen im internen Risk Management aufgreift und zunehmend in die aufsichtsrechtlichen Vorschriften integriert.

Frankfurt am Main,   Dr. Michael Schulte
im Dezember 1995

1 Überblick zum Risk Management in Kreditinstituten

Ausgehend vom Risikobegriff und einer Definition der Risikopolitik wird im folgenden mit dem Phasenschema des Risk Managements zunächst eine sinnvolle Strukturierung des Risk-Management-Prozesses vorgestellt. Anschließend erfolgt eine Systematisierung der Risiken nach ihrem Ursache- und Wirkungszusammenhang, um dann eine Gegenüberstellung mit möglichen Risikoträgern vorzunehmen. Der einführende Überblick zum Risk Management schließt mit einigen Anmerkungen zu organisatorischen Aspekten des Risk Managements.

1.1 Zum Risikobegriff

Der Begriff des Risikos findet angesichts seiner weiten Verbreitung in verschiedensten Wissenschaftsgebieten, der Politik und nicht zuletzt auch der Umgangssprache keine einheitliche Begriffsinterpretation. Selbst in der Betriebswirtschaftslehre ist eine solche nicht vorzufinden. Die verschiedenen Ansätze lassen sich jedoch weitgehend auf **zwei Grundrichtungen** zurückführen. Während die entscheidungsorientierte Risikotheorie ursachenbezogen auf die Unsicherheit der Zukunft und unvollständige Informationen abstellt, wird in den meisten anderen Bereichen Risiko stärker wirkungsbezogen als Möglichkeit einer Zielverfehlung bzw. eines Verlustes aufgefaßt.

Dimensionen des Risikobegriffs

Die **ursachenbezogene Auffassung** knüpft an die Möglichkeit an, dem Eintritt bestimmter (unsicherer) Ereignisse Wahrscheinlichkeiten zuzuordnen. Dabei kann es sich um objektiv meßbare Wahrscheinlichkeiten handeln, wie sie etwa bei Versicherungen aufgrund statistischer Berechnungen ermittelt werden können, oder um subjektive Schätzungen, die der oder die Entscheidungsträger aus der Einschätzung einer bestimmten Situation bzw. ihrer Erfahrung ableiten.

Unsicherheit als Voraussetzung für Risiko

Die **wirkungsbezogenen Ansätze** stellen dagegen die Risikowirkungen in den Vordergrund und fassen **Risiko** als die Möglichkeit einer **negativen Zielverfehlung** und die damit in der Regel ebenfalls verbundene **Chance** als die einer **positiven Zielverfehlung** auf. Insofern ist der Risikobegriff nur im Zusammenhang mit den zugrunde liegenden (subjektiven) Zielsetzungen sinnvoll zu interpretieren, da durch das sich darin ausdrückende Anspruchsniveau gleichzeitig das Verhältnis von Risiko und Chance bestimmt wird. Wenn beispielsweise im Kreditgeschäft für das Gesamtinstitut die Zielsetzung einer vollständigen Rückzahlung von Zins- und Tilgungsleistungen formuliert wird, so steht dem Risiko, doch Ausfälle zu erleiden, keinerlei Chance gegenüber, da kein Kreditnehmer eine Übererfüllung der vertraglichen Ver-

Risiko und Chance = negative und positive Zielabweichungen

einbarungen vornehmen wird. Werden aber im Zins Risikoprämien kalkuliert und diese auch am Markt durchgesetzt, so könnte eine durchaus sinnvolle Zielsetzung für das Gesamtinstitut sein, daß die tatsächlichen Ausfälle die Höhe der vereinnahmten Risikoprämien nicht übersteigen sollen. Bei dieser Zielsetzung steht dem Risiko tatsächlich höherer Ausfälle die Chance gegenüber, daß die tatsächlichen Ausfälle niedriger als die vereinnahmten Risikoprämien sind. An diesem Beispiel wird auch die **Subjektivität des Risikos** deutlich.

Subjektivität des Risikos

Die beiden dargestellten Grundrichtungen stehen indes nicht unabhängig nebeneinander; vielmehr setzt die wirkungsbezogene Interpretation die ursachenbezogene voraus. Risiko kann daher wie folgt beschrieben werden:

Risikodefinition

> **Risiko resultiert ursachenbezogen aus der Unsicherheit zukünftiger Ereignisse** – wobei dies regelmäßig mit einem unvollständigen Informationsstand einhergeht – **und schlägt sich wirkungsbezogen in einer negativen Abweichung von einer festgelegten Zielgröße nieder.**

Damit ist indirekt ebenfalls die Annahme einer höchstens eingeschränkten Korrigierbarkeit einer einmal getroffenen Entscheidung verbunden. Die **Höhe des Risikos** ist dann einerseits abhängig vom Ausmaß der möglichen Zielverfehlungen sowie andererseits von den ihnen jeweils zuzurechnenden Wahrscheinlichkeiten.

1.2 Risikoposition und Risikopolitik

Bei risikopolitischen Überlegungen sind jedoch nicht nur die Risiken bzw. Risikopotentiale zu berücksichtigen, sondern auch, ob die **übernommenen Risiken** für ein Institut auch **tragbar** sind. So mag ein Ausfallrisiko in Höhe von 20 Mio. DM bei einem sehr großen Institut angesichts einer guten und stabilen Ertragslage und erheblicher Eigenkapitalreserven nur eine geringe Bedeutung haben. Für ein kleines und zudem ertragsschwaches Institut mit nur geringer Eigenkapitaldecke kann dieses Ausfallrisiko aber sehr wohl existenzbedrohenden Charakter aufweisen.

Risikoposition

Zur Beurteilung der Tragfähigkeit von Risiken bzw. Risikopotentialen ist es daher zwingend erforderlich, eine **Gegenüberstellung der Risiken mit den bestehenden Risikoträgern** vorzunehmen. Das Verhältnis von Risiken zu vorhandenen Risikodeckungspotentialen bestimmt die **Risikoposition** eines Kreditinstituts.

Risikopolitik in Kreditinstituten darf daher nicht auf den Bereich der Risiken beschränkt bleiben, sondern muß auch den Bereich der

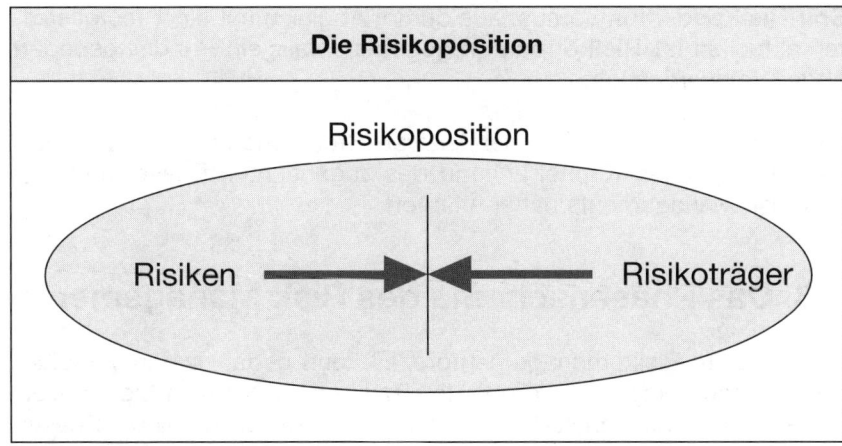

Abbildung 1

Risikoträger berücksichtigen. Sie muß daher **umfassend** auf die Risikoposition des Gesamtinstituts gerichtet sein.

Begriffe wie **Risk Management, Risikomanagement** oder **Risikopolitik** werden sehr häufig synonym verwendet. Teilweise wird die Risikopolitik aber auch als übergeordneter Begriff gesehen und das Risikomanagement auf den Aspekt der Risikosteuerung begrenzt. Dieser Gedanke drückt sich auch in einer Differenzierung zwischen Risikomanagement im weiteren Sinne – als umfassenden Begriff – und Risikomanagement im engeren Sinne – begrenzt auf den Steuerungsaspekt – aus. Entsprechend der überwiegenden Verwendung in Literatur und Praxis werden hier jedoch die Begriffe Risk Management, Risikomanagement und Risikopolitik synonym eingesetzt und entsprechen inhaltlich der umfassenden Begriffsverwendung, die neben der **Risikosteuerung** im Sinne von Risikobeeinflussung auch die **Risikoanalyse** und **-kontrolle** umfaßt.

Risikopolitik

Vgl. Kapitel 1.3

Aus der Risikoposition als umfassenden Betrachtungsgegenstand der Risikopolitik und ihrer inhaltlichen Erstreckung auf die Bereiche der Analyse, Steuerung und Kontrolle läßt sich eine Definition des Begriffs Risikopolitik herleiten:

> **Risikopolitik bzw. Risk Management umfaßt sämtliche Maßnahmen zur planmäßigen und zielgerichteten Analyse, Beeinflussung (Steuerung) und Kontrolle der Risikoposition.**

Definition Risikopolitik

Planmäßig bedeutet in diesem Zusammenhang, daß risikopolitische Maßnahmen nicht nur fallweise und mehr oder weniger sporadisch, sondern systematisch und dauerhaft in den gesamtbetrieblichen Managementprozeß integriert werden sollten. **Zielgerichtet** setzt seitens der Unternehmensleitung Vorstellungen über das Aussehen einer

Soll-Risikoposition voraus, aus der im Abgleich mit einer festgestellten aktuellen **Ist-Risikoposition** gegebenenfalls ein Handlungsbedarf abgeleitet werden kann.

Die Definitionsbestandteile der Analyse, Steuerung und Kontrolle werden im folgenden Kapitel anhand des sogenannten Phasenschemas des Risk Managements näher erläutert.

1.3 Das Phasenschema des Risk Managements

Der gesamte Risikomanagementprozeß kann gedanklich in verschiedene Phasen eingeteilt werden. In der Literatur hat sich bisher allerdings noch keine einheitliche Begriffsbildung bezüglich dieser Phasen durchgesetzt. Die Unterschiede sind jedoch weniger inhaltlicher Natur als vielmehr im Detaillierungsgrad und den jeweiligen Bezeichnungszuordnungen zu sehen. Grundsätzlich baut das **Phasenschema** auf der **gedanklichen, zeitlichen Abfolge eines systematisch angelegten Prozesses** auf. Dabei können generell drei Phasen unterschieden werden.

Phasen des Risk Managements

Die zielgerichtete Beeinflussung setzt zunächst eine tiefgreifende **Analyse** der Risiken und ihrer Verbundwirkungen voraus. Erst hierauf aufbauend kann dann die **Risikosteuerung** und die anschließende **Kontrolle** im Rahmen von Soll-/Ist-Vergleichen erfolgen. In der Abbildung 2 sind die drei Phasen und jeweils mögliche Untergliederungen dargestellt.

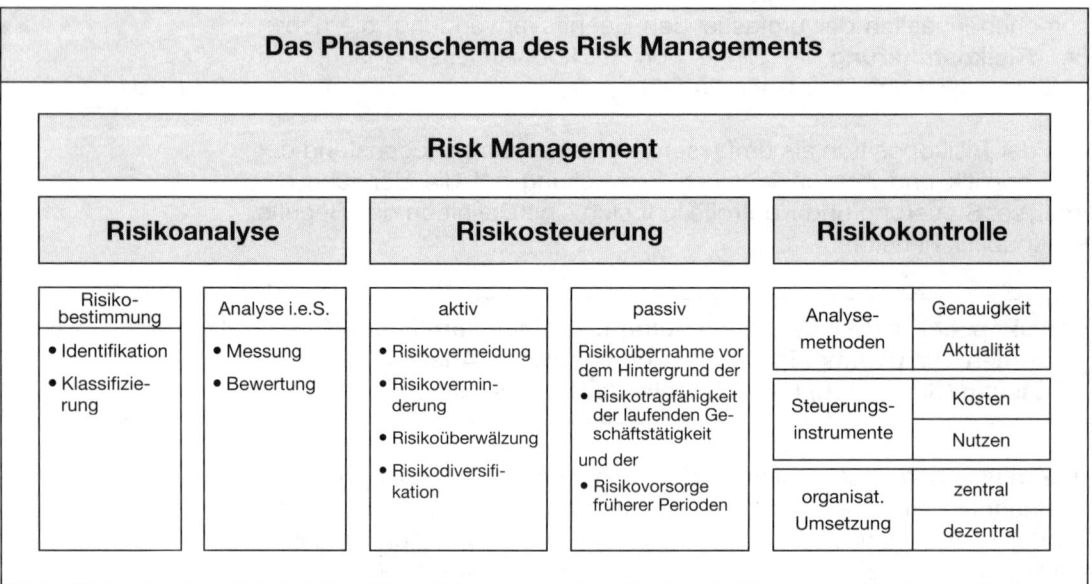

Abbildung 2   (Quelle: Schulte, 1994, S. 57)

Zu Beginn der Risikoanalyse (im weiteren Sinne) muß im Rahmen der **Risikobestimmung** eine **Identifikation** der Risikoquellen sowohl für die Gesamtheit der Risiken als auch für jedes einzelne Risiko erfolgen. Das heißt, es muß z. B. festgestellt werden, ob ein bestimmtes Geschäft überhaupt mit Risiken verbunden ist oder nicht. Risiko muß also zunächst einmal erkannt werden. Hieran schließt sich eine ursachenbezogene **Systematisierung** und **Klassifizierung** an, bei der es darum geht, die identifizierten Risiken bestimmten Risikokategorien zuzuordnen. So muß beispielsweise differenziert werden, ob es sich bei festgestellten Risiken z. B. um Ausfallrisiken oder Zinsänderungsrisiken handelt. Aber auch innerhalb der einzelnen Risikoarten muß weiter differenziert werden, ob es sich etwa im Falle des Zinsänderungsrisikos um ein variables Zinsänderungsrisiko, ein Festzinsrisiko oder um Kurswertrisiken festverzinslicher Wertpapiere handelt. Diese Systematisierung ist wichtig, da die Auswahl der entsprechenden Steuerungsinstrumente von der Art des Risikos abhängig ist.

Risikobestimmung

In der **Risikoanalyse** im engeren Sinne geht es schließlich um die **Quantifizierung und Messung** der so unterschiedenen Risiken und ihre anschließende **Bewertung** (im Sinne von **Beurteilung**) durch die Geschäftsleitung. Bei der Vielzahl der möglichen Risiken wird man zwischen Risiken unterscheiden müssen, bei denen eine **Quantifizierung nicht möglich** ist (mangelnde Quantifizierungsfähigkeit), z. B. bestimmte strategische Risiken, da dort etwa bei der Neuorientierung von strategischen Geschäftsfeldern kaum Erfahrungswerte vorliegen und die Langfristigkeit des zugrunde liegenden Zeithorizonts zudem die Prognosefähigkeit erheblich einschränkt. Risiken, bei denen eine **Quantifizierung** nur sehr aufwendig und unter Kosten-/Nutzen-Gesichtspunkten daher **nicht sinnvoll erscheint** (mangelnder Quantifizierungsnutzen), z. B. bestimmte Risiken im technisch-organisatorischen Bereich, und schließlich Risiken, bei denen eine **Quantifizierung möglich und sinnvoll** erscheint, z. B. die Risiken des Finanzbereichs, wie etwa Ausfall- und Zinsänderungsrisiken. Die letztgenannte Kategorie bildet den eigentlichen Kern des Risk Managements. Aber auch für die nicht quantifizierten anderen Risiken muß ein Teil der vorhandenen Risikodeckungspotentiale reserviert bleiben bzw. umgekehrt, das gesamte zur Verfügung stehende Risikodeckungspotential sollte nicht allein durch die quantifizierten Risiken bereits vollständig gebunden sein. Neben der Quantifizierung der Risiken muß dementsprechend auch eine Ermittlung der bestehenden Risikodeckungspotentiale erfolgen.

Risikoanalyse im engeren Sinne

Vgl. Kapitel 1.4
Quantifizierungsfähigkeit

Quantifizierungsnutzen

Eine **Bewertung** ist nur bei quantifizierten Risiken möglich und ist – vom Grundsatz her – hierarchisch auf der Geschäftsleitungsebene anzusiedeln. Ob dabei einzelne oder gar alle quantifizierten Teilrisiken mathematisch zu einer Größe für das Risikopotential aggregiert werden sollen oder nicht, wird letztlich jedes Institut vor dem Hintergrund des jeweiligen Risikoprofils selbst entscheiden müssen.

Bewertung durch die Geschäftsleitung

Risikonutzenfunktionen

Im Rahmen der Bewertung ist die ermittelte Ist-Risikoposition der Soll-Risikoposition der Unternehmensleitung gegenüberzustellen. Aus der Risikotheorie heraus erfolgt die **Bewertung idealtypisch** auf der Basis von sogenannten **Risikonutzenfunktionen**, bei denen bestimmten Rendite-Risiko-Kombinationen subjektive Nutzenwerte zugeordnet werden.

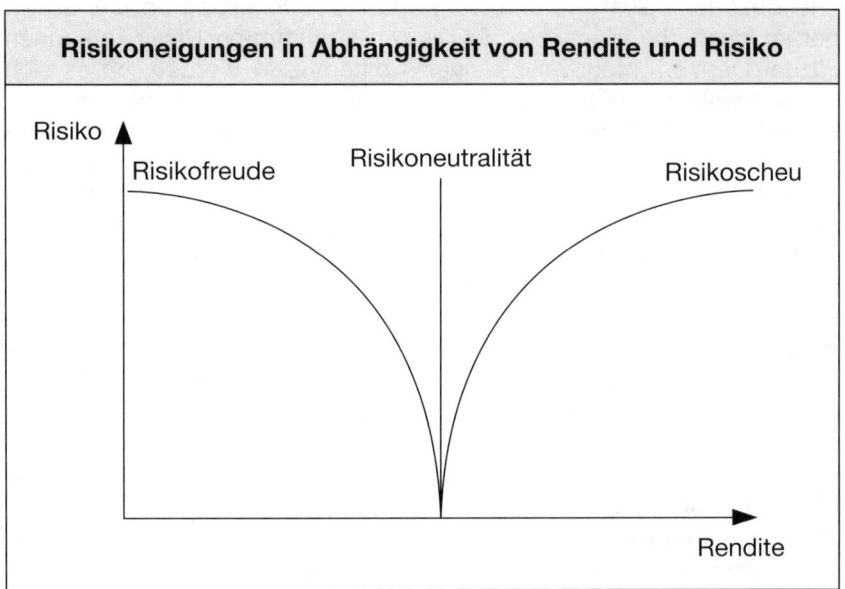

Risikoneigungen in Abhängigkeit von Rendite und Risiko

Abbildung 3

Risikoeinstellungen

Risikonutzenfunktionen können grundsätzlich drei voneinander abgrenzbare **Risikoeinstellungen** zum Ausdruck bringen. Bei **Risikoneutralität** wird ausschließlich aufgrund der Renditeerwartung entschieden, der Risikoaspekt wird also nicht berücksichtigt. **Risikofreudiges Verhalten** ist dadurch gekennzeichnet, daß eine unsichere Alternative aufgrund der mit ihr verbundenen Chance einer sicheren, aber ansonsten gleichguten Alternative (ohne Chance) vorgezogen wird. Der Entscheider stellt also ausschließlich auf den Chanceaspekt ab und blendet den Risikoaspekt aus. Genau umgekehrt dazu ist **risikoscheues Verhalten** angelegt. Hier wird die sichere Alternative der ansonsten gleichen, aber unsicheren Alternative vorgezogen. Unternehmerischen Entscheidungen liegt zumeist risikoscheues Verhalten zugrunde. Die Abbildung 3 stellt den Zusammenhang zwischen Risikonutzen und Rendite und Risiko idealtypisch dar. Bei den eingetragenen Funktionen ist der **Nutzen des Entscheidungsträgers** aus den jeweils **auf den Linien liegenden Rendite-Risiko-Kombinationen** immer **gleich**. Rendite-Risiko-Kombinationen rechts der jeweiligen Linien würden für den Entscheider einen höheren Nutzen bedeuten und wären daher den anderen Kombinationen vorzuziehen.

Eine Bewertung auf der Basis von Risikonutzenfunktionen setzt zum einen die Zuordnung von Wahrscheinlichkeiten voraus, zum anderen müssen die **Präferenzen der Entscheidungsträger** quantifizierbar sein. Gerade die Ermittlung von Risikopräferenzen und die interpersonelle Zusammenfassung zu einer Risikonutzenfunktion der Geschäftsleitung ist aber in der Praxis kaum möglich. Insofern sind dort praktikablere Lösungen anzustreben. Dennoch sind die dargestellten Zusammenhänge grundlegend für jede Entscheidung unter Unsicherheit und fließen, wenn auch zum Teil nur unterbewußt, in die Entscheidung mit ein. Mit der Beurteilung der Risikoposition ist der Teil der Risikoanalyse abgeschlossen.

Idealtypische Bewertung kaum praktikabel

Vgl. auch Kapitel 1.5.2

Wenn in der dargestellten Bewertung (Beurteilung) ein **Handlungsbedarf** abgeleitet wird, so stehen verschiedene Möglichkeiten zur Beeinflussung der Ist-Risikoposition zur Verfügung. Diese können unterschieden werden in Maßnahmen zur

Risikosteuerung

1. **Risikovermeidung** – bestimmte risikobehaftete Geschäfte werden nicht durchgeführt (z. B. Festlegung von Länderlimiten),

2. **Risikoverminderung** – ursachenorientierte Verringerung der Eintrittswahrscheinlichkeiten und/oder wirkungsorientierte Begrenzung des Schadensausmaßes (z. B. Stellung von Sicherheiten),

3. **Risikoüberwälzung** – Übertragung des Risikos auf Dritte (z. B. durch Devisentermingeschäfte),

4. **Risikodiversifikation** – bewußte Ausnutzung der Risikostreuung, das heißt, Risiken in einem Teilbereich werden durch Chancen in anderen Bereichen ausgeglichen (z. B. Korrelationen von Aktienkursverläufen),

5. **Risikoübernahme** – bewußtes Eingehen bestimmter Risikopotentiale vor dem Hintergrund einer entsprechenden Risikotragfähigkeit. Diese kann zum einen aus der Risikovorsorge früherer Perioden (z. B. Bildung von Pauschal- oder Einzelwertberichtigungen) oder aus der laufenden Geschäftätigkeit (z. B. Kalkulation von Risikoprämien) resultieren.

Die ersten vier Maßnahmen setzen an der Gestaltung der Risiken bzw. des Risikopotentials an und werden als Maßnahmen der **aktiven Risikosteuerung** zusammengefaßt. Die Risikoübernahme knüpft an die Risikodeckungspotentiale und ihre Gestaltung an und wird als **passive Risikosteuerung** bezeichnet.

Aktive und passive Steuerungsmaßnahmen

In der letzten Phase des Risk-Management-Prozesses werden die risikopolitischen Entscheidungen auf ihre Wirksamkeit und ihren ökonomischen Nutzen hin kontrolliert. Hierbei kann zwischen einer **Kontrolle der** verschiedenen **Analysemethoden** und **Steuerungsmaßnahmen** sowie ihrer **organisatorischen Umsetzung** unterschieden werden. Die jeweils verwendeten Verfahren zur Risikomessung und

Risikokontrolle

-bewertung müssen auf ihre Genauigkeit und Aktualität hin überprüft werden. Bisher nicht erkannte oder wegen neuer technischer Möglichkeiten nunmehr auch unter Kosten-Nutzen-Aspekten quantifizierbare Risiken müssen in das bestehende Risk Management integriert werden. Bei der Anwendung von Steuerungsinstrumenten etwa im Bereich der Zinsänderungrisiken kann sich zeigen, daß eine theoretisch vorteilhafte Absicherungstechnik in der Praxis nicht den erhofften Hedging-Erfolg bringt. Hierbei sind wiederum Kosten-Nutzen-Aspekte zu berücksichtigen. Schließlich muß die Umsetzung der Maßnahmen (organisatorische Effizienz) auf zentraler und dezentraler Ebene überprüft werden.

Das hier dargestellte (gedankliche) Phasenschema des Risk Managements bildet die Basis für die nachfolgenden Ausführungen. Während die Risikokontrolle – zumindest für den Teil der organisatorischen Umsetzung – nur noch einmal im Kapitel 1.6 aufgegriffen wird, werden die Darstellungen ausgewählter Einzelrisiken, die den Hauptteil dieses Buches bilden, jeweils systematisch nach Risikoanalyse und Risikosteuerung gegliedert. Bevor die Einzelrisiken im Detail behandelt werden, erfolgt zunächst ein grundsätzlicher Überblick und eine Systematisierung möglicher Risiken.

1.4 Risiken in Kreditinstituten

Bisher fehlt eine allgemein anerkannte Klassifikation

In der bankbetriebswirtschaftlichen Literatur finden sich zahlreiche Aufzählungen und Systematisierungsansätze der Risiken von Kreditinstituten. Dabei hat sich eine einheitliche und allgemein anerkannte Klassifikation bisher nicht herausgebildet. Häufig werden nur Teilaspekte behandelt, oder bestimmte Begriffe werden von verschiedenen Autoren mit unterschiedlichen Inhalten belegt. Darüber hinaus führen unklare Abgrenzungskriterien zu häufigen Überschneidungen. Probleme ergeben sich insbesondere durch die nicht klare Trennung der verschiedenen **Ebenen, auf denen Risiken entstehen und wirken**. So erfolgt häufig ein undifferenziertes Nebeneinanderstellen von Risiken, die sich sowohl hinsichtlich ihres Entstehungsgrundes als auch in ihrer Bedeutung deutlich unterscheiden. Es ist vielmehr notwendig, die einzelnen Risiken nach ihrem **Ursache-Wirkungs-Zusammenhang** und nach ihrer Bedeutung zu kategorisieren.

Siehe Seite 20

Da den Risiken des Finanzbereichs in Kreditinstituten eine besondere Bedeutung zukommt, bilden sie sachgerecht üblicherweise den Kern der Systematisierungsansätze. Darüber hinaus werden regelmäßig auch **Risiken des Betriebsbereichs** erwähnt. Weitere Differenzierungen betreffen **Liquiditäts- und Erfolgsrisiken** sowie **strategische und operative Risiken**. Eine umfassende Integration dieser verschiedenen Aspekte ist bisher nicht erfolgt. Die Abbildung 4 versucht eine solche Integration, indem sie insbesondere eine **ursachenbezogene**

– gedankliche – **Trennung** der **strategischen** von der **operativen Ebene** (strategische und operative Risiken) vornimmt. Weiterhin wird auf die **wirkungsbezogene Unterscheidung** der die **Zahlungsmittelebene** betreffenden Liquiditätsrisiken von den die **Gesamtvermögensebene** der Unternehmung betreffenden Erfolgsrisiken eingegangen.

1.4.1 Strategische Risiken

Wenn Risiko die negative Abweichung von einer festgelegten Zielgröße umfaßt, dann können Risiken danach klassifiziert werden, in welchem Planungszusammenhang diese Zielgrößen festgelegt werden. Allgemein kann zwischen der **operativen** und der **strategischen Planung** unterschieden werden. Die mit diesen Planungen in Verbindung zu sehenden Risiken können entsprechend gedanklich in **strategische** und **operative Risiken** unterschieden werden. Eine eindeutige Trennung dieser beiden Bereiche ist jedoch nicht möglich, da die Grenzen zwischen dem strategischen und dem operativen Bereich fließend sind und alle strategischen Risiken sich letztlich im Jahresergebnis eines Kreditinstituts und damit auf der operativen Ebene niederschlagen.

Operative und strategische Planung (vgl. Bank-Controlling I)

Versucht man dennoch die beiden Begriffe voneinander abzugrenzen, so sind **strategische Risiken** hinsichtlich ihres Umfangs eher **gesamtbankbezogen**, weisen einen gewissen **Grundsatzcharakter** auf und sind in ihrer zeitlichen Erstreckung regelmäßig **längerfristig** angelegt. **Operative Risiken** sind dagegen stärker **einzelfallbezogen** und weisen einen größeren **Detailliertheits- und Konkretisierungsgrad** auf. Zeitlich werden sie tendenziell eher **kurzfristige** Wirkungen aufweisen. Im Gegensatz zu den operativen Risiken ist bei den strategischen Risiken sehr oft die langfristige **Wettbewerbsfähigkeit** des Unternehmens in ihrem Kern bedroht. Eine Abgrenzung allein mit Hilfe des Kriteriums der zeitlichen Erstreckung erscheint nicht tragfähig, wie folgendes Beispiel zeigt: Die Vergabe eines Hypothekendarlehens ist eine Entscheidung, die typischerweise einen sehr langfristigen Charakter (bis zu 30 Jahren) aufweist. Dennoch dürfte die Vergabe eines einzelnen Hypothekendarlehens in der Regel nicht mit einem strategischen Risiko für das Gesamtinstitut verbunden sein.

Abgrenzung strategisch vs. operativ

Strategische Risiken können aus der **Eigentümerstruktur** und aus dem **beauftragten Management** resultieren. Abgrenzungskriterium ist hierbei die unterschiedliche Stellung von Eigentümern einerseits und angestellten Managern andererseits, wie sie in der neueren Betriebswirtschaftslehre auch in der **Principal-Agent-Problematik** zum Ausdruck kommt.

Principal-Agent-Problematik (Siehe hierzu aus dieser Fachbuchreihe den Band „Firmenkundengeschäft in Kreditinstituten")

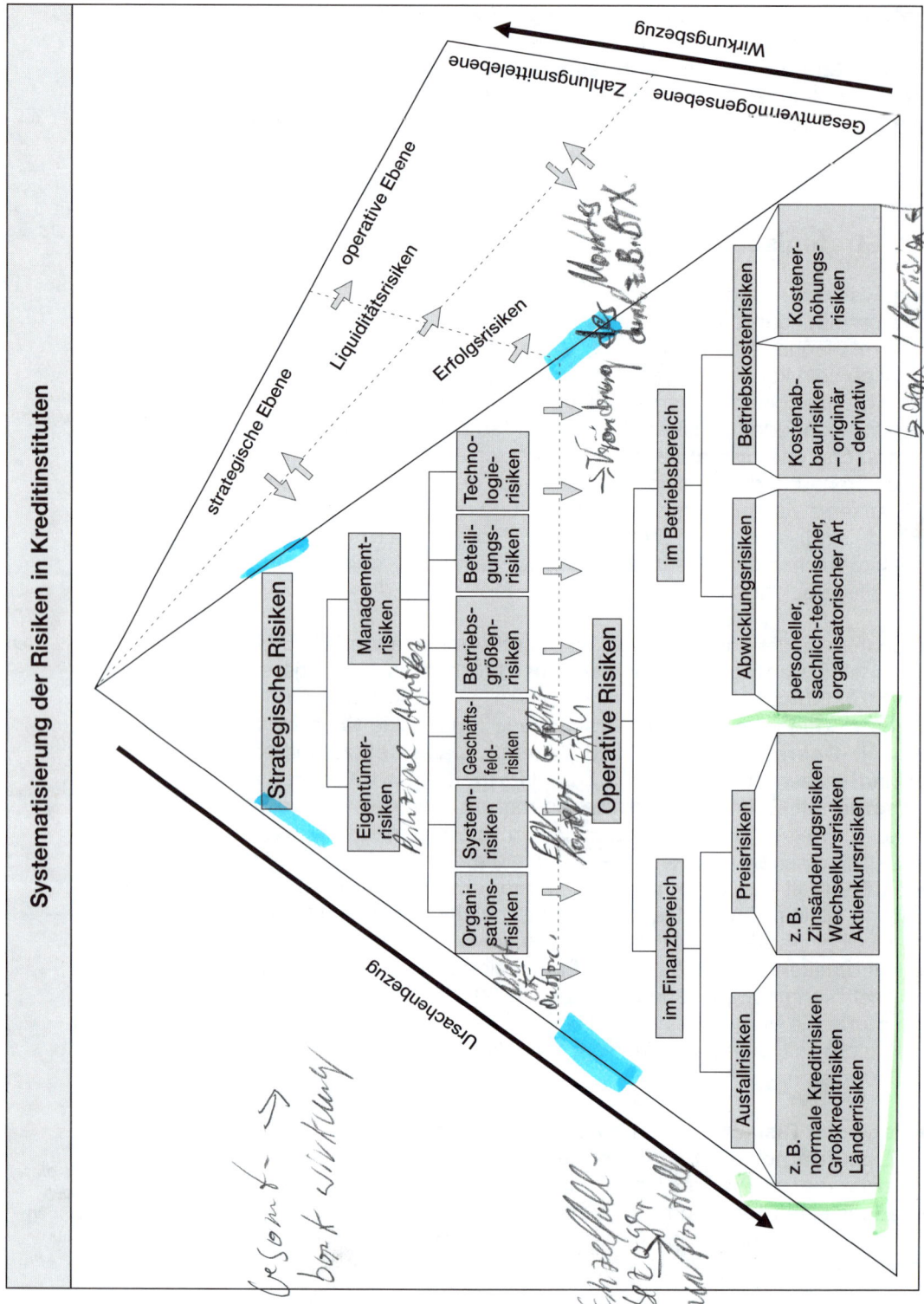

Abbildung 4   (Quelle: Schulte, 1994, S. 44)

Eigentümerrisiken beinhalten für das Kreditinstitut die Gefahr, daß die Eigenkapitalgeber entweder nicht in der Lage und/oder nicht bereit sind, eine **notwendige Eigenkapitalausstattung** (Kernkapital) bereitzustellen. Diese Frage mag insbesondere vor dem Hintergrund sich verschärfender Eigenkapitalstandards für die Wettbewerbsfähigkeit gerade derjenigen Institute eine steigende Bedeutung haben, die nicht wie Aktienbanken – ausreichende Ertragskraft vorausgesetzt – über die Börse entsprechende Mittel beschaffen können. Der Zuschlag für nachgewiesenes freies Vermögen persönlich haftender Gesellschafter bei Privatbankiers, der nach wie vor (wenn auch reduziert) bestehende Haftsummenzuschlag bei Kreditgenossenschaften und die zeitweise in der Sparkassenorganisation geführte Diskussion um die Sparkassen AG deuten in diese Richtung.

Eigentümerrisiken

Der Begriff der **Managementrisiken** steht dagegen für eine Vielzahl möglicher Risikokomplexe. Es handelt sich dabei um Risiken, die aus strategischen Entscheidungen der Unternehmensführung resultieren. Solche Entscheidungen betreffen beispielsweise Fragen der Organisation, insbesondere der Aufbauorganisation, der Festlegung geeigneter Planungs- und Kontrollsysteme, der strategischen Geschäftsfeldplanung sowie Fragen der Beteiligungspolitik.

*Managementrisiken
(vgl. Abbildung 4)*

Wird z. B. die **Organisationsform** der Spartenorganisation gewählt und erweist sich diese gegenüber einer kundengruppenorientierten Aufbauorganisation als nicht konkurrenzfähig, so schlägt sich dies langfristig in einer Schwächung der Wettbewerbsfähigkeit und einem Zurückbleiben der Erlöse hinter den Erwartungen nieder. Im Rahmen der **Planungs- und Kontrollsysteme** ist etwa auf die strategische Bedeutung der Festlegung eines geeigneten Kostenrechnungssystems hinzuweisen. Werden durch ein falsches System regelmäßig zu hohe Produktkosten ermittelt, besteht die Gefahr, daß sich die Unternehmung „aus dem Markt preist". Werden dagegen zu niedrige Produktkosten signalisiert, kann es zum Abschluß nicht kostendeckender Geschäfte kommen, mit der Gefahr, auch insgesamt Verluste zu erwirtschaften.

Organisationsrisiken

Systemrisiken

Fehlentscheidungen bei der Festlegung der **strategischen Geschäftsfelder** können ebenfalls die langfristige Wettbewerbsfähigkeit eines Instituts beeinträchtigen. Werden Strategien verfolgt, die aufgrund einer falschen Einschätzung der eigenen Stärken und Schwächen ausgewählt wurden, oder gar undifferenziert Standardstrategien übernommen, weil sie gerade „in" sind, so führt dies langfristig zu einem Zurückbleiben der Erlöse hinter den Erwartungen oder gar zu Verlusten. Fragen zu **Betriebsgrößenrisiken** sind insbesondere bei kleinen Instituten relevant, wenn die eigene Größe nicht der vom Markt geforderten Mindestbetriebsgröße entspricht. Eine solche **Mindestbetriebsgröße** kann aus **Kapazitätserfordernissen** (z. B. EDV, leistungsfähiges Rechnungswesen, der Notwendigkeit einer Wert-

Geschäftsfeldrisiken

Betriebsgrößenrisiken

papierabteilung, die den steigenden Ansprüchen der Kundschaft gerecht wird) abgeleitet werden. Diese führen zu fixen Kostenbelastungen, für die ein sehr kleines Institut nur schwer ein zur Deckung erforderliches Erlösvolumen akquirieren kann.

Beteiligungsrisiken werden z. B. relevant, wenn im Rahmen von Allfinanzüberlegungen erhebliche Kapitalverflechtungen eingegangen werden, die Integration der einzelnen Unternehmen dann aber nicht gelingt und damit die erhofften Erfolge ausbleiben. Neben den bisher genannten Risikokomplexen gewinnen auch sogenannte **Technologierisiken** an Bedeutung. Auf der strategischen Ebene geht es dabei nicht um den konkreten Ausfall einer einzelnen EDV-Anlage, wohl aber um die Vorkehrungen für diesen Fall, etwa durch das Vorhalten redundanter Systeme. Daneben ist die grundsätzliche Ausgestaltung des Informationssystems in Hard- und Software von entscheidender Bedeutung. Beispielsweise, wenn es um die flächendeckende Terminalisierung von Arbeits- und Beraterplätzen in einer großen Filialbank geht.

Beteiligungsrisiken

Technologierisiken

Die hier aufgeführten Managementrisiken decken sicherlich den Bereich der strategischen Führungsentscheidungen und die mit ihnen verbundenen Risiken nicht vollständig ab. Dennoch sind wohl die wesentlichen Bereiche angesprochen worden. Für die strategischen Risiken insgesamt gilt jedoch, daß sie zwar ihre Ursache in strategischen Entscheidungen haben, daß sie aber immer auf der operativen Ebene schlagend werden und daher in ihren Auswirkungen kaum von denen operativer Risiken zu unterscheiden sind. Die gedankliche Unterscheidung zwischen strategischen und operativen Risiken soll daher lediglich den **Ursachenzusammenhang** verdeutlichen. Immerhin ist dieser aber auch für die **Verantwortungszuordnung** von wesentlicher Bedeutung.

Strategische Risiken werden auf der operativen Ebene schlagend

1.4.2 Operative Risiken

Bei den operativen Risiken kann grundsätzlich zwischen **Risiken im Finanzbereich** und **Risiken im Betriebsbereich** unterschieden werden. Der Finanzbereich umfaßt alle liquiditätsmäßig-finanziellen Beziehungen eines Kreditinstituts, also insbesondere die Beschaffung und Verwendung von Eigen- und Fremdkapital. Der Betriebsbereich umfaßt alle technisch-organisatorischen Beziehungen im Bankbetrieb und bezieht sich auf das Zusammenspiel von Personal und Sachmitteln.

Finanzbereich und Betriebsbereich

Die **Risiken des Finanzbereichs** können auch als **banktypische Risiken** bezeichnet werden, da ihnen bei Kreditinstituten eine überragende Bedeutung zukommt. Sie bilden regelmäßig den **Kern eines institutionalisierten Risk Managements**. In Anlehnung an die neuere Terminologie des Bundesaufsichtsamts für das Kreditwesen (BAK) kann allgemein zwischen (Adressen-) **Ausfallrisiken** und (Markt-) **Preis- bzw. Preisänderungsrisiken** unterschieden werden (vgl. auch Schierenbeck, 1994, S. 511).

Kern des Risk Managements

Unter **Ausfallrisiko** wird sowohl der totale als auch der nur partielle Verlust von Zins- und Tilgungsleistungen aus vereinbarten Kapitalüberlassungsverhältnissen verstanden. Eine nur verzögerte Zahlung wird regelmäßig nicht als Ausfallrisiko, sondern als **Terminrisiko**, das sich auf der Liquiditätsebene niederschlägt, interpretiert. Neben dem klassischen **einzelgeschäftsbezogenen** Kreditrisiko sind auch **gesamtgeschäftsbezogene** Risiken wie z. B. **Großkreditrisiken** oder auch das **Länderrisiko** als spezielles Ausfallrisiko zu beachten.

Ausfallrisiko

Die **Preisrisiken** können im wesentlichen in drei Bereiche unterteilt werden. Es handelt sich hierbei um **Zinsänderungs-, Wechselkurs- und sonstige Preisrisiken**. Entsprechend der gewählten Risikodefinition ist unter Zinsänderungsrisiko das Verfehlen einer angestrebten Erfolgsgröße (z. B. Zinsspanne oder Zinsüberschuß) infolge einer aus **Marktzinsstruktur oder -niveauveränderungen** resultierenden Einengung der Zinsmarge zu verstehen. Während beim Zinsänderungsrisiko der Zins der relevante Marktpreis für Kapitalüberlassungen ist, tritt an dessen Stelle im Devisengeschäft der Wechselkurs. Gemeinsam ist beiden Bereichen, daß ein Risiko nur bei einer betraglich oder zeitlich **offenen Position** besteht. Bei vollständig geschlossenen Positionen können keinerlei Preisrisiken bestehen. Dies trifft auch für den Bereich der sonstigen Preisrisiken zu, denen neben Aktienkursrisiken z. B. auch Preisrisiken im Edelmetallgeschäft zuzurechnen sind.

Preisrisiken

Risiko nur bei offenen Positionen

Bei den **Risiken im Betriebsbereich** kann zwischen **Abwicklungsrisiken** (vgl. Büschgen, 1991, S. 660 ff.) einerseits und **Betriebskostenrisiken** (vgl. Schulte, 1994, S. 41 ff.) andererseits unterschieden werden. Während die Abwicklungsrisiken aus Fehlern und Defiziten resultieren, die den technisch-organisatorischen Einsatzfaktoren bzw. ihrem Zusammenwirken unmittelbar zugeordnet werden können, resultieren die Betriebskostenrisiken aus der geldmäßigen Bewertung dieser Einsatzfaktoren, also den mit den Einsatzfaktoren verbundenen (häufig fixen) Kosten.

Risiken im Betriebsbereich

Abwicklungsrisiken **personeller Art** drücken sich in einem Spektrum von Verlustmöglichkeiten aus, das von unbeabsichtigten über nachlässige oder auch fahrlässige Mängel in der Aufgabenerledigung bis hin zu vorsätzlichen Delikten reicht. Bei den Risiken **sachlich-technischer Art** ist die Anzahl der verfügbaren und der für einen reibungslosen Ablauf mindestens notwendigen Mittel (z. B. Rechnerkapazitäten) sowie die Qualität der Einsatzfaktoren (z. B. die Qualität der eingesetzten Softwareprodukte) relevant. Bei den Risiken **organisatorischer Art** geht es um das reibungslose Zusammenwirken der verschiedenen Einsatzfaktoren unter Einhaltung der Grundsätze der Wirtschaftlichkeit, der Schnelligkeit und Sicherheit. Die **Überwachung und Steuerung** der Abwicklungsrisiken ist traditionell Aufgabe der **internen Revision**, aber auch der **Organisationsabteilung**.

Abwicklungsrisiken

Betriebskostenrisiken

Im Gegensatz zur großen Fülle an Publikationen zu Risikoaspekten im Finanzbereich finden sich Hinweise auf Risiken, die aus der Belastung mit Personal- und Sachkosten resultieren, nur an vergleichsweise wenigen Stellen in der bankbetrieblichen Literatur. Grundsätzlich kann zwischen **Kostenabbau- und Kostenerhöhungsrisiken** unterschieden werden. So kann eine negative Ergebnisabweichung zum einen aus tatsächlich höheren Kostensteigerungen (z. B. Gehaltssteigerungen), als dies in den Planungsüberlegungen zunächst angenommen wurde, resultieren (Kostenerhöhungsrisiko). Zum anderen können aber auch eingeleitete Rationalisierungsmaßnahmen nicht die erhofften Kostenwirkungen entfalten und so zu über den Erwartungen liegenden Kosten und damit zu einer negativen Zielabweichung führen (Kostenabbaurisiko). In beiden Fällen resultiert die Zielabweichung **ursächlich** aus den Kostenveränderungen. Es handelt sich somit um **originäre Kostenrisiken**.

In der Diskussion um Betriebskostenrisiken wird darüber hinaus sehr oft auf eine weitere Form von Kostenabbaurisiken hingewiesen. Dabei wird auf die **mangelnde Kostenflexibilität** bzw. den nur schwer möglichen **Abbau von Fixkostenblöcken** abgestellt. Kommt es am Markt beispielsweise zu nachfrageinduzierten Erlösrückgängen, so können diese nur bedingt durch entsprechende Kostenrückgänge aufgefangen werden. Durch die **Kostenstarrheit** kommt es zu **relativen Risikoverstärkungswirkungen**, die sich in prozentual größeren Gewinn- als Erlösveränderungen niederschlagen. Letztlich handelt es sich hierbei

Betriebskosten-
Leverage

um den gleichen **Hebeleffekt (Leverage)**, wie er etwa auch im Zusammenhang mit Optionsscheinen im Wertpapiergeschäft auftritt. Da die eigentliche Risikoursache jedoch marktseitig in dem Erlöseinbruch zu sehen ist und die Betriebskosten nur eine relative Risikoverstärkungswirkung herbeiführen, sind solche Risiken nicht als Risiko sui generis, sondern höchstens als **abgeleitete** oder **derivative Betriebskostenrisiken** zu bezeichnen.

Die bisher vorgenommene Risikoklassifizierung stellt auf mögliche **Risikoquellen** ab und ist daher ausschließlich **ursachenbezogen**. Die Frage nach der betroffenen **Zielgröße** stellt dagegen auf den **Wirkungsbezug** der Risiken ab und führt zu der Differenzierung von Erfolgs- und Liquiditätsrisiken.

1.4.3 Erfolgs- und Liquiditätsrisiken

Gemäß § 46 b KWG haben die Geschäftsleiter eines Kreditinstituts dem BAK unverzüglich anzuzeigen, wenn das Institut zahlungsunfähig wird oder Überschuldung eintritt. Der damit verbundene **Antrag auf Konkurseröffnung** kann nur durch das BAK erfolgen. Mit den Konkursgründen der **Illiquidität** und der **Überschuldung** sind die beiden Ebenen angesprochen, auf denen Risiken schlagend werden können.

Illiquidität und
Überschuldung

Die **Illiquidität** bezieht sich auf die **Zahlungsmittelebene**, der die Stromgrößen **Ein- und Auszahlungen** und die Bestandsgröße **Kasse** zugeordnet werden können. Werden Liquiditätsrisiken schlagend und kommt es zu einer nicht nur vorübergehenden Zahlungsunfähigkeit, so führt dies zum Konkurs des Instituts. Der Tatbestand der **Überschuldung** hebt ab auf die **Gesamtvermögens-** oder auch **Erfolgsebene** (vgl. auch Süchting, 1989, S. 12 ff.), mit den Stromgrößen **Ertrag und Aufwand** und der Bestandsgröße **(Netto-) Gesamtvermögen** oder auch **Reinvermögen (wirtschaftliches Eigenkapital)**. Formal liegt Überschuldung vor, wenn die Verluste eines Instituts dessen Eigenkapital übersteigen. Die beiden Wirkungsebenen stehen in enger Verbindung, wobei es aber zu zeitlichen, sachlichen und betragsmäßigen Differenzen kommt.

Zahlungsmittelebene

Erfolgsebene

In der Regel sind von einem Risikoeintritt jeweils **beide** Ebenen betroffen. Bleiben beispielsweise aufgrund einer verfehlten Geschäftspolitik die Erlöse hinter den Erwartungen zurück, ist damit auch ein Zurückbleiben der Einzahlungen verbunden. Bei unveränderten Kosten und damit verbundenen Auszahlungen wird das Risiko auf der Erfolgs- und der Liquiditätsebene schlagend. Häufig ist aber die **Intensität der Wirkungen** auf beiden Ebenen unterschiedlich. Kreditausfälle werden über den Abschreibungsaufwand erfolgs- und über die ausbleibenden Rückzahlungen liquiditätswirksam. Die Erfolgswirksamkeit dürfte hierbei jedoch deutlich im Vordergrund stehen, da der Abschreibungsaufwand in Relation zur erfolgswirtschaftlichen Zielgröße bedeutender ist als die ausbleibende Einzahlung in Relation zum Liquiditätsziel. Dies um so mehr, als fehlende Liquidität in der Regel am Markt über zusätzliche Verschuldung eingekauft werden kann, ähnliches auf der Erfolgsebene aber nicht möglich ist.

Wirkungsverbund

Neben einem solchen **gleichzeitigen Wirkungsverbund** können aber auch **aufeinander aufbauende Wirkungen** auftreten. Werden beispielsweise das Eintreten massiver Kreditausfälle oder eine generell schlechtere Ertragslage bekannt, so kann dies dazu führen, daß auf dem Geldmarkt eine an sich benötigte Refinanzierung nicht mehr beschafft werden kann und insofern **rentabilitätsbedingte Standing-Verluste ein Liquiditätsrisiko induzieren**. Umgekehrt kann eine auftretende Liquiditätslücke bei angespannten Verhältnissen am Geldmarkt unter Umständen nur zu überhöhten Preisen eingedeckt werden, was mit einer Rentabilitätsverschlechterung verbunden ist. In einem solchen Fall **mündet** also **das Liquiditätsrisiko in ein Zinsänderungsrisiko** ein. Die zahlreichen wechselseitigen Beziehungen und Verbundwirkungen werden in der Abbildung 4 durch die eingezeichneten Pfeile angedeutet.

Erfolgsinduziertes Liquiditätsrisiko

Liquiditätsinduziertes Erfolgsrisiko

Die in der Abbildung 4 zum Ausdruck kommende Systematisierung der Risiken nach ihrem Ursache- und Wirkungszusammenhang verdeutlicht die **Vielzahl der möglichen Risikoarten**. Traditionell bilden

Siehe Seite 20

die Risiken des Finanzbereichs den Kern des Risk Managements in Kreditinstituten. Auf sie wird daher im Rahmen der Behandlung ausgewählter Einzelrisiken noch wesentlich intensiver eingegangen. Letztlich sind aber alle dargestellten Risiken in der Betrachtung der gesamten Risikoposition zusammenzufassen und den vorhandenen Risikodeckungspotentialen gegenüberzustellen.

1.5 Gegenüberstellung von Risiken und Risikoträgern

Um eine solche Gegenüberstellung vornehmen zu können, müssen die Einzelrisiken zu einer Gesamtrisikogröße zusammengefaßt werden. Dabei sind gegebenenfalls auch die zwischen ihnen bestehenden **Verbundwirkungen** zu berücksichtigen. Schließlich müssen auch die Risikodeckungspotentiale noch differenziert quantifiziert werden.

1.5.1 Risikoverbundwirkungen

In der bankbetrieblichen Literatur gibt es bisher nur wenige Ausführungen zu der Problematik, wie eine Zusammenfassung der Einzelrisiken zu einem Gesamtrisikopotential erfolgen kann. Hervorzuheben ist der Vorschlag einer Professoren-Arbeitsgruppe (vgl. Professoren Arbeitsgruppe, 1987; sowie Süchting, 1992, S. 376 ff.), in dem mit Blick auf die **bankaufsichtlichen Risikobegrenzungsnormen** eine additive Verknüpfung von Einzelrisiken etwa in der folgenden Form vorgeschlagen wird:

Vorschlag: Addition der Einzelrisiken

$$AR + GKR + ZÄR + WKR \leq hEK$$

mit:
- AR = Ausfallrisiko
- GKR = Großkreditrisiko
- ZÄR = Zinsänderungsrisiko
- WKR = Wechselkursrisiko
- hEK = haftendes Eigenkapital

Kritik an den bestehenden Regelungen

Der Vorschlag setzt an der Kritik der **Mehrfachbelastung des haftenden Eigenkapitals** an, die durch die isolierte Bindung von Einzelrisiken an das haftende Eigenkapital hervorgerufen werden kann. Durch die additive Verknüpfung kann ein höheres Ausfallrisiko z. B. durch ein niedrigeres Zinsänderungsrisiko ausgeglichen werden, ohne daß das Gesamtrisiko die gesetzte Begrenzung überschreitet. Damit bleibt es den Kreditinstituten überlassen, wie sie das zur Verfügung stehende Risikovolumen auf die verschiedenen Risikoarten aufteilen. Institute, die beispielsweise kaum Wechselkursrisiken eingehen, können entsprechend höhere Ausfallrisiken tragen. Damit erscheint eine sachgerechtere Fassung der bankaufsichtlichen Regelungen möglich, wie sie in Ansätzen auch bereits bei der Umsetzung der **Kapital-adäquanzrichtlinie** sichtbar wird. Darüber hinaus ist die Gefahr von **wettbewerbsverzerrenden Wirkungen** für einzelne Institute oder Institutsgruppen deutlich niedriger.

Ein weitgehend offenes Problem ist aber nach wie vor die Berücksichtigung von **Verbundwirkungen** zwischen den einzelnen Risikokomplexen. Die **additive Verknüpfung** unterstellt genau genommen eine **Unabhängigkeit** der verschiedenen Einzelrisiken untereinander. Diese Unabhängigkeit dürfte jedoch in der Realität gerade nicht gegeben sein. Es wird vielmehr sowohl **kompensierende** – im Sinne von Diversifikation – als auch **kumulierende Verbundwirkungen** – im Sinne von Risikoverstärkung – geben. Dabei kann allgemein zwischen **direkten und indirekten Verbundwirkungen** unterschieden werden.

Addition unterstellt Unabhängigkeit

Bei den **direkten Verbundwirkungen** treten bei einem Risikoereignis **gleichzeitig und unmittelbar** Risikowirkungen bei verschiedenen Risikoarten auf. Fällt beispielsweise ein Währungskredit in US-$ aus, so führt dies im Bereich des Ausfallrisikos zu entsprechenden Abschreibungen. Wenn gleichzeitig eine vergleichbare US-$-Verbindlichkeit zur Ausschaltung des Wechselkursrisikos bestand, so führt der Kreditausfall dazu, daß die zuvor geschlossene Währungsposition nunmehr wieder offen ist und das Kreditinstitut damit wieder dem Wechselkursrisiko ausgesetzt ist. Es kommt hier also zu einem ausfallinduzierten Preisänderungsrisiko. Eine Begrenzung solcher direkter Verbundwirkungen erfolgt zur Zeit lediglich im Bereich der innovativen außerbilanziellen Geschäfte (Finanz-Swaps, Termingeschäfte und Optionsrechte) im Grundsatz I des BAK. Diese direkten Verbundwirkungen lassen sich mit entsprechendem Rechenaufwand und unter bestimmten Annahmen zumindest näherungsweise ermitteln (Hölscher, 1987, S. 149 ff.).

Direkte Verbundwirkungen

Kaum möglich erscheint dies jedoch bei den **indirekten Verbundwirkungen**, da hier keine quasi „mechanischen", sondern über einen **konjunkturellen Zusammenhang** eher **mittelbare** Verbindungen bestehen. So könnte beispielsweise ein durch eine Hochzinsphase verstärkt schlagend werdendes Zinsänderungsrisiko auch zu höheren Ausfällen im Kreditgeschäft führen, wenn in dessen Folge die Kreditnehmer die auch für sie gestiegenen Zinsbelastungen nicht mehr tragen können und/oder der Absatz aufgrund der bei höheren Zinsen niedrigeren Konsumneigung einbrechen sollte. Umgekehrt könnte es aber auch sein, daß in der Hochzinsphase wegen der konjunkturellen Boomsituation die Kreditausfälle vergleichsweise niedrig sind. Während es im ersten Fall zu einer kumulativen Wirkung von Ausfall- und Zinsänderungsrisiko kommt, bestünde im zweiten Fall eine kompensierende Wirkung. Schon für diese beiden Risikoarten läßt sich eine Vielzahl von Möglichkeiten formulieren, die in der Realität zudem im Zeitablauf nicht stabil sein müssen, sondern sich auch phasenabhängig verändern können.

Indirekte Verbundwirkungen

Damit stellt sich aber die Frage, ob überhaupt stabile Zusammenhänge zwischen den verschiedenen Risikoarten bestehen, die bei der Art der Zusammenfassung der Einzelrisiken berücksichtigt werden müßten. Aufschluß hierüber könnten nur umfangreiche **Korrelationsanalysen** geben, bei denen dann aber sehr schnell die Gefahr einer gewissen „Scheingenauigkeit" gegeben wäre. So lange noch keine gesicherten Erkenntnisse über solche Verbundwirkungen vorliegen, erscheint es vertretbar, daß in der Kreditwirtschaft – sofern eine Zusammenfassung von Risiken überhaupt erfolgt – häufig von einer additiven Verknüpfung ausgegangen wird.

Weitere Forschung notwendig

1.5.2 Risikodeckungspotentiale in Kreditinstituten

Die Tragfähigkeit der übernommenen Risiken ist nur vor dem Hintergrund der vorhandenen Risikodeckungspotentiale zu beurteilen. Als Risikodeckungspotentiale kommen vor allem die **laufende Ertragskraft** sowie bestehende **Eigenkapitalreserven** in Betracht. Häufig werden die verschiedenen Risikoträger jedoch nicht in einer Summe zusammengefaßt, sondern differenziert aufgeführt. Eine einheitliche Abgrenzung hat sich dabei bisher noch nicht herausgebildet. So wird beispielsweise zwischen **primären, sekundären und tertiären Risikodeckungspotentialen** unterschieden. Es handelt sich hierbei quasi um **„Verteidigungslinien"** bei eintretenden Risiken, die tendenziell in dieser Reihenfolge zur **Verlustabdeckung** herangezogen werden.

Arten von Risikodeckungspotentialen

Einteilung der Risikoträger in primäres, sekundäres und tertiäres Risikodeckungspotential	
Vereinnahmte Risikokosten bzw. -prämien Risikodispositiver Überschuß Freiwillige stille Reserven (insbes. § 340 f HGB)	Primäres Risikodeckungspotential
Struktureller Mindestgewinn Stille Zwangsreserven	Sekundäres Risikodeckungspotential
Verbundhilfen • Einlagensicherungsfonds Eigenkapital • Fonds für allgemeine Bankrisiken (§ 340 g HGB) • Offene Rücklagen • Einlagenkapital (z. B. Gezeichnetes Kapital) • Hafteinlagen stiller Gesellschafter Eigenkapitalsurrogate • freies Vermögen pers. haft. Gesellschafter • Haftsummenzuschläge • nachrangige Verbindlichkeiten • Genußrechtskapital	Tertiäres Risikodeckungspotential

Abbildung 5   (Quelle: Modifiziert entnommen aus: Schulte, 1994, S. 54)

Dem **primären Risikodeckungspotential**, das regelmäßig als erstes zur Verlustabdeckung herangezogen werden dürfte, sind zunächst die für Ausfallrisiken kalkulierten und **vereinnahmten Risikokosten** bzw. **-prämien** zuzurechnen. Darüber hinaus auch der sogenannte **risiko-dispositive Überschuß**, der sich bei einer überdurchschnittlichen und über dem strukturellen Mindestgewinn (für die langfristige Wettbewerbsfähigkeit mindestens notwendiger Gewinn) liegenden Ertragskraft wie folgt ergibt:

Primäres Risiko-deckungspotential

> Überschuß vor Risikokosten
> − vereinnahmte Risikoprämien
> − struktureller Mindestgewinn
> = risikodispositiver Überschuß

Im Gegensatz zu den ersten beiden Bestandteilen des primären Risikodeckungspotentials resultieren die **freiwilligen stillen Reserven** nicht aus der laufenden Geschäftätigkeit, sondern aus der Risikovorsorge früherer Perioden. Als freiwillige stille Reserven kommen insbesondere die (alten) § 26 a KWG-Reserven und die heute nach § 340 f HGB möglichen Vorsorgereserven in Frage. Eine Legung oder Auflösung dieser Reserven ist durch einfache Buchung möglich. Die Verlustabdeckung durch Mittel im primären Risikodeckungspotential ist somit unproblematisch. Insbesondere sind keine weitergehenden geschäftspolitischen oder gar externe Wirkungen damit verbunden.

Verlustausgleich problemlos möglich

Dies gilt nicht in gleicher Weise für das **sekundäre Risikodeckungspotential**. So bedeutet eine dauerhafte Verlustabdeckung durch Teile des für notwendig erachteten **Mindestgewinns** unter Umständen eine langfristige Beeinträchtigung der Wettbewerbsfähigkeit. Wenn das Kernkapital nicht den Anforderungen des Marktes und der Bankenaufsicht entsprechend mitwächst, können daraus Gefährdungen der Wettbewerbsposition des Instituts resultieren. Ein Rückgriff auf **stille Zwangsreserven** kann gegebenenfalls im Konflikt zu übergeordneten längerfristigen Zielsetzungen stehen. Bei den stillen Zwangsreserven handelt es sich um Reserven, die aufgrund des **Imparitätsprinzips** (nicht realisierte Gewinne dürfen im Gegensatz zu nicht realisierten Verlusten nicht erfolgswirksam werden) entstehen. Sollen stille Zwangsreserven zur Verlustabdeckung kurzfristig herangezogen werden, so ist dies nur über eine Veräußerung der Vermögensgegenstände mit entsprechender **Gewinnrealisation** möglich. Gerade diese Veräußerung mag aber anderen übergeordneten Zielsetzungen entgegenstehen.

Sekundäres Risiko-deckungspotential

Auf **tertiäres Risikodeckungspotential** wird in aller Regel erst dann zurückgegriffen, wenn die aus schlagend gewordenen Risiken eintretenden Verluste das primäre und sekundäre Risikodeckungspotential übersteigen. Denn der Einsatz dieser Mittel ist immer in irgendeiner Form mit **öffentlichen Wirkungen** verbunden, die gerade die auf Ver-

Tertiäres Risiko-deckungspotential

trauen und Standing bauenden Kreditinstitute möglichst vermeiden wollen. Zum tertiären Deckungspotential gehören z. B. **Verbundhilfen**, wie etwa durch die Einlagensicherungseinrichtungen der verschiedenen Institutsgruppen. Sie sind in der Reihenfolge vor dem **eigentlichen Eigenkapital** zu nennen, wenn es sich wie bei den Einrichtungen des Genossenschafts- und des Sparkassensektors um Formen der **Institutssicherung** handelt. Zum Eigenkapital gehören: **Fonds für allgemeine Bankrisiken** (§ 340 g HGB), **offene Rücklagen, Einlagenkapital** in Form von Grund- oder Stammkapital, Geschäftskapital bei Personengesellschaften oder Geschäftsguthaben bei Kreditgenossenschaften und **Vermögenseinlagen stiller Gesellschafter**. In der Reihenfolge nach dem eigentlichen Eigenkapital zu nennen sind **Eigenkapitalersatzmittel**, wie das **nachgewiesene freie Vermögen** persönlich haftender Gesellschafter, **Haftsummenzuschläge** von Kreditgenossenschaften sowie **Genußrechtskapital** und **nachrangige Verbindlichkeiten.**

Wegen der angesprochenen Öffentlichkeitswirkungen und der Auswirkungen auf das haftende Eigenkapital nach § 10 KWG sollten die Risikoträger des tertiären Risikodeckungspotentials unter dem Gesichtspunkt der **laufenden Geschäftstätigkeit** bei der Festlegung des maximal tragbaren Risikopotentials (aus übernommenen Risiken) grundsätzlich außer acht bleiben. Bezüglich der Übernahme von strategischen Risiken mag das tertiäre Deckungspotential dagegen eine Rolle spielen, wenn es beispielsweise darum geht, in neue Märkte einzudringen, und damit die Frage auftaucht, ob die vorhandenen Kapitalreserven auch bei einer schlechter als zunächst erwarteten Anlaufphase ausreichen werden.

Da – wie in Kapitel 1.3 bereits erwähnt – eine idealtypische Beurteilung der Risikoposition auf der Basis von **Risikonutzenfunktionen** in der Praxis kaum möglich sein dürfte, wird versucht, die Beziehungen zwischen Risikopotential und Risikoträgern über bestimmte Verhältnisse bzw. Zuordnungen zu objektivieren. So kann beispielsweise die

Stufen der Risiko-
tragfähigkeit

Tragfähigkeit der Risiken in **drei Stufen** unterteilt werden (Schierenbeck, 1994, S. 509). Die erste Stufe beschreibt den mit hoher Wahrscheinlichkeit auftretenden **Normalbelastungsfall**, für den ausschließlich das primäre Risikodeckungspotential zur Verfügung stehen soll. Der mit einer geringen Wahrscheinlichkeit mögliche **negative Belastungsfall** der zweiten Stufe soll vollständig durch das sekundäre Risikodeckungspotential gedeckt werden. Nur für den mit einer äußerst geringen Wahrscheinlichkeit eintretenden **Maximalbelastungsfall** soll auf das tertiäre Risikodeckungspotential zurückgegriffen werden, wobei darüber hinaus immer noch ein Teil dieser Reserven für Verluste aus den nicht quantifizierten Risiken reserviert bleiben muß. Denn die eintretenden Verluste aus quantifizierten und nicht quantifizierten Risiken dürfen nie größer sein als die gesamten zur Risikodeckung zur

Verfügung stehenden Mittel. Die **individuellen Sicherheitsbedürfnisse** der Geschäftsleitung können bei einer solchen Stufenbetrachtung bei der Definition des Normalbelastungsfalles und des negativen Belastungsfalles, vor allem aber bei der Festlegung der den einzelnen Stufen zuzuordnenden Wahrscheinlichkeiten berücksichtigt werden. Angesichts des interpersonellen Charakters der Problematik wird die Festlegung von lediglich drei Trennstufen eher und unproblematischer möglich sein als die Ermittlung einer entsprechenden Risikonutzenfunktion.

Der allgemeine Überblick wird nachfolgend mit einigen Ausführungen zu organisatorischen Aspekten abgeschlossen.

1.6 Organisatorische Aspekte des Risk Managements

Das Risk Management wird häufig als Führungsaufgabe par excellence gesehen, weshalb es oft dem **unmittelbaren Verantwortungsbereich der Geschäftsleitung** zugeordnet wird. Im Zusammenhang mit der Bewertung wurde bereits auf die Zuständigkeit der Geschäftsleitung bezüglich der grundsätzlichen Ausgestaltung des Risk Managements hingewiesen. Dabei ist vor allem an Entscheidungen in den folgenden Bereichen zu denken:

Risk Management in der Verantwortung der Geschäftsleitung

- Welche Risiken sollen quantifiziert werden?
- Welche Verfahren sind anzuwenden?
- Wie soll die Operationalisierung der Gegenüberstellung von Risikopotential und Risikoträgern erfolgen (Vorgabe von Limiten, Risikostrukturkennziffern o. ä.)?
- Wie erfolgt die hierarchische Einbindung des Risk Managements?

Bezüglich der Einbindung sind **zentrale und dezentrale Aspekte** des Risk Managements zu beachten. Wenn die einzelnen Unternehmensbereiche wie **Profit-Center** gesteuert werden, dann muß ihnen neben einer **Gewinn-** auch eine gewisse **Risikoverantwortung** übertragen werden. Voraussetzung hierfür ist allerdings – in Analogie zur Gewinnverantwortung – die Beeinflußbarkeit der Risiken durch die Leitung des Profit-Centers sowie ihre eindeutige Zuordnung und Meßbarkeit. Insbesondere die dezentrale Erfassung der Risikokomplexe ist wegen der größeren Geschäftsnähe sinnvoll. Die dezentrale Risikoverantwortung stößt aber dort an ihre Grenzen, wo sie im Widerspruch zu übergeordneten gesamtbankbezogenen Risikoüberlegungen steht. Eine ausschließlich dezentrale Gewinn- und Risikoverantwortung wäre nur dann optimal, wenn die einzelnen Unternehmensbereiche bezüglich

Zentrale und dezentrale Aspekte des Risk Managements

Gewinn und Risiko **völlig unabhängig** voneinander wären. Wie die weite Anwendung der Profit-Center-Steuerung in der Praxis zeigt, mag dies für die Gewinnseite noch vergleichsweise gut gegeben sein, für die Risikoseite gilt dies jedoch wegen der zahlreichen bestehenden **Verbundwirkungen** bei weitem nicht.

Beispiel

Besteht ein Unternehmen beispielsweise aus zwei Profit-Centern, so entspricht der Gewinn des Gesamtinstituts näherungsweise der Summe der Ergebnisse beider Profit-Center. Bestehen bei dem einen Profit-Center hohe US-$-Forderungen und bei dem anderen gleich hohe US-$-Verbindlichkeiten, so hat zwar jedes Profit-Center für sich genommen ein recht hohes Wechselkursrisiko, das Gesamtinstitut weist dagegen im Extremfall überhaupt kein Wechselkursrisiko auf.

Der **Grad der möglichen Zentralisierung bzw. Dezentralisierung** ist bei den verschiedenen Risikoarten sehr unterschiedlich. Während die Preisrisiken – wie das Beispiel zum Wechselkursrisiko gezeigt hat – einer weitgehend zentralen Steuerung bedürfen, ist das Ausfallrisiko ein Beispiel für die Möglichkeit einer recht weitreichenden dezentralen Erfassung und Steuerung eines Risikokomplexes. Allerdings ergeben sich auch dort übergeordnete Aspekte wie beispielsweise die Frage der Großkredite, der Branchenstreuung oder der Länderrisiken, die ausschließlich auf Gesamtbankebene sinnvoll berücksichtigt werden können.

Risikomatrix

Das Herunterbrechen der einzelnen Risikoarten auf die verschiedenen Unternehmensbereiche kann anhand einer **Risikomatrix** – wie in der Abbildung 6 dargestellt – erfolgen.

Risikomatrix								
Risikoart	Unternehmensbereich						Gesamtrisiko je Risikoart	Limit je Risikoart
	Filialnetz, Inland Privatkd.	Firmenkd.	Filialen Ausland	Konzern-gesellsch.	Handel	Treasury		
Ausfallrisiko	200	400	100	150	10	40	900	900
Preisrisiken Zins Devisen Aktien		10 20	10 50 10	20 80 30	100 90 30	300 130 50	430 360 140	450 350 200
Gesamtrisiko je Unternehmensbereich	200	430	170	280	230	520	1830	./.
Limit je Unternehmensbereich	250	450	150	300	250	500	./.	1900
Zahlenangaben = Risiko in Mio. DM (fiktive Werte)								

Abbildung 6   *(Quelle: Krumnow, 1990; Merbecks, 1994)*

Der unterschiedliche Grad der Zentralisierung bzw. Dezentralisierung einer möglichen Risikoverantwortung kommt in den fiktiv gewählten Zahlen zum Ausdruck. Während die Verantwortung für das Ausfallrisiko weitgehend dezentral (Filialnetz Inland etc.) angesiedelt ist, tragen bei den Preisrisiken der Handel (Wertpapiere/Devisen) und das Treasury (Bilanzstrukturmanagement), also zentrale Abteilungen, den Großteil der Risikoverantwortung.

Für jeden **Unternehmensbereich** und für jede **Risikoart** sind **Gesamtrisikolimite** festzulegen und durch das **zentrale Risiko-Controlling** zu überwachen.

Risikoüberwachung durch ein Limitsystem

Traditionell wurden bei der Risikosteuerung einfache **Volumenslimite** verwendet, indem beispielsweise das Kreditvolumen oder die Höhe der offenen Devisenposition insgesamt begrenzt wurden. Dies erscheint nicht sachgerecht, da das zugrunde liegende Volumen nicht unbedingt Aussagen zum bestehenden Risiko zuläßt. Das Risiko ergibt sich vielmehr aus dem Volumen multipliziert mit der Risikowahrscheinlichkeit. Zum Beispiel:

Volumenslimite vs. Risikolimite

$$AR = \text{Kreditvolumen} \times \text{durchschn. Ausfallwahrscheinlichkeit}$$
$$WKR = \text{offene Devisenposition} \times \text{Wechselkursvolatilität}$$

So ist eine offene Position im Gegenwert von 10 Mio. DM in Holländischen Gulden offensichtlich mit einem deutlich niedrigeren Risiko behaftet, als eine entsprechende Position in Hongkong-Dollar. Ein solches Limitsystem sollte daher nicht auf traditionelle Volumenslimite abstellen, sondern **Risikolimite** verwenden, die das Risiko bereits gewichtet in Geldeinheiten ausdrücken.

In dem dargestellten Beispiel überschreiten beispielsweise die Auslandsfilialen und das Treasury jeweils ihr Gesamtrisikolimit. Da aber in den anderen Bereichen die Limite noch nicht ausgeschöpft sind, liegt das Gesamtrisiko noch unter dem für das Gesamtinstitut festgelegten Limit. Bezüglich der Risikoarten liegt eine leichte Limitüberschreitung im Bereich der Wechselkursrisiken vor, der eine deutliche Limitunterschreitung bei den Zinsänderungsrisiken und vor allem bei den Aktienkursrisiken gegenübersteht.

Insgesamt zeigt sich also, daß die **Risikoverantwortung** in sehr viel stärkerem Maße **zentral** angesiedelt werden muß, als es bei der Ertragsverantwortung sinnvoll erscheint. Da insbesondere die Aggregation der Risiken und die Gegenüberstellung mit den Risikoträgern gesamtbankbezogen zu erfolgen hat, erscheint die Bildung eines **zentralen Risikomanagements** geboten. Da gleichzeitig sowohl Risiko- als auch Ertragsaspekte berücksichtigt werden müssen, sollte das Risk Management in das zentrale Controlling eingebettet sein.

Forderung nach zentralem Risikomanagement

Mindestanforderungen
für das Betreiben
von Handelsgeschäften

Vgl. Kapitel 1.4

Die Forderung nach einem zentralen und unabhängigen Risk Management wird auch durch die Bankenaufsicht gestellt. Mit der „Verlautbarung über Mindestanforderungen an das Betreiben von Handelsgeschäften der Kreditinstitute" vom November 1995 trägt das BAK den insbesondere mit der Ausweitung des Derivate-Geschäfts gestiegenen Abwicklungsrisiken (Risiken personeller, sachlich-technischer und organisatorischer Art) Rechnung. Entgegen dem Titel geht der Anwendungsbereich dieser Vorschrift jedoch über die eigentlichen Handelsgeschäfte hinaus und schließt auch Positionen des Bilanzstrukturmanagements ein.

Entsprechend der zu Eingang dieses Abschnitts formulierten unmittelbaren Geschäftsleitungsverantwortung für das Risk Management wird in der Verlautbarung die Verantwortlichkeit aller Mitglieder der Geschäftsleitung für die ordnungsgemäße Organisation und Überwachung der Handelsgeschäfte *(im weiteren Sinne)* – unabhängig von der internen Zuständigkeit – ausdrücklich definiert. Einer der Kernpunkte

Funktionale Trennung
des Handels von
anderen Bereichen

der Vorschrift ist die funktionale Trennung des Handels von Abwicklung und Kontrolle, Rechnungswesen und Überwachung, wobei die funktionale und organisatorische Trennung des Handels von den übrigen Bereichen bis in die Geschäftsleitungsebene hinein vollzogen werden muß.

Darüber hinaus schreibt das BAK den Kreditinstituten vor, zur Begrenzung der Risiken aus dem Handelsgeschäft *(im weiteren Sinne)* „ein System zur Messung und Überwachung der Risikopositionen und zur Analyse des mit ihnen verbundenen Verlustpotentials (Risiko-Controlling) sowie zu deren Steuerung (Risikomanagement) einzurichten". Insbesondere werden ein „System risikobegrenzender Limite", eine Verlustobergrenze und die tägliche Berechnung einer Gesamt-Risikoposition gefordert. Das Risiko-Controlling ist dabei „einer vom Handel weisungsunabhängigen Stelle" zu übertragen.

Das BAK reagiert mit dieser Vorschrift auch auf die bei einzelnen Kreditinstituten in diesen Geschäftsbereichen aufgetretenen Verluste. Das wohl bekannteste Beispiel hierfür ist die Pleite der britischen Barings Bank im Frühjahr 1995.

1. Erläutern Sie die verschiedenen Dimensionen des Risikobegriffs.

2. Inwiefern kann von einer Subjektivität des Risikos gesprochen werden?

3. Stellen Sie anhand des Phasenschemas des Risk Managements die verschiedenen Bereiche eines planvollen, strukturierten Risk Managements in Kreditinstituten dar.

4. Innerhalb der Risikosteuerung wird zwischen Maßnahmen der aktiven und solchen der passiven Steuerung unterschieden. Erläutern Sie anhand von selbstgewählten Beispielen die verschiedenen Möglichkeiten zur aktiven und passiven Risikosteuerung.

5. Bei den Risiken von Kreditinstituten kann zwischen strategischen und operativen Risiken unterschieden werden.

   a) Worauf ist diese Unterscheidung zurückzuführen?

   b) Erläutern Sie anhand von drei selbstgewählten Beispielen mögliche strategische Risiken.

   c) Im operativen Bereich kann zwischen Risiken des Finanzbereichs und Risiken des Betriebsbereichs unterschieden werden. Erläutern Sie den Unterschied, und geben Sie zu jedem Bereich zwei Beispiele.

   d) Welche Risiken bilden traditionell den Kern des Risk Managements in Kreditinstituten und warum?

6. Wirkungsbezogen kann zwischen Liquiditäts- und Erfolgsrisiken differenziert werden. Erläutern Sie den Unterschied, und verdeutlichen Sie anhand eines Beispiels mögliche Zusammenhänge zwischen den beiden Ebenen.

7. Zur Beurteilung der Angemessenheit der Risikoposition eines Kreditinstituts sollten der Gesamtheit der Risiken bzw. Risikopotentiale die vorhandenen Risikodeckungspotentiale gegenübergestellt werden.

   a) Bei der Erfassung des Gesamtrisikos erweist sich die Berücksichtigung möglicher Verbundwirkungen zwischen den verschiedenen Risikoarten als besonders problematisch. Welche Verbundwirkungen können grundsätzlich unterschieden werden? Geben Sie jeweils ein Beispiel.

b) Das gesamte Risikodeckungspotential eines Kreditinstituts wird häufig in primäres, sekundäres und tertiäres Risikodeckungspotential unterschieden. Erläutern Sie diese Differenzierung. Welche Konsequenzen ergeben sich hieraus für das Risk Management?

c) Idealtypisch erfolgt die Bewertung anhand sogenannter Risikonutzenfunktionen, die auf die Risikopräferenzen der Entscheidungsträger abstellen. Welche Arten von Risikoneigungen werden unterschieden? Verdeutlichen Sie die Unterschiede anhand von Beispielen.

8. Erläutern Sie, warum bei der Risikosteuerung Risikolimiten der Vorzug gegenüber traditionellen Volumenslimiten gegeben werden sollte.

2 Liquiditätsrisiko

Dem **Liquiditätsrisiko** kam über viele Jahrzehnte hinweg eine herausragende Rolle in der kreditwirtschaftlichen Risikothematik zu. Insbesondere die **goldene Bankregel** und die **Bodensatztheorie** waren grundlegende Entwicklungen risikotheoretischer Überlegungen. Heute hat das Liquiditätsrisiko im Kanon der Risikoarten des institutionalisierten Risk Managements nur noch eine nachgeordnete Bedeutung. Dies dürfte insbesondere auf den Umstand zurückzuführen sein, daß sich Kreditinstitute notwendige Liquidität – auch in größeren Mengen und ausreichende Bonität vorausgesetzt – sehr kurzfristig über den Geldmarkt beschaffen können. In der Regel gilt daher: **Die Liquidität folgt der Bonität**. Diese These geht auf Stützel (1983, S. 33 f.) zurück, der wie folgt formulierte:

Rückläufige Bedeutung des Liquiditätsrisikos

„Die Liquidität im Sinne der gesamten – auch unsichtbaren – liquiden Reserven ist das Spiegelbild der Bonität, und Bonität zuweilen nur ein anderer Name für diese Liquidität im Sinne des gesamten noch nicht in Anspruch genommenen Kredits ... Die Liquidität im Sinne eines ausreichenden Umfangs sichtbar vorhandener Reserven aber folgt der Bonität, nicht umgekehrt."

Die Liquidität folgt der Bonität

Insofern könnte argumentiert werden, daß es eines eigenständigen Liquiditätsrisikomanagements nicht bedürfe, sondern eine ausschließliche Steuerung des Bonitätsrisikos genüge (vgl. Brüggestrat, 1990, S. 23-43). Da aber – wie in Kapitel 1.4.3 bereits erwähnt – auch liquiditätsinduzierte Rentabilitätsverschlechterungen auftreten können, beispielsweise wenn eine kurzfristig erforderliche Refinanzierung nur zu ungünstigen Konditionen beschafft werden kann und so das Liquiditätsrisiko in ein Zinsänderungsrisiko mündet, scheint es in der Realität also durchaus Fälle zu geben, in denen die Bonität (Rentabilität) der Liquidität folgt. Dies gilt insbesondere dann, wenn eine zeitweise **„Verstopfung" der Geld- und Kapitalmärkte** – etwa wegen politischer Unsicherheiten – auftreten würde, die im Extrem sogar zur Illiquidität des Instituts führen kann. Eine **ursachenbezogene** Risikopolitik muß daher an den **Risikoquellen** und dementsprechend auch an der risikoauslösenden Komponente Liquidität ansetzen (Brüggestrat, 1990).

Darüber hinaus setzt die Gültigkeit der oben formulierten These voraus, daß die Kreditinstitute jederzeit in der Lage sind, ihre **gute Bonität** auch auf den Märkten **signalisieren** zu können. Da diese Bedingung ebenfalls zumindest zeitweise nicht erfüllt sein kann, muß das Liquiditätsrisiko nach wie vor als eigenständiges Risiko angemessen berücksichtigt werden. Seine traditionell dominierende Position wurde jedoch insbesondere seit Ende der siebziger Jahre relativiert. Die damit mögliche Beschränkung auf einige grundlegende Ausführungen zum Liquiditätsrisiko soll andererseits aber genutzt werden, um am Bei-

Erfordernis eines eigenständigen Liquiditätsrisikomanagements

spiel dieser Risikoart die Verbindung zu **wahrscheinlichkeitstheoretischen** Überlegungen aufzuzeigen, die im praktischen Risk Management eine immer größere Bedeutung erlangen.

2.1 Analyse des Liquiditätsrisikos

Definition
Liquiditätsrisiko

Unter dem **Liquiditätsrisiko** wird allgemein die Gefahr verstanden, seinen Zahlungsverpflichtungen nicht mehr uneingeschränkt nachkommen zu können. Im Grundsatz muß daher zu jedem Zeitpunkt gelten:

Kassenbestand + Einzahlungen $\geq$ Auszahlungen

Da Kreditinstitute in größerem Umfang **Fristentransformation** betreiben, kommt den unterschiedlichen **Kapitalbindungsfristen** auf Aktiv- und Passivseite eine erhebliche Bedeutung für das Liquiditätsrisiko zu. Determinieren sie doch wesentliche Teile der Zahlungsströme eines Kreditinstituts.

2.1.1 Arten von Liquiditätsrisiken

Grundsätzlich können Liquiditätsrisiken in Form von **Refinanzierungsrisiken**, **Terminrisiken** und **Abrufrisiken** (vgl. auch Schierenbeck, 1994, S. 716 ff.) auftreten.

Arten von Liquiditätsrisiken		
Refinanzie-rungsrisiken	**Terminrisiken**	**Abrufrisiken**
Anschluß-refinanzierungs-risiken aus positiver Fristentransformation	z. B. Rückzahlungs-verzögerungen im Kreditgeschäft	⎯ unerwarteter Abzug von Einlagen ⎯ unerwartete Inanspruchnahme von Kreditzusagen
passivisches Liquiditätsrisiko	aktivisches Liquiditätsrisiko	

Abbildung 7

Bei den **Refinanzierungsrisiken** handelt es sich um Risiken, die aus einer **positiven Fristentransformation** entstehen. Bei der positiven Fristentransformation sind die **Kapitalbindungsfristen** (von diesen sind die beim Zinsänderungsrisiko relevanten **Zinsbindungsfristen** zu unterscheiden) auf der Aktivseite größer als auf der Passivseite. Das bedeutet, daß die Rückzahlungstermine für die Verbindlichkeiten vor den entsprechenden Terminen der Forderungen liegen. Um die Rückzahlungen durchführen zu können, müssen also entsprechende Anschlußrefinanzierungen sichergestellt werden. Je größer die positive Fristentransformation vom Umfang und ihrer zeitlichen Erstreckung ist, um so größer sind tendenziell auch die damit verbundenen Refinanzierungsrisiken. **Terminrisiken** ergeben sich in erster Linie durch Rückzahlungsverzögerungen im Kreditgeschäft. Die ausbleibenden Einzahlungen müssen gegebenenfalls über ungeplante kurzfristige Mittelaufnahmen ausgeglichen werden. **Abrufrisiken** können sich in Form von unerwarteten Einlagenabzügen – insbesondere Großeinlagen – oder aber durch eine unerwartete Inanspruchnahme von offenen Kreditzusagen ergeben.

Je nachdem, ob das Liquiditätsrisiko durch die Aktiv- oder Passivseite determiniert wird, kann auch zwischen **aktivischen** und **passivischen** Liquiditätsrisiken unterschieden werden. Bei den aktivischen Liquiditätsrisiken handelt es sich um Terminrisiken und unerwartete Inanspruchnahmen von Kreditlinien. Passivische Liquiditätsrisiken beinhalten das Refinanzierungsrisiko und den unerwarteten Abzug von Einlagen. Bei der Analyse sind die verschiedenen Arten des Liquiditätsrisikos zu berücksichtigen.

2.1.2 Kennziffern zum Liquiditätsrisiko

Traditionell erfolgt die Analyse des Liquiditätsrisikos mit Hilfe von **Liquiditätskennziffern**, aus denen im Soll-Ist-Vergleich gegebenenfalls ein Handlungsbedarf abgeleitet wird. Erste Anhaltspunkte – insbesondere zum Refinanzierungsrisiko – können aus den Auslastungsgraden der **Liquiditätsgrundsätze II und III** der Bankenaufsicht abgeleitet werden. Die Aussagekraft ist jedoch stark eingeschränkt, da z. B. nicht auf die **Rest-,** sondern die **Ursprungslaufzeiten** abgestellt wird. Darüber hinaus werden zwar Bodensätze auf der Passivseite, nicht aber auf der Aktivseite berücksichtigt. Diese dürften in erheblichem Umfang im Bereich der (juristisch) täglich fälligen Kontokorrent- und Dispositionskredite bestehen, die materiell sehr oft einen durchaus langfristigen Charakter aufweisen. Darüber hinaus bestehen zahlreiche weitere Kritikpunkte, wie etwa die Nichtberücksichtigung struktureller Besonderheiten einzelner Institute oder offener Kreditlinien.

Neben diesen durch die Bankenaufsicht vorgegebenen Mindestinformationen kann eine Vielzahl weiterer Kennziffern gebildet werden. Ihre

Analyse mit Hilfe von Liquiditätskennziffern

konkrete Ausgestaltung kann im Einzelfall für jedes Institut individuell, entsprechend möglicher institutsspezifischer Besonderheiten, erfolgen. Die nachfolgend aufgeführten Kennziffern können daher nur beispielhaft verschiedene Möglichkeiten für Arten von Kennziffern darstellen, ohne einen allgemeingültigen Definitionsanspruch erheben zu wollen.

Das Ausmaß der **Fristentransformation** und damit des **Refinanzierungsrisikos** kann beispielsweise auch durch Berechnung eines **Liquiditätsindex** ermittelt werden, in dem die Summe der laufzeitgewichteten Aktiva zur Summe der laufzeitgewichteten Passiva ins Verhältnis gesetzt wird. Bei gleichem Aktiv- und Passivvolumen zeigt ein solcher Index an, daß die durchschnittliche Aktivbindung das X-fache der durchschnittlichen Passivbindung beträgt. Je größer der Index, um so größer ist das Ausmaß der Fristentransformation und das mit ihr verbundene Liquiditätsrisiko. Informationen über die Höhe des aktuellen **Terminrisikos** können beispielsweise aus dem Verhältnis von Krediten mit Rückständen zum gesamten Kreditvolumen abgeleitet werden.

Werden neben den Risiken auch **Risikoträger**, wie sie beispielsweise in einer zur Verfügung stehenden **Liquiditätsreserve** zu sehen sind, mit in die Betrachtung einbezogen, so können weitere Kennziffern gebildet werden. **Liquiditätskoeffizienten**, wie etwa die **Liquiditäten ersten, zweiten und dritten Grades**, die jeweils bestimmte, mit kurzfristigen Auszahlungsverpflichtungen verbundene Positionen ins Verhältnis zu unterschiedlich abgegrenzten Liquiditätsreserven setzen, sollen über das Verhältnis von Risiken zu Risikoträgern Auskunft geben. Darüber hinaus kann auch das **Abrufrisiko** im (Groß-)Kreditgeschäft hierauf bezogen werden, indem die Summe der offenen (Groß-)Kreditzusagen ins Verhältnis zur Liquiditätsreserve gesetzt wird.

Eine Einschätzung des **passivischen Abrufrisikos** in Form von unerwarteten Einlagenabzügen – insbesondere von Großeinlagen – kann beispielsweise durch Berechnung der **Einlagenkonzentration** (Brüggestrat, 1990) erfolgen. Werden die gesamten Einlagen unterschiedlichen **Größenklassen** zugeordnet und so die Anteile der Größenklassen am gesamten Einlagenvolumen ermittelt, können diese Anteile mit **Gewichtungsfaktoren** zwischen 0 und 1 multipliziert und anschließend aufsummiert werden. Je höher der Anteil der Einlagen in den oberen Größenklassen ist, um so näher liegt der sich ergebende Wert an 1 und um so höher ist die Einlagenkonzentration und damit auch das Risiko von (Groß-)Einlagenabzügen. Zur Verdeutlichung dient das folgende Berechnungsbeispiel:

Ableitung einer Kennziffer zur Messung der Einlagenkonzentration

---

Einlagenkonzentration $= \sum E_i \cdot g_i$

---

mit: E_i = Anteil Einlagen in Größenklasse i
    g_i = Gewicht der Größenklasse i

Beispiel zur Berechnung der Einlagenkonzentration						
Größen-klasse	Nr.	1	2	3	4	Gesamt
	Definition	bis 1 Mio.	1 – 10 Mio.	10 – 50 Mio.	über 50 Mio.	
Einlagen-volumen	absolut	840 Mio.	600 Mio.	480 Mio.	480 Mio.	2400 Mio.
	Anteil in %	35 %	25 %	20 %	20 %	100 %
Gewichte		0	0,4	0,8	1,0	
Produkt (Gewicht × Anteil)		0	0,1	0,16	0,2	0,46

Abbildung 8

Im Beispiel ergibt sich eine Einlagenkonzentration von 0,46. Der Wert gibt Auskunft über die Abhängigkeit des Instituts von Großeinlagen. Wie bei allen Kennziffern ergibt sich der Informationsgehalt weniger aus ihrer isolierten Betrachtung als vielmehr aus Instituts- und Zeitvergleichen.

Nachfolgend werden die verschiedenen Kennziffern im Überblick dargestellt:

Ausgewählte Kennziffern zum Liquiditätsrisiko

1. Grundsatz II-Auslastung $\quad = \quad \dfrac{\text{Grundsatz II-Aktiva}}{\text{Grundsatz II-Passiva}}$

2. Grundsatz III-Auslastung $\quad = \quad \dfrac{\text{Grundsatz III-Aktiva}}{\text{Grundsatz III-Passiva}}$

3. Liquiditätsindex $\quad = \quad \dfrac{\sum \text{laufzeitgewichtete Aktiva}}{\sum \text{laufzeitgewichtete Passiva}}$

4. aktuelle Terminrisikoquote $\quad = \quad \dfrac{\text{Kredite mit Rückständen}}{\text{gesamtes Kreditvolumen}}$

5. Liquiditätskoeffizient $\quad = \quad \dfrac{\text{kurzfristige Verpflichtungen}}{\text{Liquiditätsreserve}}$

6. (Groß-)Kreditabrufrisiko $\quad = \quad \dfrac{\text{offene (Groß-)Kreditzusagen}}{\text{Liquiditätsreserve}}$

7. Einlagenkonzentration $\quad = \quad \sum E_i \cdot g_i$

mit: E_i = Anteil Einlagen in Klasse i
g_i = Gewicht der Klasse i

Abbildung 9

2.1.3 Analyse des Liquiditätssaldos

Bei den meisten der dargestellten Kennziffern ist jedoch problematisch, daß sie sich nur auf Teilbereiche beziehen und auf Bilanzbestände abstellen. Da das Liquiditätsrisiko aber **Zahlungsströme** betrifft, können auf Stichtagsbeständen basierende Kennziffern nur indirekt Aussagen zum Liquiditätsrisiko liefern.

Reine Bestandsbetrachtung ist problematisch

Wenn schon auf Bilanzbestände zurückgegriffen wird, dann sollten diese jedoch nicht unmittelbar, sondern zur Ermittlung von Liquiditätssalden verwendet werden. Der Unterschied zwischen einer reinen **Bestandsbetrachtung** und einer **Bewegungsbetrachtung**, wie sie auch bei **Kapitalflußrechnungen** und der Erstellung von **Bewegungsbilanzen** vorgenommen wird, soll an folgendem Beispiel verdeutlicht werden:

Beispiel zur Berechnung des Liquiditätssaldos																		
Perioden																		
Kundengeschäft 1 / 1-2		2 / 2-3		3 / 3-4		4 / 4-5		5 / 5-6		6 / 6-7		7 / 7-8		8 / 8-9		9 / 9-10		10
Einlagen 110		120		130		150		160		180		190		200		210		210
Veränderung	10		10		20		10		20		10		10		10		0	
Kredite 10		30		50		80		90		120		150		170		170		210
Veränderung	20		20		30		10		30		30		20		0		40	
Einlagen – Kredite 100		90		80		70		70		60		40		30		40		0
Liquiditätssaldo	−10		−10		−10		0		−10		−20		−10		+10		−40	

Abbildung 10 (Quelle: Brüggestrat, 1990, S. 133)

Obwohl der Bestand der Kundeneinlagen zu jedem Zeitpunkt größer oder gleich dem Bestand der Kundenkredite ist, zeigt sich, daß der **Liquiditätssaldo** in fast allen Perioden negativ ist und somit ein dauerhafter Liquiditätsbedarf besteht. Ein erhöhtes Liquiditätsrisiko kann sich in einer solchen Situation ergeben, wenn die in früheren Perioden zugeflossenen Einlagenmittel in nicht liquide Anlagen investiert worden sind. Der Liquiditätsbedarf muß dann über zusätzliche Mittelaufnahmen am Interbankenmarkt gedeckt werden.

Ist die Entwicklung des Liquiditätssaldos vergleichsweise stetig, so können gegebenenfalls entgegengerichtete Steuerungsmaßnahmen eingeplant und das Liquiditätsrisiko entsprechend verringert werden. Schwankt der Liquiditätssaldo dagegen im Zeitablauf sehr stark, so sind die Möglichkeiten einer längerfristig planbaren Steuerung sehr begrenzt. In diesem Fall müßte die vorzuhaltende Liquiditätsreserve in ihrer Höhe so dimensioniert werden, daß die möglichen Schwankungen aufgefangen werden können.

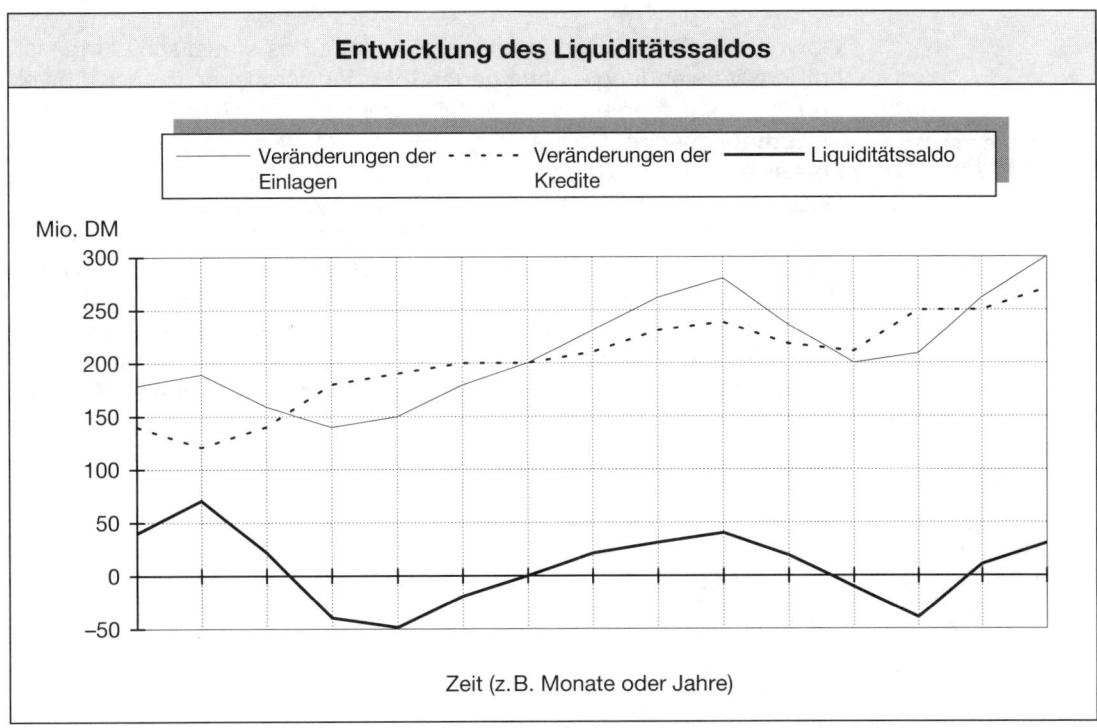

Abbildung 11

Werden die **systematischen (planbaren)** Entwicklungen des Liquiditätssaldos herausgerechnet (z. B. durch Trendberechnungen oder Aufstellung eines konkreten Finanzplans), so drückt sich das Liquiditätsrisiko letztlich in der noch verbleibenden Instabilität des modifizierten Liquiditätssaldos aus. Diese Instabilität kann beispielsweise durch Berechnung einer statistischen Größe wie der **Standardabweichung** quantifiziert werden:

Schwankungen des Liquiditätssaldos als Ausdruck des Risikos

$$\text{Standardabweichung} = \sqrt{\frac{1}{n}\sum(x_i - E)^2}$$

mit:
n	=	Anzahl Beobachtungswerte
x_i	=	Beobachtungswert zum Zeitpunkt i
E	=	Erwartungswert (Mittelwert)

Standardabweichung als Risikomaß

Die **Standardabweichung** gibt an, wie stark die Einzelwerte um den **Erwartungswert** (arithmetisches Mittel: $\frac{1}{n} \cdot \Sigma X_i$) schwanken. Mathematisch entspricht sie der Wurzel aus der mittleren quadratischen Abweichung der Einzelwerte vom Mittelwert. Sie stimmt damit zwar nicht exakt mit der **durchschnittlichen Abweichung** überein, die angibt, um wieviel die Einzelwerte im Durchschnitt um den Mittelwert schwanken, kann aber in ähnlicher Weise interpretiert werden. Je größer die Standardabweichung ist, um so instabiler ist offensichtlich der Liquiditätssaldo und um so höher das Liquiditätsrisiko.

Verbindung zur Wahrscheinlichkeitstheorie

Obwohl die Standardabweichung ein abstraktes statistisches Maß ist, hat ihre Verwendung – etwa gegenüber der durchschnittlichen Abweichung – insbesondere dann Vorteile, wenn zusätzlich **wahrscheinlichkeitstheoretische** Überlegungen angestellt werden. Geht man beispielsweise davon aus, daß im langfristigen Durchschnitt die Einlagenveränderungen im Kundengeschäft den Bestandsveränderungen im Kreditgeschäft entsprechen, das Kundengeschäft also unter Liquiditätsgesichtspunkten ausgeglichen ist, dann ergibt sich das Liquiditätsrisiko durch die kurzfristigen Schwankungen des Liquiditätssaldos um den Mittelwert von 0. Geht man ferner davon aus, daß diese zufälligen Schwankungen näherungsweise **normalverteilt** sind, dann können aus der Vergangenheitsentwicklung **Wahrscheinlichkeiten** für mögliche Schwankungsbereiche des Liquiditätssaldos ermittelt werden.

Siehe Seite 45

Ein Beispiel für eine **Normalverteilung** zeigt die Abbildung 12. Die dort dargestellte **Dichtefunktion**

$$f(x) = \frac{1}{\sigma \sqrt{2\pi}}\, e^{-\frac{1}{2}\left(\frac{y-\mu}{\sigma}\right)^2}$$

μ und σ als Parameter der Normalverteilung

gibt die sogenannte **Wahrscheinlichkeitsdichte** (keine Einzelwahrscheinlichkeiten) an. Die Wahrscheinlichkeit für Werte innerhalb eines bestimmten Intervalls entspricht der jeweiligen Fläche unterhalb der Dichtefunktion und kann über das entsprechende Integral berechnet werden. Normalverteilungen sind durch die beiden **Parameter μ und σ** vollständig zu charakterisieren. Der Parameter μ ist der Erwartungswert der Verteilung und bestimmt damit die **Lage** auf der X-Achse. Soll der Erwartungswert beispielsweise aus einer Vergangenheitsanalyse abgeleitet werden, so kann dies durch Berechnung des arithmetischen Mittels der Vergangenheitswerte erfolgen. Der Parameter σ gibt an, ob die Verteilung der einzelnen Werte um den Erwartungswert sehr eng oder eher weit ist. Er entspricht der Standardabweichung und entscheidet über die **Gestalt (Form)** der Normalverteilung. Die in der Abbildung 12 dargestellte Normalverteilung hat den Erwartungswert 0 und eine Standardabweichung von 10; Kurzschreibweise: N(0;10).

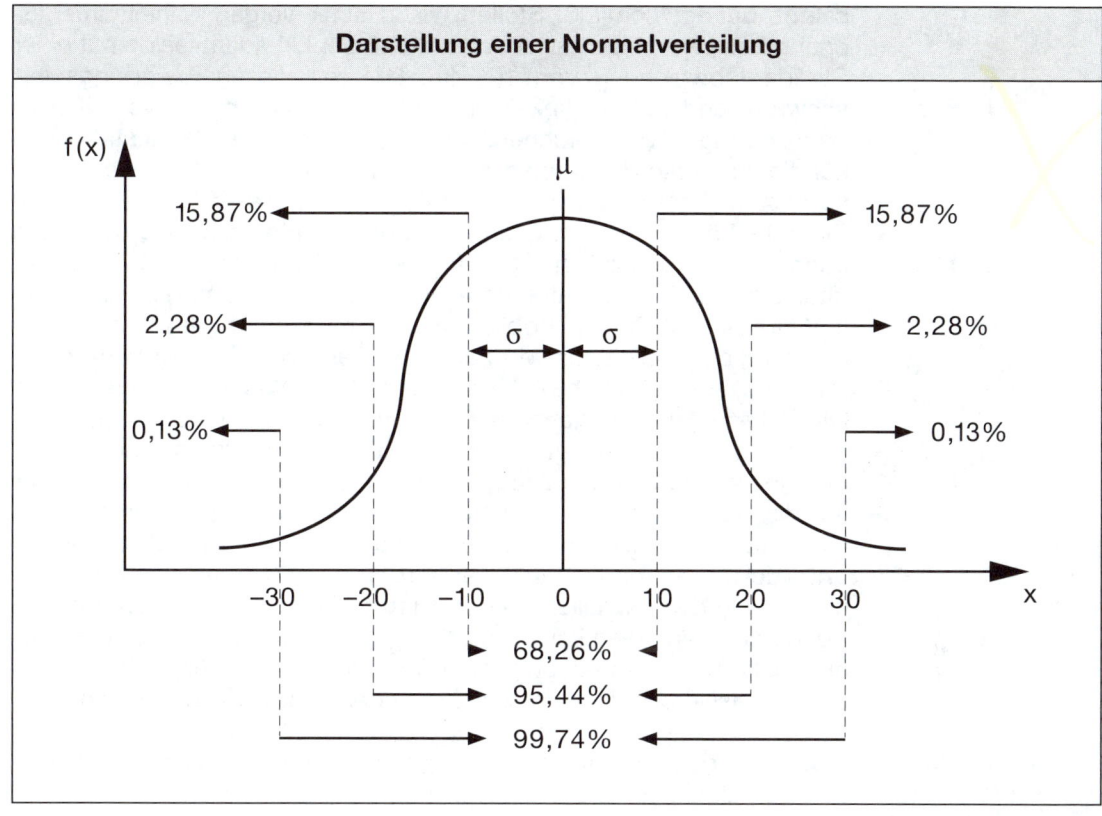

Darstellung einer Normalverteilung

Abbildung 12

Die Normalverteilung ist eine **symmetrische Verteilung**. Die Wahrscheinlichkeit aller Werte links vom Erwartungswert (einschließlich E) ist somit gleich der Wahrscheinlichkeit aller Werte rechts vom Erwartungswert (einschließlich E) – jeweils 50%. Das besondere bei Normalverteilungen ist, daß bestimmten Wertebereichen immer ganz bestimmte Wahrscheinlichkeiten zuzuordnen sind. Unabhängig von der konkreten Lage und Form einer Normalverteilung gilt, daß die kumulierte Wahrscheinlichkeit für alle Werte innerhalb des Intervalls $[\mu \pm \sigma]$ immer gleich 68,26% ist. Wegen der Symmetrie ist die Wahrscheinlichkeit für Werte außerhalb dieses Intervalls entsprechend

$$100\% - 68,26\% = 31,74\%.$$

Für die praktische Anwendung ist insbesondere das Intervall $[\mu \pm 2\sigma]$ wichtig, wobei die Wahrscheinlichkeit für Werte innerhalb dieses Intervalls bereits 95,44% beträgt und für Werte außerhalb entsprechend nur noch 4,56%.

Kommen wir zu der Ausgangsüberlegung eines langfristig ausgeglichenen Kundengeschäfts zurück. Der Erwartungswert des Liquiditäts-

Beispiel

saldos beträgt somit 0. Stellen wir in einer Vergangenheitsuntersu-
chung beispielsweise weiterhin fest, daß der Liquiditätssaldo mit einer
Standardabweichung von 10 Mio. DM um diesen Erwartungswert
schwankt und daß die Einzelwerte näherungsweise normalverteilt sind,
dann beträgt die Wahrscheinlichkeit dafür, daß der Liquiditätssaldo
künftig innerhalb des Intervalls **[–20;20]** (wegen 0 ± 2 · 10) liegt etwa
95,44% (außerhalb entsprechend 4,56%). Da die Wahrscheinlichkeit
für Liquiditätssalden rechts und links dieses Intervalls gleich ist, kann
auch die Wahrscheinlichkeit dafür angegeben werden, daß der Liquiditätssaldo –20 noch unterschreitet. Sie beträgt genau die Hälfte von
4,56%, also 2,28% (vgl. Abbildung 12). Umgekehrt bedeutet dies, daß
der künftige Liquiditätssaldo mit einer Wahrscheinlichkeit von knapp
98% (100% – 2,28% = 97,72%) die –20 Mio. DM nicht unterschreiten
wird. Diese Aussage kann beispielsweise zur Dimensionierung einer
als Risikoträger vorzuhaltenden Liquiditätsreserve herangezogen werden. So würde eine Liquiditätsreserve von mehr als 20 Mio. DM nur
für die sehr wenig wahrscheinlichen Fälle benötigt, in denen der
Liquiditätssaldo kleiner als –20 Mio. DM ist. Die **Sicherheits-
anforderungen bzw. Risikoneigungen** der Geschäftsleitung kommen hier in der Formulierung der **Anspruchswahrscheinlichkeit** zum
Ausdruck. Sehr restriktive Anforderungen drücken sich in entsprechend hohen Anspruchswahrscheinlichkeiten (z. B. über 95%) aus,
eine offensivere Risikoeinstellung dagegen in niedrigeren Werten.

*Berücksichtigung
der Risikoeinstellung*

*Vielfältige Einsatz-
möglichkeiten für
Normalverteilungen im
Risk Management*

Obwohl in der Realität – und dies gilt sowohl für den Bereich der Na-
turwissenschaften als auch für betriebs- bzw. wirtschaftswissen-
schaftliche Zusammenhänge – nur sehr wenige Dinge tatsächlich normalverteilt sind, lassen sich viele Bereiche doch zumindest näherungsweise durch Normalverteilungen beschreiben bzw. in solche
überführen. Dies erklärt auch, warum Normalverteilungen eine solch
überragende Bedeutung für die im Risk Management eingesetzten
mathematischen Modelle haben.

2.1.4 Liquiditätsreserven als Risikoträger

Nachdem bereits mehrmals Bezug auf die **Liquiditätsreserve** als
Risikoträger genommen wurde, bleibt im Rahmen der Analyse noch
zu klären, was im einzelnen zur Liquiditätsreserve gerechnet werden
kann. Objektbezogen bedeutet **Liquidität** die **Fähigkeit von Vermögensgegenständen, für Zahlungszwecke verwendbar zu sein**
(Geldnähe). Je nachdem, ob diese Fähigkeit unmittelbar vorhanden ist
oder erst erreicht werden muß, kann beispielsweise zwischen Primär-,
Sekundär- und Tertiärliquidität unterschieden werden. Zur **Primärliquidität** zählen Bankaktiva, die bereits unmittelbar zu Zahlungs-
zwecken zur Verfügung stehen, wie z. B. die Barreserve (Kasse, LZB-
Guthaben etc.). **Sekundärliquidität** sind Bankaktiva, die sich jederzeit
auf Initiative der Bank und in der Regel ohne Verlust liquidieren lassen.

*Primär-, Sekundär- und
Tertiärliquidität*

Bei Vermögensgegenständen der **Tertiärliquidität** wird dagegen eher mit Liquidationsverlusten zu rechnen sein. Die **Liquidierbarkeit** von Vermögensgegenständen ist dabei von verschiedenen Kriterien, wie etwa dem Volumen, der Liquidationsdauer, den Transaktionskosten, Imagewirkungen, Marktvolumen oder der Markttransparenz, abhängig.

In Anlehnung hieran kann bei der Liquiditätsreserve zwischen einer **Kern-** und einer **Ergänzungsreserve** unterschieden werden:

Komponenten der Liquiditätsreserve

Kernreserven	**Ergänzungsreserven**	**Sonstige**
• Barreserve • Inkassopapiere • bundesbankfähige Wechsel in Höhe freier Rediskontkontingente • festverzinsliche Wertpapiere inl. öffentlicher Emittenten mit Restlaufzeit < 1 Jahr	• bundesbankfähige Wechsel, die die offenen Rediskontkontingente übersteigen • festverzinsliche Wertpapiere inl. öffentlicher Emittenten mit Restlaufzeit > 1 Jahr • sonstige festverzinsliche Wertpapiere mit Restlaufzeit < 1 Jahr	• z. B. offene Kreditlinien

(Quelle: Brüggestrat, 1990)   *Abbildung 13*

Zur **Kernreserve** können neben der **Primärliquidität** auch zum Einzug erhaltene **Inkassopapiere** gerechnet werden, da bei ihnen kurzfristig eine Zurverfügungstellung von Zentralbankgeld erfolgt. Dies trifft auch für **bundesbankfähige Wechsel** im Rahmen offener Rediskontkontingente zu, da sie **sehr kurzfristig** und **ohne Liquidationsverluste** in Primärliquidität umgewandelt (Diskontierung) werden können. Da der Diskontsatz in der Regel die Untergrenze für vergleichbare Geldmarktsätze darstellt, werden die Kreditinstitute in der Regel jedoch ihre Rediskontkontingente schon aus Rentabilitätsgesichtspunkten möglichst weitgehend ausgeschöpft haben. Somit dürfte der Bestand an rediskontfähigen Wechseln bei gleichzeitig noch offenen Rediskontkontingenten nur eine untergeordnete Bedeutung haben. Bei den festverzinslichen Wertpapieren der Kernreserve ist dies zwar nicht in gleicher Weise gegeben. Da aber eine Beschränkung auf inländische öffentliche Emittenten (liquide Märkte, kaum Bonitätsrisiken) und kurze Restläufer (geringes Zinsänderungsrisiko) erfolgt, sind die möglichen Liquidationsverluste als sehr gering anzusehen. Eine Zuordnung zu den Kernreserven ist somit gerechtfertigt.

Zu den **Ergänzungsreserven** können z. B. bundesbankfähige Wechsel, die die Höhe offener Rediskontkontingente übersteigen, gerechnet werden, da sie z. B. über Wertpapierpensionsgeschäfte zur Liquiditätsbeschaffung eingesetzt werden können. Dies setzt aber ein entsprechendes Angebot der Deutschen Bundesbank oder anderer Marktpartner voraus. Bei den beiden Kategorien festverzinslicher Wertpapiere wird jeweils eine der zuvor bei den Kernreserven genannten Restriktionen gelockert und damit die Gefahr möglicher Liquidationsverluste vergrößert. So wird im ersten Fall die Laufzeitbegrenzung aufgehoben, was dazu führt, daß das Zinsänderungsrisiko an Bedeutung gewinnt. Im zweiten Fall entfällt die Emittentenrestriktion, womit in stärkerem Maße bonitätsbedingte Kursverluste auftreten können.

Als sonstige Liquiditätsreserve kommen z. B. offene Kreditlinien im Interbankenmarkt in Betracht, deren Nutzbarkeit im Risikofall aber davon abhängt, inwieweit es sich hierbei um unwiderrufliche Zusagen handelt und der Kontraktpartner selbst über entsprechende liquide Mittel verfügt.

2.2 Ansatzpunkte zur Steuerung des Liquiditätsrisikos

Die **Liquiditätsrisikoposition** eines Kreditinstituts ergibt sich, wie gezeigt, aus der Gegenüberstellung der **Liquiditätsrisiken** – etwa in Form der Schwankungen des Liquiditätssaldos im „normalen" Kundengeschäft – und der vorhandenen **Liquiditätsreserve**. Wurde im Rahmen der Analyse ein Handlungsbedarf festgestellt, so können Steuerungsmaßnahmen entweder an der **Beeinflussung der Risiken (aktive Maßnahmen)** oder an der **Dimensionierung der Liquiditätsreserve (passive Maßnahmen)** ansetzen.

Maßnahmen der aktiven Risikosteuerung

Als **aktive Steuerungsmaßnahmen** kommen z. B. Begrenzungen einzelner Kennziffernwerte in Frage. So kann über einen vorgegebenen maximalen Wert des Liquiditätsindex der Umfang der Fristentransformation begrenzt werden. Wird dieser Wert überschritten, so kann durch langfristige Mittelaufnahme und kurzfristige Mittelanlage im Kunden- oder Interbankengeschäft die Fristentransformation reduziert werden. Eine Begrenzung der Einlagenkonzentration könnte beispielsweise implizieren, daß bei Erreichen des maximalen Kennziffernwertes zusätzliche Großeinlagen ausschließlich in Mitteln der Ergänzungsreserve angelegt werden dürfen (100% Deckung durch Liquiditätsreserve). Während es sich im ersten Fall um eine Maßnahme der **Risikovermeidung** handelt, kann im zweiten Fall höchstens von einer **Risikoverminderung**, eher aber von einer Maßnahme der **passiven Risikosteuerung** gesprochen werden. Wird versucht, die Einlagenkonzentration über die gezielte Akquisition von Kleineinlagen zu reduzieren, so handelt es sich dabei um eine Maßnahme der **Risikodiversifikation**. In dieser Weise läßt sich eine Vielzahl möglicher Maßnahmen ableiten, die hier nicht abschließend aufgelistet und gewürdigt werden können. Welche Maßnahme letztlich sinnvoll erscheint, ist einerseits von der **Risikoart** (Refinanzierungs-, Termin- oder Abrufrisiken) abhängig und andererseits von möglichen Kosten und Nutzen der Maßnahmen. So wird sehr schnell deutlich, daß die oben beispielhaft genannten Maßnahmen durchaus mit **Rentabilitätseffekten** und damit mit Kosten verbunden sein werden. Darüber hinaus ist auch die Schnelligkeit und Steuerbarkeit sehr unterschiedlich, je nachdem, ob die Maßnahmen im „normalen" Kundengeschäft (schlechte Steuerbarkeit) oder im Interbankengeschäft (gute Steuerbarkeit) angesiedelt sind.

Maßnahmen der **passiven Risikosteuerung** setzen an der Dimensionierung der Liquiditätsreserve an. Wie deren Höhe – auch unter Berücksichtigung individueller Risikopräferenzen – sinnvoll abgeleitet werden kann, wurde bei der Analyse des Liquiditätssaldos bereits dargestellt. Wird die dort primär vergangenheitsbezogene Betrachtung des Liquiditätssaldos zukunftsgerichtet um Finanzplanaspekte erweitert, so erhält man modifizierte Wahrscheinlichkeitsbereiche für künftige Liquiditätssalden, an denen in analoger Weise eine Dimensionierung der Liquiditätsreserve geknüpft werden kann. Unter Finanzplanaspekten sind die aus den bestehenden vertraglichen Vereinbarungen bereits feststehenden zukünftigen Zahlungsströme (gewichtet mit deren Eintrittswahrscheinlichkeiten) zu prognostizieren und in die Betrachtung des Liquiditätssaldos einzubeziehen. Eine konkrete operative **Finanzplanung** ist schon unter dem Gesichtspunkt der täglichen Liquiditätsdisposition unerläßlich.

Maßnahmen der passiven Risiko-steuerung

Notwendigkeit eines Finanzplanes

Kommt man in der Analyse des so **modifizierten Liquiditätssaldos** zu dem Schluß, daß die Liquiditätsreserven zu niedrig sind, so müssen entweder Aktivumschichtungen – vorzeitige Liquidation gering liquider Positionen, sofern der Zeitpunkt günstig ist – erfolgen oder aber neu zufließende Mittel – z. B. durch Mittelaufnahmen am Geld- oder Kapitalmarkt – verstärkt in liquider Form gehalten werden. Eine weitere Möglichkeit zur kurzfristigen Erhöhung der Liquiditätsreserve besteht auch über den Abschluß von Wertpapierpensionsgeschäften mit der Deutschen Bundesbank. Erscheint die bestehende Liquiditätsreserve dagegen als zu hoch, so kann umgekehrt auch eine Umschichtung hochliquider Positionen in langfristige Anlagen in Betracht kommen. Aufgrund der tendenziell bestehenden Konkurrenzbeziehung zwischen Rentabilität und Liquidität sind auch die Maßnahmen der passiven Risikosteuerung in der Regel unmittelbar mit Rentabilitätswirkungen verbunden.

Zusammenführung von Finanzplan und wahr-scheinlichkeitsbezogenem Liquiditätssaldo

Arbeitsaufgaben

1. Erläutern Sie die verschiedenen Arten des Liquiditätsrisikos, und nehmen Sie eine Einordnung in aktivische und passivische Liquiditätsrisiken vor.

2. Stellen Sie dar, inwiefern eine Orientierung an Bilanzbeständen zur Beurteilung des Liquiditätsrisikos geeignet ist.

3. Definieren und erläutern Sie vier verschiedene Kennziffern zum Liquiditätsrisiko.

4. In der angewandten Wahrscheinlichkeitstheorie finden Normalverteilungen eine breite Verwendung. Erläutern Sie in diesem Zusammenhang die Parameter μ und σ.

5. Bei Normalverteilungen beträgt die Wahrscheinlichkeit dafür, daß ein Wert innerhalb des Intervalls $[\mu \pm \sigma]$ eintritt, 68,26% und innerhalb des Intervalls $[\mu \pm 2\sigma]$ 95,44%. Bei der Sparkasse in Zukunftshausen geht man bei der Liquiditätsplanung für das nächste Jahr von einem durchschnittlichen Einlagenbestand von 250 Mio. DM aus. Aus statistischen Vergangenheitsuntersuchungen weiß man, daß es sich hierbei um einen Erwartungswert handelt und die tatsächliche Einlagenhöhe mit einer Standardabweichung von 15 Mio. DM nahezu normalverteilt ist.

   a) Ermitteln Sie die oben genannten 1- bzw. 2-Sigma-Grenzen.

   b) Mit welcher Wahrscheinlichkeit erreicht die Einlagenhöhe mindestens einen Wert in Höhe der jeweils unteren 1- bzw. 2-Sigma-Grenze?

6. Erläutern Sie, inwieweit festverzinsliche Wertpapiere als Liquiditätsreserve zum Abdecken schlagend werdender Liquiditätsrisiken geeignet sind.

3 Ausfallrisiko

Das Ausfallrisiko dürfte für die meisten Kreditinstitute wohl einer der wichtigsten Risikobereiche sein. Bei Eigenkapitalquoten von regelmäßig weniger als 5% würde bereits ein Verlust in Höhe von 2,5% der Bilanzsumme in einem bzw. von je 0,5% in drei aufeinanderfolgenden Jahren bedeuten, daß das BAK die Erlaubnis zum Betreiben von Bankgeschäften entziehen kann (vgl. § 35 Abs. 2 Nr. 4 a u. b KWG). Bei einem 500-Mio.-DM-Institut entspricht dies einem Verlust von 12,5 Mio. DM in einem bzw. jeweils 2,5 Mio. DM in drei aufeinanderfolgenden Jahren. Verluste in dieser Größenordnung können wohl am ehesten durch **Großkreditausfälle** oder aufgrund einer **fehlenden Diversifikation** gehäuft eintretende Ausfälle von Einzelengagements entstehen.

Hohe Bedeutung des Ausfallrisikos in der Praxis

Da in Deutschland – auch wegen der bestehenden Sicherungseinrichtungen – förmliche Insolvenzverfahren, wie z. B. bei der Herstatt Bank, äußerst selten vorkommen, können im Inland kaum empirische Untersuchungen über **Konkursgründe** von Kreditinstituten durchgeführt werden. International, insbesondere in den Vereinigten Staaten, wo in den 80er Jahren mehr als 800 Institute geschlossen werden mußten (200 davon allein in 1988), ist dies schon eher möglich. An vielen Stellen (z. B. Hempel/Coleman/Simonson, 1990, S. 94 ff.) werden die Ausfälle im Kreditgeschäft als Hauptindikator für den Konkurs von Kreditinstituten herausgestellt. Im Gegensatz dazu wurde z. B. die Liquiditätssituation regelmäßig als nicht ausschlaggebend ermittelt (vgl. Demirgüc-Kunt, 1989, S. 14). **Bankenkrisen**, wie sie zuletzt in Japan und den skandinavischen Ländern, aber auch in den USA aufgetreten sind, sind oft Folge von **massiert eintretenden Ausfallrisiken**, die in der Regel eine gemeinsame Ursache haben. Diese Hinweise verdeutlichen bereits die Bedeutung des Ausfallrisikos im bankbetrieblichen Risk Management.

Kreditgeschäft als häufigster Konkursgrund bei Kreditinstituten

> **Unter Ausfallrisiko wird üblicherweise der ganz oder teilweise Ausfall von Zins- und Tilgungsleistungen im Kreditgeschäft verstanden.**

Definition Ausfallrisiko

Neben diesem klassischen Ausfallrisiko hat in den letzten Jahren insbesondere das im Geschäft mit **Derivaten** bestehende Ausfallrisiko erheblich an Bedeutung gewonnen. Da es sich hierbei zu einem großen Teil um für beide Kontraktpartner verpflichtende Termingeschäfte zur Absicherung gegen Preisrisiken handelt und regelmäßig keine Kapitalüberlassungen in Höhe der Kontraktvolumina erfolgen, besteht das Ausfallrisiko hier aber nicht in einem ganz oder teilweisen Verlust des Kontraktvolumens, sondern in einem **Verlust des Absicherungseffektes**. Bei einer zwischen Abschluß des Kontrakts und Ausfall des Kontraktpartners negativen Preisentwicklung für das Kreditinstitut können hieraus Kursverluste resultieren, denen umgekehrt – bei einer zwischenzeitlich positiven Entwicklung – aber auch Kursgewinne gegenüberstehen können. Neben diesem **indirekten Preisrisiko** besteht im Optionsgeschäft darüber hinaus für den Käufer einer Option noch das Risiko des Verlustes der gezahlten Optionsprämie, wenn der Kontraktpartner ausfällt. Werden **Ausfallrisiken** in diesem Sinne als **Adressenausfallrisiken** definiert, so bestehen darüber hinaus offensichtlich bei jedem abgeschlossenen Vertrag – gleich welcher Art – Ausfallrisiken, die in negativen Folgen aus dem Ausfall des Kontraktpartners begründet sind. Das BAK hat in den Grundsatz I zur Begrenzung des (Adressen-)Ausfallrisikos darüber hinaus auch **Sachwertrisiken** integriert, die danach mit zu den anrechnungspflichtigen Aktiva (100%) gehören. Von der angedeuteten Systematik her wären solche Risiken allerdings nicht als Ausfallrisiken, sondern wohl eher als Preisrisiken zu klassifizieren.

Sachwertrisiken sind keine Ausfallrisiken

Neben den **einzelgeschäftsbezogenen** Ausfallrisiken sind auch **gesamtgeschäftsbezogene** Risiken zu beachten, die sich aus einer mangelnden **Diversifikation** des Kreditportefeuilles ergeben können. Eine nicht genügende Diversifikation kann verschiedene Ursachen haben. Neben der **Großkreditproblematik** ist vor allem auch auf eine unzureichende **Branchenstreuung** oder **regionale Diversifikation** hinzuweisen. Die regionale Diversifikation ist bei international ausgerichteten Instituten insbesondere im Zusammenhang mit dem im Kapitel 4 gesondert zu behandelnden **Länderrisiko** zu sehen. Eine besondere Behandlung des Länderrisikos als spezielles Ausfallrisiko erscheint sinnvoll, da das Länderrisiko nicht unbedingt wie die allgemeinen Ausfallrisiken im Ausfall des Kontraktpartners selbst zu sehen ist, sondern darin, daß der Kontraktpartner, obwohl er in Landeswährung durchaus zahlungsfähig sein kann, durch die Zentralnotenbank seines Landes nicht die notwendigen Devisen zur Erfüllung seiner Verpflichtungen zur Verfügung gestellt bekommt.

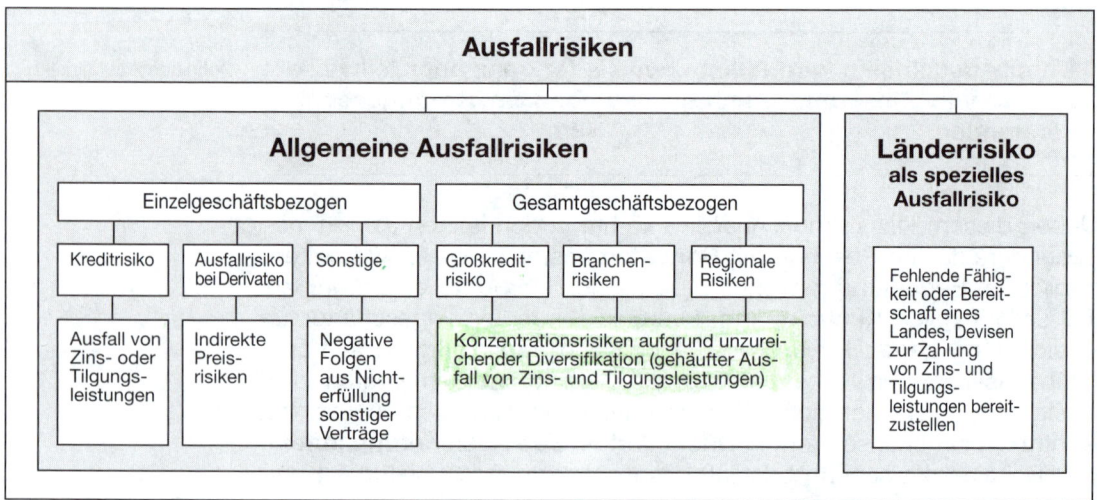

Abbildung 14

Bei der nachfolgend zu behandelnden Analyse und Steuerung der allgemeinen Ausfallrisiken wird die Differenzierung zwischen einzelgeschäfts- und gesamtgeschäftsbezogener Betrachtung beibehalten. Gleichzeitig erfolgt eine **Beschränkung auf die klassischen Kreditrisiken**. Die Quantifizierung von Ausfallrisiken in den anderen Bereichen, z. B. im Geschäft mit Derivaten, setzt die Quantifizierung von Preisrisiken voraus, die jedoch erst in späteren Kapiteln behandelt wird.

3.1 Analyse des Ausfallrisikos

Die **Analyse im engeren Sinne** beschäftigt sich mit der Quantifizierung des bestehenden Ausfallrisikos. Dabei geht es hier weniger darum herauszufinden, ob ein konkretes Geschäft mit einem mehr oder weniger hohen Ausfallrisiko behaftet ist, als vielmehr darum, die verschiedenen zur Verfügung stehenden **Analysemethoden und -instrumente** vorzustellen und sie im Hinblick auf ihre praktische Einsetzbarkeit zu würdigen. Da es vor allem die Analyseinstrumente sind, die im Mittelpunkt dieses Kapitels stehen, wird die Vorstellung nicht für alle Bereiche des Kreditgeschäfts, sondern auf der Basis eines **ausgewählten Teilbereichs**, nämlich des **Firmenkreditgeschäfts**, vorgenommen. Die angestellten Überlegungen können ohne weiteres auch auf das **Privatkreditgeschäft** übertragen werden, wobei an einigen Stellen auf entsprechende Besonderheiten unmittelbar hingewiesen wird. Diese Vorgehensweise erscheint, sowohl aus Platzgründen als auch um zahlreiche Wiederholungen zu vermeiden, sinnvoll.

3.1.1 Einzelgeschäftsbezogene Analyse am Beispiel des Firmenkreditgeschäfts

Das einzelgeschäftsbezogene Ausfallrisiko wird durch die **Kreditwürdigkeit** des Kreditnehmers und die gegebenenfalls zur Verfügung stehenden **Kreditsicherheiten** bestimmt. **Kreditwürdigkeit** beinhaltet die **persönliche** und **materielle Fähigkeit** und **Bereitschaft**, den aus einem Kapitalüberlassungsverhältnis resultierenden Verpflichtungen vertragsgemäß nachzukommen. Als Vorfrage hierzu ist die Frage der **Kreditfähigkeit**, als Fähigkeit, Kreditgeschäfte rechtswirksam abschließen zu können, zu stellen.

Kreditwürdigkeit und Kreditsicherheiten determinieren das Ausfallrisiko

Das Ziel der einzelgeschäftsbezogenen Analyse ist es, das einem Kreditgeschäft anhaftende Ausfallrisiko zu quantifizieren. Die Ergebnisse sollten dann möglichst in ein umfassendes **Risikoklassenkonzept** einfließen, auf dessen Basis weitergehende **einzel- und gesamtgeschäftsbezogene Analysen und Steuerungsmaßnahmen** durchgeführt werden können. Je nach Risikogehalt eines Engagements wird es unterschiedlichen Risikoklassen (z. B. kein Risiko, geringes Risiko, mittleres Risiko, hohes Risiko, nicht akzeptables Risiko) zugeordnet.

Forderung nach einem Risikoklassenkonzept

Bei der Zuordnung wird regelmäßig eine begrenzte Austauschbarkeit von Bonität und Sicherheiten unterstellt. In dem in der Abbildung 15 dargestellten – stark vereinfachten – Beispiel wird dieser Zusammenhang angedeutet.

Der Einfluß von Bonität und Sicherheiten auf die Kreditrisikoklasse

Bildung von Risikoklassen					
Bonität / Sicherheiten	1	2	3	4	5
1	1	1	2	3	4
2	1	2	2	3	4
3	1	2	3	4	5
4	1	2	3	4	5

Abbildung 15

So kann beispielsweise ein aufgrund der Bonität in Klasse 3 einzustufendes Engagement durch Stellung erstklassiger Sicherheiten noch in die Risikoklasse 2 „aufsteigen". Dies dürfte aus Sicht des Kreditnehmers insbesondere deshalb wichtig sein, weil sich dies auch in der Bemessung der im Zins kalkulierten **Risikoprämie** niederschlagen sollte. Die Einschätzung der Bonität und die Beurteilung der Sicherheiten sind also zwingende Voraussetzungen zur Bildung eines Risikoklassenkonzepts.

Methoden der Kreditwürdigkeitsanalyse

Für die **Kreditwürdigkeitsanalyse** stehen heute zahlreiche Methoden und Instrumente zur Verfügung. Neben **verbal-qualitativen** Methoden, wie dem klassischen **Kreditbericht** oder **-protokoll**, kommen auch stärker **quantitative** Verfahren, wie z. B. **Scoring-Modelle**, zum Einsatz. Während die verbal-qualitativen Verfahren einen **hohen Subjektivitätsgrad** aufweisen, sind die quantitativen Verfahren durch eine deutlich **höhere Objektivität** gekennzeichnet. Aber auch dort fließen noch subjektive Elemente in die Analyse mit ein. Einen sehr **hohen Objektivitätsgrad** und kaum subjektive Einflüsse weisen dagegen die **mathematisch-statistischen Verfahren** auf, die ausschließlich quantitative Daten verarbeiten. Als wohl bekanntestes Instrument in diesem Bereich ist die **multivariate Diskriminanzanalyse** zu nennen, die im Firmenkreditbereich in der Regel auf Jahresabschlußdaten basiert.

Beim **klassischen Kreditbericht oder -protokoll** ist es Aufgabe der Firmenkundenbetreuer bzw. Kreditsachbearbeiter, die im Hinblick auf die Bonität des Kunden entscheidungsrelevanten Kriterien herauszuarbeiten, sie einzeln zu würdigen und abschließend in einem Krediturteil zusammenzufassen. Da sowohl die **Auswahl der Kriterien** als auch deren **Gewichtung** individuell durch die einzelnen Mitarbeiter festgelegt werden, weisen diese Verfahren einen **hohen Subjektivitätsgrad** auf. Dies hat nicht nur Auswirkungen auf die Entscheidungsqualität, die demzufolge sehr unterschiedlich sein wird, sondern auch auf die **Rechtfertigungsfähigkeit** und **Nachvollziehbarkeit** von Kreditentscheidungen. Darüber hinaus dürfte sich die stark individuell geprägte Vorgehensweise – von Ausnahmen abgesehen – auch nachteilig auf die **Bearbeitungsgeschwindigkeit** und **-effizienz** auswirken. Die frei formulierten Kreditberichte sind daher in den meisten Kreditinstituten im Zeitablauf durch mehr oder weniger **standardisierte Kreditberichte** abgelöst worden. Die Standardisierung ist dabei in der Vorgabe bestimmter Mindestkriterien zu sehen, zu denen im Kreditbericht Stellung genommen werden muß. Darüber hinaus werden regelmäßig maschinelle Bilanzanalysen zur Absicherung der Kreditentscheidung hinzugezogen. Selbst bei Vorgabe der zu behandelnden Kriterien verbleibt deren **Beurteilung und Gewichtung** aber beim zuständigen Mitarbeiter. Insofern weisen auch solche mehr oder weniger standardisierten Kreditberichte noch einen vergleichsweise hohen Subjektivitätsgrad auf. Der klassische Kreditbericht ist für die Einordnung von Einzelengagements in ein – wie oben angedeutetes – Risikoklassenkonzept daher nur wenig geeignet.

Hoher Subjektivitätsgrad des Kreditberichts

Einzelgeschäftsbezogene Analysemethoden im Überblick	
Methoden zur Beurteilung der Kreditwürdigkeit	
1. **verbal-qualitativ** (hoher Subjektivitätsgrad)	z. B. Kreditbericht, Kreditprotokoll auf der Basis traditioneller Bilanzanalyse
2. **quantitativ** (sowohl subjektive als auch objektive Einflüsse)	z. B. Unternehmens-Rating in der Regel als Scoring-Modell
3. **mathematisch-statistisch** (hoher Objektivitätsgrad)	z. B. multivariate Diskriminanzanalyse auf Basis von Jahresabschlußdaten

Abbildung 16

Sowohl die **Auswahl** der Kriterien als auch deren **Gewichtung** werden in der Regel bei den stärker **quantitativen** Verfahren vorgegeben. In der Praxis werden solche Verfahren oft als **Unternehmens-Ratings** bezeichnet, die regelmäßig auf sogenannten **Scoring-Modellen** bzw. Punktbewertungsverfahren basieren. Der Vorteil solcher Scoring-Modelle ist vor allen Dingen darin zu sehen, daß sie sich zur Strukturierung von komplexen Entscheidungssituationen eignen und die gesamte Entscheidung letztlich auf einen Gesamtpunktwert reduzieren. Anhand dieses Punktwertes ist dann auch eine Zuordnung zu einer bestimmten **Risikoklasse** vorzunehmen. Eine gewisse **Subjektivität** verbleibt allerdings auch bei diesen Verfahren, da die Mitarbeiter den einzelnen Kriterien Punktwerte zuordnen müssen, die sie – unter Umständen auf der Basis vorformulierter Zuordnungsregeln – aber immer aus der eigenen Einschätzung und Erfahrung ableiten müssen. Im Kapitel 3.1.1.2 wird die Vorgehensweise bei der Erstellung eines Scoring-Modells näher erläutert.

Weitgehend ausgeschaltet werden subjektive Einflüsse dagegen bei den **mathematisch-statistischen Verfahren**. Hier erfolgt sowohl die **Auswahl** der in die Analyse eingehenden Kriterien als auch deren **Ermittlung** und **Gewichtung** weitgehend auf der Basis wissenschaftlicher statistischer Untersuchungen, die in starkem Maße computerisiert ablaufen können. Die mathematisch-statistischen Verfahren sind ebenfalls gut für die Einbindung in ein Risikoklassenkonzept geeignet, da sie – wie die Scoring-Modelle – die Bonität letztlich in einem bestimmten Wert quantifizieren.

Neben der **multivariaten Diskriminanzanalyse**, die im Kapitel 3.1.1.3 als Beispiel für ein solches Verfahren vorgestellt wird, fallen in diesen Bereich auch **strukturanalytische Verfahren** und sogenannte **Multikriteria-Verfahren** (Prävalenzverfahren). **Expertensysteme** und **künstliche neuronale Netze** sind als Weiterentwicklungen dieser drei Grundverfahren zu nennen. Bei den strukturanalytischen Verfahren werden z. B. mit Hilfe von **Clusteranalysen** Ähnlichkeiten in großen Datenmengen herausgearbeitet und interpretiert (vgl. Fritz/Wandel, 1991). **Multikriteria-Verfahren** bieten die Möglichkeit, die Gewichtungen der in die Entscheidung eingehenden Kriterien differenziert zu handhaben und beispielsweise auch Schwellenwerte und Grenzwerte festzulegen. Für jedes Kriterium wird eine individuelle Gewichtungsfunktion in Abhängigkeit von der Merkmalsausprägung erstellt (vgl. Jaeger, 1988). **Expertensysteme** bauen regelmäßig auf diesen drei Grundverfahren auf und kombinieren sie miteinander. So erweitern neue Kreditgeschäfte und neu eintretende Kreditausfälle die zugrundeliegenden Datenmengen **(Wissensbasis)**. Das System überprüft die eingesetzten **Kriterien, Gewichtungen** und **Entscheidungsfunktionen** regelmäßig darauf, ob sie auch bei den erweiterten Datenmengen noch zu optimalen Entscheidungen führen **(selbstlernendes System)**. In ähnlicher Weise sind auch die Entwicklungen künstlicher

neuronaler Netze zu sehen, die mit einer mehr oder weniger umfang-
reichen Datenbasis „trainiert" werden und so die bestmöglichen
Kennzahlen und Kennzahlenverknüpfungen selbst ermitteln (vgl.
Erxleben u.a., 1992; Baetge, 1994; und Baetge u.a., 1994).

Die hier dargestellten Verfahren können in der Praxis nicht nur isoliert,
sondern auch kombiniert zum Einsatz kommen. So ist zum Beispiel
denkbar, den Teil der Bilanzanalyse innerhalb eines umfassenden
Scoring-Modells mittels Diskriminanzanalyse vorzunehmen, die anderen Kriterien aber subjektiv durch die Mitarbeiter bewerten zu lassen.
Unabhängig davon, welches Verfahren letztlich eingesetzt wird, sind
am Anfang einer jeden Analyse zunächst die Einflußfaktoren des Ausfallrisikos herauszuarbeiten.

3.1.1.1 Einflußfaktoren des Ausfallrisikos

Es wurde bereits darauf hingewiesen, daß das einzelgeschäftsbezogene Ausfallrisiko in erheblichem Maße durch die **Kreditwürdigkeit**
(Bonität) des Kreditnehmers und die gegebenenfalls zur Verfügung
stehenden **Kreditsicherheiten** bestimmt wird. Geht man von einer
großen Zahl von Kreditnehmern und Kreditgeschäften aus, dann läßt
sich das Ausfallrisiko formal als Produkt aus **Ausfallwahrscheinlich-**
keit und **ausfallgefährdetem Volumen** definieren:

Kreditwürdigkeit und Sicherheiten bestimmen das Ausfallrisiko

$$AR = W_A \cdot V_A$$

mit: AR = Ausfallrisiko
      W_A = Ausfallwahrscheinlichkeit
      V_A = ausfallgefährdetes Volumen

Die **Kreditwürdigkeit** eines Kreditnehmers ist dabei maßgebend für die
Höhe der **Wahrscheinlichkeit** des Ausfalls eines einzelnen Engagements. Die **Kreditsicherheiten** bestimmen in Verbindung mit dem
zugrundeliegenden Kreditbetrag die Höhe des **ausfallgefährdeten Vo-**
lumens. Beträgt bei einem Kreditnehmer die Ausfallwahrscheinlichkeit
z.B. 5% und werden verwertbare Sicherheiten in Höhe von 60% gestellt, dann beträgt das quantifizierte Ausfallrisiko eines 20-Mio.-DM-En-
gagements

$$20 \text{ Mio. DM} \cdot 0,05 \cdot 0,4 = \underline{0,4 \text{ Mio. DM.}}$$

Voraussetzung dabei ist jedoch, daß der Wert der Sicherheiten auch
tatsächlich in dieser Höhe realisierbar ist. Soll das Ausfallrisiko bei einer
großen Zahl von Kreditfällen durch kalkulierte und vereinnahmte **Risiko-**
prämien im Zins aufgefangen werden, so müßte im dargestellten Fall
eine Risikoprämie von mindestens 2% (0,4/20) veranschlagt werden.

Die beiden Haupteinflußfaktoren Kreditwürdigkeit und Sicherheiten sind ihrerseits wiederum in zahlreiche weitere (Teil-)Einflußfaktoren zu untergliedern.

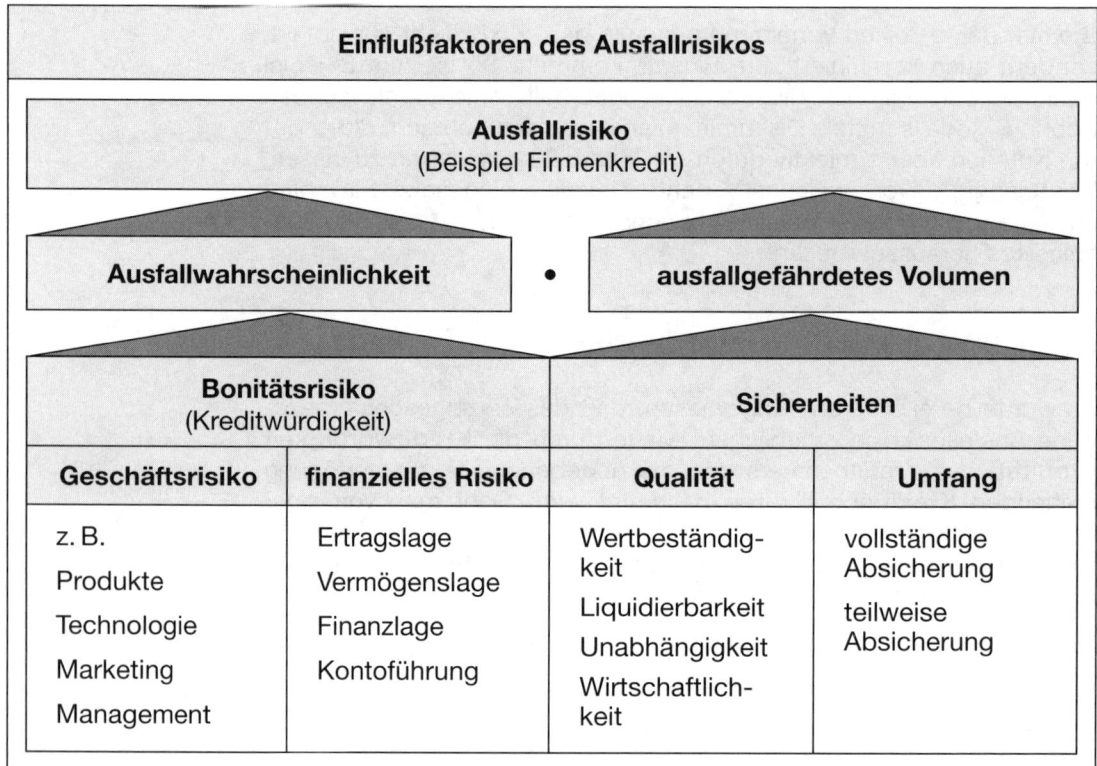

Abbildung 17

Das Bonitätsrisiko kann bei Unternehmen beispielsweise in ein allgemeines **Geschäftsrisiko** und ein spezielles **finanzielles Risiko** unterteilt werden (vgl. auch Steiner, 1992). Beide Bereiche sind wiederum durch eine Vielzahl weiterer (Teil-)Einflußfaktoren gekennzeichnet.

Einflußfaktoren des Ausfallrisikos

So haben z. B. die einzelnen **Produkte**, aber auch die Sortimentszusammensetzung einen wesentlichen Einfluß auf das Geschäftsrisiko und damit die Bonität des Kreditnehmers. Beispielsweise ist die Frage danach zu stellen, in welcher Phase des **Produktlebenszyklus** sich die einzelnen Produkte befinden (Einführungs-, Reife- oder Sättigungsphase) und ob ein ausgewogenes Verhältnis zwischen neuen und alten Produkten besteht. Darüber hinaus sind auch die Diversifikation der Produktpalette und die Strukturen auf den verschiedenen (Produkt-)Absatzmärkten von hoher Relevanz, da bei zunehmender Konzentration auf einige wenige Produkte oder Abnehmer Abhängigkeiten und damit Anfälligkeiten gegenüber Unternehmenskrisen überproportional zunehmen. Unter dem Stichwort **Technologie** ist z. B. zu beurteilen, in welchem Zustand die Produktionsanlagen sind und ob die damit verbundenen Fertigungsverfahren als zeitgemäß und wettbewerbsfähig anzusehen sind. Der Begriff des **Marketing** steht hier für die zu den Kunden aufgebauten Geschäftsbeziehungen und die im Markt erreichte Stellung. Bestehen enge Kundenverbindungen, die auf einer soliden Vertrauensbasis aufbauen, oder ein ausgeprägtes Markenimage, so spricht dies eher für eine größere Robustheit gegenüber negativen Umfeldentwicklungen. Nicht zuletzt ist das **Management** selbst als wesentlicher Einflußfaktor auf das Bonitätsrisiko zu nennen. Führt man sich vor Augen, daß das Management letztlich für den gesamten Planungs- und Steuerungsprozeß des Unternehmens verantwortlich ist, so wird deutlich, daß sich eine schlechte Managementqualität wohl in allen in der Abbildung 17 genannten Bereichen des Bonitätsrisikos niederschlagen wird. Dieser weite Einflußbereich des Managements wird auch aus der Abbildung 4 zur Risikosystematisierung deutlich, wo auf der strategischen Ebene eine Vielzahl von Managementrisiken genannt werden. Wird dieser allumfassende Ansatz hier ausgeklammert, so können unter dem Stichwort **Managementqualität** z. B. die Qualität der eingesetzten Planungs-, Steuerungs- und Kontrollinstrumente und -verfahren verstanden werden. Gerade bei kleinen Gesellschaften spielen darüber hinaus auch die persönlichen Verhältnisse eine bedeutende Rolle und ist die Unternehmerqualität außerordentlich wichtig. Denn sehr häufig steht und fällt eine solche Gesellschaft mit der Führungsperson des Unternehmers.

Vgl. Kapitel 1.4, Seite 20

Die hier beispielhaft aufgezählten (Teil-)Einflußfaktoren des Geschäftsrisikos decken sicherlich den Bereich nicht vollständig ab, sie dürften aber deutlich machen, wie der Begriff des allgemeinen Geschäftsrisikos zu verstehen ist. Bezüglich der **Datenqualität** ist darauf hinzuweisen, daß in diesem Bereich kaum quantitative, sondern fast ausschließlich **qualitative Daten** zur Verfügung stehen. Die Einschätzung dieser qualitativen Merkmale wird daher immer einen vergleichsweise **hohen Subjektivitätsgrad** aufweisen. Weil die Beurteilung letztlich eine Einschätzung der künftigen Wettbewerbsfähigkeit ermöglichen soll, sind die Daten darüber hinaus stark **zukunftsgerichtet**, wodurch weitere Unsicherheiten auftreten.

Einen hohen quantitativen und damit objektiveren Charakter weisen dagegen die Daten auf, die unter dem Begriff des finanziellen Risikos zusammengefaßt werden. Informationen zur **Ertrags-, Vermögens- und Finanzlage** werden regelmäßig aus Jahresabschlußanalysen gewonnen. Angesichts der hohen Zeitverzögerung, mit der diese Daten häufig erst zur Verfügung stehen, und der Tatsache, daß nur die bereits eingetretene Unternehmensentwicklung im Jahresabschluß abgebildet wird, wird deutlich, daß es sich zudem um stark **vergangenheitsorientierte** Daten handelt. Gleichwohl, und dies belegen zahlreiche empirische Untersuchungen auf diesem Gebiet, haben Jahres-

Kennziffern zur Ertrags-, Vermögens- und Finanzlage

abschlußinformationen durchaus einen hohen Prognosewert für das künftige Ausfallrisiko. Zu jedem der drei Bereiche läßt sich eine Vielzahl von Kennziffern definieren. Klassische Kennziffern zur **Ertragslage** sind beispielsweise die **Eigenkapital-** oder die **Umsatzrentabilität**. Beide weisen im Zähler eine Stromgröße für die laufende Ertragskraft (z. B. Jahresüberschuß oder korrigierte Cash-flow-Größen) auf, wobei die eine sich im Nenner auf die Bestandsgröße Eigenkapital und die andere sich auf die Stromgröße Umsatz bezieht. Eine weitere Kennziffer zur Ertragskraft, die insbesondere die Nachhaltigkeit der Zinszahlungsfähigkeit zum Ausdruck bringen soll, ist der sogenannte **Zinsdeckungsgrad** (Süchting, 1989, S. 405).

$$\text{Zinsdeckungsgrad} = \frac{\text{Jahresüberschuß} + \text{Zinsaufwand} + \text{einkommensabh. Steuern}}{\text{Zinsaufwand}}$$

Werden im Zähler und Nenner auch die durchschnittlichen Tilgungen berücksichtigt, so kann nicht nur die Nachhaltigkeit der Zinszahlungs-, sondern insgesamt der **Schuldendienstfähigkeit** beurteilt werden. Die wohl wichtigste Kennziffer zur **Vermögenslage** ist die **Eigenkapitalquote**, bei der das (wirtschaftliche) Eigenkapital ins Verhältnis zum Gesamtkapital gesetzt wird. Allerdings sind auch bei der Definition der Eigenkapitalquote zahlreiche Alternativen denkbar.

Bilanzkennziffern zur **Finanzlage** können immer nur eingeschränkt aussagefähig sein, da es eigentlich um die Abschätzung von Zahlungsgrößen bzw. Zahlungsströmen geht, die aus Bilanzdaten aber – wenn überhaupt – nur indirekt gewonnen werden können. Solche Liquiditätskennziffern erhält man beispielsweise aus der Gegenüberstellung verschieden abgegrenzter Cash-flow-Größen mit den kurzfristigen Verbindlichkeiten.

Zur Bedeutung der Bilanzdaten bei der Kreditvergabe und zum Vergangenheitsbezug der Daten findet sich beispielsweise auch folgende Aussage (Thiessen, 1994):

Hohe Bedeutung
der Bilanzdaten

„Große Bedeutung dagegen hat für die Banken die Analyse der historischen Bilanzen der potentiellen Kreditnehmer: 97% aller Banken werten Jahresabschlüsse aus. Bei der Kreditvergabe werden die Auswertungen mit 30% gewichtet. Das heißt, fast ein Drittel der Kreditentscheidungen von Banken beruht auf Informationen, die rein vergangenheitsbezogen sind und die mit dem zu finanzierenden, neuen Projekt nur sehr indirekt etwas zu tun haben.“

Das mit 30 % genannte Gewicht, mit dem die Bilanzanalyse in die Kreditentscheidung einfließt, scheint jedoch eher zu niedrig als zu hoch angesetzt zu sein.

Da die Bilanzdaten häufig nur mit einer erheblichen zeitlichen Verzögerung zur Verfügung stehen, besteht ein Bedürfnis, aktuellere Informationen über das finanzielle Risiko zu erhalten. Die **Kontodatenanalyse** gewinnt daher in den letzten Jahren zunehmend an Bedeutung. Dabei wird sie nicht als Ersatz der Bilanzanalyse, sondern zu deren Ergänzung gesehen, insbesondere, um die zeitliche Lücke bis zur Verfügbarkeit der Bilanzdaten abzudecken. Auch hier lassen sich zahlreiche Kennziffern und Relationen (z. B. durchschnittliche Limitausschöpfung) bilden, die – wie die Bilanzdaten – auch in mathematisch-statistische Verfahren Eingang finden können (Reuter/Welsch, 1993). Letztlich wird man sich jedoch darüber im klaren sein müssen, daß die Kontoanalyse lediglich ein **Spätindikator** sein kann, da die Ursachen für eine Unternehmenskrise in der Regel lange vor eintretenden Liquiditätsengpässen in anderen Bereichen (z. B. verfehlte Produktpolitik oder ähnliches) zu suchen sind.

Aktuellere Informationen durch Kontodatenanalyse

Es zeigt sich, daß zur Beurteilung der Kreditwürdigkeit und der mit der Person des Kreditnehmers verbundenen Ausfallwahrscheinlichkeit eine Vielzahl von Einflußfaktoren zu berücksichtigen und in ihren Wirkungen abzuschätzen sind. Dabei sind auch sehr verschiedenartige Daten – qualitative und quantitative, subjektive und objektive, vergangenheits- und zukunftsbezogene Daten – zusammenzuführen. Wie dies mit Hilfe eines Scoring-Modells vom Ansatz her erfolgen kann, wird im nächsten Kapitel dargestellt.

Bei den **Sicherheiten**, die das ausfallgefährdete Volumen beeinflussen, ist zum einen die **Absicherungsqualität** und zum anderen der **Absicherungsumfang** zu berücksichtigen. Die Absicherungsqualität ergibt sich aus der **Wertbeständigkeit** und **Liquidierbarkeit** der Sicherheiten, der Beziehung zwischen Sicherungsnehmer und Sicherungsgeber **(Abhängigkeit/Unabhängigkeit)** und der **Wirtschaftlichkeit der Sicherheitenverwaltung** (Süchting, 1989, S. 181 ff.). Wie unterschiedlich die **Wertbeständigkeit** von Sicherheiten zu beurteilen ist, wird schon deutlich, wenn man das Spektrum der zur Verfügung stehenden Sicherheiten betrachtet. Dies reicht von börsengängigen Renten- und Aktienwerten über privaten und gewerblichen Immobilienbesitz bis hin zu Sicherungsübereignungen von Maschinen, Raumsicherungsverträgen oder Forderungsabtretungen. Insbesondere bei der Sicherungsübereignung von verderblichen Waren tritt die Frage der Sicherungsdauer und der Wertbeständigkeit in den Vordergrund. Bei sicherungsübereigneten Maschinen spielt z. B. die Verschleißanfälligkeit bzw. deren **Spezifität** eine Rolle. Die Wertbeständigkeit von abgetretenen Forderungen ergibt sich demgegenüber aus der Bonität des Drittschuldners. Die **Liquidierbarkeit** steht in engem Zusammenhang zur Wertbeständigkeit und ist unter den Aspekten der Liquidationsdauer und -kosten zu beurteilen. Grundsätzlich kann gesagt werden, je spezifischer eine Sicherheit auf die Bedürfnisse des Kreditnehmers zugeschnitten ist, um so niedriger wird im Regelfall die Liquidierbarkeit sein.

Qualität und Umfang der Besicherung

Vergleichsweise gut liquidierbar sind alle Sicherheiten, für die geregelte Märkte oder sogar Börsen existieren.

Bei der Beurteilung der Sicherheiten spielt auch die **Abhängigkeit der Bank vom Kreditnehmer** (Sicherungsgeber) eine Rolle. So ist die Bank etwa bei einer stillen Einzel- oder Globalzession auf die Mitwirkung und Vertrauenswürdigkeit des Kreditnehmers angewiesen. Dies gilt auch für alle Formen der Sicherungsübereignung, bei denen der Sicherungsgeber im Besitz des Sicherungsgutes bleibt. Unter dem Gesichtspunkt der **Wirtschaftlichkeit** der Sicherheitenverwaltung ist z. B. zu berücksichtigen, wie kostenintensiv eine Überwachung der Sicherheiten ist. Während bei verpfändeten börsengängigen Wertpapieren der Blick in die Börsenzeitung genügt, müssen bei Immobilien unter Umständen Besichtigungen und umfangreiche Bautenzustandsberichte verfaßt werden.

Qualität und Umfang der Sicherheiten bestimmen die Höhe des nicht ausfallgefährdeten Teils des Engagements

Die Qualität der Sicherheiten hat entscheidenden Einfluß darauf, in welcher Höhe eine Sicherheit letztlich angerechnet wird. So werden je nach Art der Sicherheit unterschiedliche Anrechnungssätze bestimmt, mit denen diese zu bewerten ist. Bei festverzinslichen Wertpapieren könnte man beispielsweise von 80%, bei Aktien dagegen vielleicht nur von 50% ausgehen. Multipliziert mit dem zur Sicherung zur Verfügung stehenden Kurswert, der Ausdruck des **Umfangs** der Besicherung ist, ergibt sich der nicht ausfallgefährdete Teil des Kreditengagements. Das ausfallgefährdete Volumen eines Kredits ergibt sich dann als Kreditbetrag abzüglich des anzusetzenden Wertes der Sicherheiten und das Ausfallrisiko als Gefährdungspotential schließlich – wie oben bereits erläutert – als Produkt aus **Ausfallwahrscheinlichkeit** und **ausfallgefährdetem Volumen**.

Übertragbarkeit auf Privatkredite

Einflußfaktoren des Ausfallrisikos im **Privatkreditbereich** sind ähnlich zu strukturieren, wobei im Bereich der qualitativen Daten z. B. das Arbeitsplatzrisiko und die persönlichen und familiären Verhältnisse zu berücksichtigen sind. Im Bereich der quantitativen Daten kann sogar die Bezeichnung des finanziellen Risikos beibehalten und durch Daten zur Einkommens- und Verschuldungsentwicklung ausgefüllt werden. Bei den Sicherheiten ergeben sich im Privatkreditbereich keine Besonderheiten. Sie sind in gleicher Weise zu beurteilen wie im Firmenkreditgeschäft.

3.1.1.2 Risikoklassifizierung mit Hilfe von Scoring-Modellen

Scoring-Modelle sind Punktbewertungsverfahren, mit deren Hilfe komplexe Entscheidungssituationen in einzelne überschaubare Teilentscheidungen zerlegt und anschließend wieder zu einem Gesamtergebnis aggregiert werden. Für die einzelnen Teilentscheidungen werden **Kriterien** definiert, denen dann je nach Ausprägung Punkte zugeordnet werden. Über unterschiedliche Gewichtungen werden diese

Punkte schließlich zu einem Wert aufsummiert. Die komplexe Entscheidung wird daher letztlich auf einen einzigen Punktwert reduziert. Scoring-Modelle haben über betriebswirtschaftliche Fragestellungen hinaus einen weiten Anwendungsbereich erlangt. Sie sind immer dann sinnvoll einzusetzen, wenn eine Vielzahl von Einflußfaktoren auf ein Endergebnis einwirken, wobei die Zusammenhänge für den einzelnen nicht oder nur schwer überschaubar sind. Klassifikationen, wie sie beispielsweise die Stiftung Warentest für komplexe Produkte oder Dienstleistungen vornimmt, basieren letztlich ebenfalls auf solchen Scoring-Modellen.

Breite Anwendungsmöglichkeiten von Scoring-Modellen

In der Kreditwirtschaft ist der Einsatz von Scoring-Modellen mittlerweile weit verbreitet. Der Schwerpunkt der Anwendungen liegt in der Analyse der Kreditwürdigkeit und zwar sowohl im Privat- als auch im Firmenkundengeschäft. Die Vielfalt der eingesetzten Modelle reicht dabei von relativ einfachen Verfahren, die vom Umfang her nicht mehr als eine DIN-A4-Seite benötigen und lediglich eine erste **Grobklassifikation** erlauben, bis hin zu hoch komplexen und sehr detaillierten Verfahren. Als Beispiele für solche komplexen Modelle können auch die Verfahren der internationalen **Rating-Agenturen**, z. B. Standard & Poor's oder Moody's, genannt werden.

Bei der **Entwicklung** eines Scoring-Modells sind grundsätzlich die folgenden Punkte zu behandeln:

Schritte bei der Entwicklung eines Scoring-Modells

1. Festlegung der zu berücksichtigenden **Kriterien** (Merkmale)
2. Untersuchung der möglichen **Kriterien-(Merkmals-) ausprägungen**
3. Definition von **Punkteskalen**
4. Erarbeitung von **Zuordnungsregeln und -beispielen**
5. Ermittlung der **Kriteriengewichtungen**
6. Definition von **Risikoklassen** und **Entscheidungsregeln**

Bei der Festlegung der zu berücksichtigenden **Kriterien** muß untersucht werden, welche Faktoren die Höhe des Bonitätsrisikos beeinflussen. Dabei sind zunächst Oberkriterien zu ermitteln, die anschließend in weitere Unterkriterien aufgegliedert werden können. Wie im vorigen Kapitel dargestellt, kommen bei Unternehmen als Oberbegriffe insbesondere das allgemeine Geschäftsrisiko und das spezielle finanzielle Risiko in Frage. Beide Bereiche können entsprechend den dort gemachten Ausführungen weiter unterteilt werden. Von der Theorie her sollten die in ein Scoring-Modell einfließenden Kriterien möglichst **unabhängig** sein. Diese Forderung ist zu stellen, damit nicht unbewußt Doppelerfassungen ein und derselben Tatsache und damit auch Doppelgewichtungen erfolgen. So würde etwa die Berücksichtigung einer Eigenkapitalrentabilität nach Steuern zusätzlich zu einer bereits enthaltenen Eigenkapitalrentabilität vor Steuern nur wenig neue Informationen bedeuten und könnte zu einer Überbetonung des Aspekts der Eigenkapitalrentabilität führen. Der von der Theorie her zu stellende Anspruch auf vollständige Unabhängigkeit der Kriterien wird jedoch in der Praxis regelmäßig nicht erfüllt werden können. Macht man sich klar, daß sich beispielsweise das Kriterium Managementqualität mehr oder weniger stark in allen anderen Kriterien niederschlagen dürfte, wird die vielfältige Verbundenheit der Einzelkriterien deutlich. Insofern kann es nur darum gehen, möglichst unabhängige Kriterien auszuwählen und bei jedem Kriterium zu fragen, welche Informationen es enthält und ob diese gegebenenfalls bereits durch ein anderes Kriterium in das Scoring-Modell einfließen.

Für jedes Kriterium (Merkmal) muß anschließend überprüft werden, welche **Ausprägungen** möglich sind. In Abhängigkeit von der Art der Ausprägungen sind gegebenenfalls unterschiedliche **Punkteskalen** festzulegen. Sind bei einem Kriterium nur zwei Ausprägungen möglich (z. B. ja oder nein), so ist eine andere Punkteskala zu wählen als bei kontinuierlichen Merkmalsausprägungen, die beispielsweise auf eine Skala von 0 bis 10 normiert werden können.

Quasi als Unterstützung und zur Hilfestellung für die Kundenbetreuer, die mit diesem Instrument arbeiten sollen, müssen die einzelnen Kriterien und deren Bedeutung anhand von Beispielen erläutert werden. Darüber hinaus sind soweit wie möglich **Zuordnungsregeln** zu formulieren, bei welchen Merkmalsausprägungen welche Punktzahlen in der Regel vergeben werden sollten. Den Mitarbeitern sollte somit ein **Rating-Leitfaden** bzw. Handbuch zur Verfügung gestellt werden.

Ein sehr bedeutsamer Punkt bei der Entwicklung eines Scoring-Modells ist in der Festlegung der **Kriteriengewichte** zu sehen. Sie entscheiden darüber, inwieweit das einzelne Kriterium den Gesamtpunktwert beeinflußt. Die Gewichte sollten dabei grundsätzlich nach der Bedeutung des Einzelkriteriums für die Bonität und damit die Ausfallwahrscheinlichkeit des Kreditnehmers bemessen werden. Um auch hier die Komplexität zu reduzieren, empfiehlt es sich, ebenfalls stufenweise vorzugehen und zunächst den Oberkriterien Gewichte zuzuordnen und erst anschließend Gewichte für die Unterkriterien je Oberkriterium festzulegen. Dabei sollte die Summe der Gewichte für alle Kriterien auf einer Ebene möglichst mit 100% festgelegt werden, um so die Übersichtlichkeit zu erhöhen und später auch den Einfluß des Einzelkriteriums im Gesamtmodell einfach ermitteln zu können. Wird beispielsweise für das finanzielle Risiko ein Gewicht von 50% festgelegt und dieses etwa zu 50% durch die Ertragslage bestimmt, so ergibt sich das Gewicht, mit dem die Ertragslage in das Scoring-Modell einfließt, aus der Multiplikation der Teilgewichte:

$$50\% \cdot 50\% = \underline{25\%} \quad (0{,}5 \cdot 0{,}5 = 0{,}25)$$

Werden schließlich die einzelnen Punktwerte mit dem jeweiligen Gewichtungsfaktor multipliziert und anschließend aufaddiert, so ergibt sich der **Gesamtpunktwert**, der Aufschluß über die Höhe der Ausfallwahrscheinlichkeit des Kreditnehmers geben soll. Werden die Punkteskalen dabei z. B. auf Werte von 0 bis 10 normiert und die Summe der Gewichte ebenfalls auf 100% fixiert, so nimmt der gewichtete Gesamtpunktwert immer Werte zwischen 0 und 10 an.

In Abhängigkeit von der Höhe des Gesamtwertes sind abschließend die unterschiedlichen **Risikoklassen** zu definieren. Unternehmen, die Werte zwischen 8 und 10 aufweisen, könnten beispielsweise als risikofrei, solche mit Werten zwischen 7 und 8 als mit niedrigem Risiko behaftet usw. klassifiziert werden. Die einzelnen Risikoklassen sollten so gewählt werden, daß eine möglichst enge Beziehung zwischen der Risikoklasse und der Ausfallwahrscheinlichkeit der ihr zugeordneten Kreditnehmer besteht.

Den grundsätzlichen Aufbau eines Scoring-Modells zur Beurteilung der Kreditwürdigkeit im Firmenkundengeschäft zeigt die Abbildung 18:

Aufbau eines Scoring-Modells

Kriterien	Gewichte (in %)			Punkte
	Kriterien-gruppe	Einzel-kriterien	Einzelkriterien im Modell	
Geschäftsrisiko	50			0 1 2 3 4 5 6 7 8 9 10
– Produkte		30	15	
– Technologie		20	10	
– Marketing		10	5	
– Management		40	20	
		100		
Finanzielles Risiko	50			
– Ertragslage		50	25	
– Vermögenslage		30	15	
– Finanzlage		20	10	
		100		
	100		100	gew. Punktsumme

Beispiel: Produkte = 8 Punkte   Ertragslage = 8 Punkte
Technologie = 7 Punkte   Vermögenslage = 3 Punkte
Marketing = 4 Punkte   Finanzlage = 6 Punkte
Management = 7 Punkte

Ermittlung der Punktsumme:

$$8 \cdot 0{,}15 + 7 \cdot 0{,}10 + 4 \cdot 0{,}05 + 7 \cdot 0{,}20 + 8 \cdot 0{,}25 + 3 \cdot 0{,}15 + 6 \cdot 0{,}10 = 6{,}55 \text{ Punkte}$$

(6,55 Punkte von maximal 10 möglichen Punkten)

Abbildung 18

Im dargestellten Beispiel wird von einer **Gleichgewichtung** der qualitativen, zukunftsgerichteten Daten im Bereich des allgemeinen Geschäftsrisikos mit den quantitativen, vergangenheitsorientierten Daten des speziellen finanziellen Risikos ausgegangen. Dies erscheint gerechtfertigt, da bei den stärker subjektiv durch den Kundenbetreuer einzuschätzenden qualitativen Daten naturgemäß der Risikoaspekt nicht vollständig objektiv gewürdigt wird. Zum einen stehen Kundenbetreuer regelmäßig unter einem nicht unerheblichen **Geschäftsdruck,** da sie an ihren Absatzzahlen gemessen werden, zum anderen besteht bei den Kundenbetreuern häufig auch eine **persönliche Nähe** zum Kunden, die dazu führt, daß – wenn auch zum Teil nur unterbewußt – Risikoaspekte abgemildert bzw. ausgeblendet werden.

Innerhalb der Kriteriengruppen ergibt die Summe der Gewichte der Einzelkriterien jeweils 100%. Der Einfluß des Kriteriums Technologie auf das Geschäftsrisiko wurde beispielsweise mit 20% angenommen, woraus sich ein Einfluß auf den Gesamtpunktwert in Höhe von 10% ergibt. Der Gesamtpunktwert ergibt sich schließlich aus der gewichteten Punktsumme, die als arithmetisches Mittel berechnet werden kann. Im aufgeführten Beispiel ergibt sich ein Punktwert in Höhe von 6,55, der komprimiert die Höhe des **Bonitätsrisikos** ausdrückt.

Über die entsprechend dem Scoring-Modell ermittelte Risikoklasse für die Kreditwürdigkeit wird die Ausfallwahrscheinlichkeit für einen Kredit bestimmt. Zusammen mit den Sicherheiten, die das ausfallgefährdete Volumen bestimmen und in ähnlicher Weise bewertet werden können (vgl. auch die Ausführungen hierzu im letzten Kapitel), ergibt sich schließlich das gesamte Ausfallrisiko eines Kredits. Decken z. B. die Sicherheiten zu jedem Zeitpunkt unzweifelhaft 50% der bestehenden Forderung ab und beträgt die Ausfallwahrscheinlichkeit 0,4%, so beträgt das quantifizierte Ausfallrisiko eines 10-Mio.-DM-Engagements beispielsweise 20000,00 DM:

$$AR = W_A \cdot V_A$$

$$20\,000,00 = 0,004 \cdot (10\,000\,000,00 \cdot (1-0,5))$$

Der Einsatz von Scoring-Modellen zur **Kreditwürdigkeitsanalyse** ist in der Praxis mit zahlreichen Vorteilen, aber auch einigen Nachteilen verbunden. Gegenüber dem klassischen Kreditbericht wird eine insgesamt deutlich **höhere Objektivität** erreicht. Die Kreditwürdigkeitsanalyse erfolgt in einer einheitlich **strukturierten** und **systematischen** Vorgehensweise. Die Mitarbeiter müssen zu jedem Punkt Stellung nehmen und eine (Teil-)Entscheidung treffen. Insgesamt steigt damit auch die **Nachvollziehbarkeit** und die **Rechtfertigungsfähigkeit** einer einzelnen Kreditentscheidung. Darüber hinaus wird in der Regel eine deutlich **effizientere** und **schnellere Bearbeitung** möglich sein, wobei die dabei entstehenden Freiräume für eine intensivere Beschäftigung mit den wirklich problematischen Fällen genutzt werden können. Darüber hinaus stellt die **Quantifizierung** des Bonitätsrisikos eine zwingende Voraussetzung für ein umfassendes **Risikoklassenkonzept** dar, aus dem dann auch differenzierte **Risikokostensätze** und gesamtbankbezogene **Steuerungsansätze** abgeleitet werden können.

Neben diesen Vorteilen ist vor allem auf die Gefahr der Vortäuschung einer gewissen **Scheingenauigkeit** des Systems hinzuweisen. Selbst wenn das Ergebnis eine quantitative Größe mit womöglich zwei Stellen nach dem Komma ist, ist diese doch über zum Teil sehr subjektive Einschätzungen – insbesondere bei den sogenannten **„soft facts"** – zustande gekommen. Insofern kann die **Ergebnisqualität** selbstverständlich nicht höher sein als die Qualität der einfließenden Input-Informationen. Darüber hinaus muß das Scoring-Modell transparent und nachvollziehbar sein, damit nicht einer gewissen **Systemgläubigkeit** Vorschub geleistet wird. Die Mitarbeiter sollten sich durchaus kritisch mit den Ergebnissen auseinandersetzen können und gegebenenfalls durch eigene Stellungnahmen ergänzen. Für die Umsetzung in der Praxis ist darüber hinaus eine hohe **Akzeptanz** seitens der Mitarbeiter von außerordentlicher Bedeutung. Insgesamt geht es bei dem Einsatz von Scoring-Modellen nicht darum, den Kundenberatern die Entscheidung abzunehmen oder sie gar durch ein solches System bevormunden zu wollen, vielmehr steht im Vordergrund, sie bei komplexen Entscheidungsprozessen zu unterstützen und die **Nachvollziehbarkeit** und **Rechtfertigungsfähigkeit** deutlich zu erhöhen. Dies erscheint insbesondere dann wichtig, wenn in größerem Umfang Entscheidungskompetenzen delegiert und dezentralisiert werden.

Neben Scoring-Modellen als quantitativen Verfahren werden zur Kreditwürdigkeitsanalyse zunehmend auch **mathematisch-statistische Verfahren** eingesetzt. Diese sind jedoch nicht unbedingt als Alternative, sondern eher als Ergänzung zu sehen. So können die Ergebnisse aus einem mathematisch-statistischen Verfahren wie der **Diskriminanzanalyse** durchaus in ein umfassendes Scoring-Modell einfließen. Im Bereich des finanziellen Risikos finden vor allem quantitative und damit relativ objektive Daten aus den Jahresabschlüssen der Unternehmen im Scoring-Modell Berücksichtigung. Hier bietet es sich geradezu an, im Rahmen einer Vor- bzw. Grobklassifizierung die **Jahresabschlußanalyse** möglichst automatisiert ablaufen zu lassen. Neben den Vorteilen einer Objektivierung und Vereinheitlichung führt dies auch zu einer rationelleren Abwicklung der Bilanzanalyse. Nur in Einzelfällen wären die Ergebnisse der automatisierten **Bilanzanalyse** durch den Kundenbetreuer zu ergänzen, beispielsweise, wenn belegbare stille Reserven vorhanden sind, die nicht in den Bilanzen zum Ausdruck kommen. Im folgenden wird die in diesem Bereich wohl am häufigsten eingesetzte **Diskriminanzanalyse** stellvertretend für die anderen mathematisch-statistischen Verfahren vorgestellt.

Einbindung von mathematisch-statistischen Methoden

3.1.1.3 Die Diskriminanzanalyse als mathematisch-statistisches Verfahren

Grundsätzliche
Überlegung

Der Kerngedanke der Diskriminanzanalyse besteht in der Hypothese, daß sich **gute** und **schlechte Unternehmen** in ihren Bilanzdaten signifikant unterscheiden, und zwar sehr oft bereits mehrere Jahre, bevor es zu einer **Unternehmenskrise** kommt. Unternehmen werden dabei als gut bezeichnet, wenn es bis zum gegenwärtigen Zeitpunkt zu keinerlei Zahlungsstörungen gekommen ist, wogegen schlechte Unternehmen durch Zahlungsstörungen bzw. -ausfälle und entsprechende Abschreibungen bzw. Einzelwertberichtigungen gekennzeichnet sind. Aufgabe der Diskriminanzanalyse ist es, aussagefähige **Bilanzkennziffern** so in einer **Diskriminanzfunktion** zu kombinieren, daß sich eine bestmögliche Trennung (Diskriminierung) zwischen guten und schlechten Unternehmen ergibt.

Diskriminanzanalytische Verfahren werden bereits seit den sechziger Jahren in den USA auf ihre Eignung zur **Insolvenzprognose** untersucht. Während zunächst Beaver jeweils nur einzelne Kennziffern isoliert auf ihre Trennfähigkeit untersucht hat **(univariate Diskriminanzanalyse)**, wurde vor allem von Altman die **multivariate Diskriminanzanalyse (MDA)** eingesetzt, bei der mehrere Kennzahlen in einer Diskriminanzfunktion kombiniert werden (vgl. Beaver, 1966; Altman, 1968). Diskriminanzanalytische Verfahren haben in den USA mittlerweile einen recht hohen Verbreitungsgrad. In Deutschland hat sich gegen Ende der siebziger Jahre z. B. Weinrich mit dem Instrument der Diskriminanzanalyse näher beschäftigt (vgl. Weinrich, 1978). Die Umsetzung des Verfahrens in die Praxis wurde aber vor allem von Baetge im Rahmen eines Forschungsprojektes mit der Bayerischen Vereinsbank vorangetrieben (Baetge, 1989). Heute werden diskriminanzanalytische Verfahren bereits von mehreren Institutionen mit Erfolg eingesetzt. Neben der Bayerischen Vereinsbank AG, die nach wie vor mit dem damals entwickelten Modell arbeitet, sind hier vor allem die Deutsche Bundesbank und der Deutsche Sparkassen- und Giroverband zu nennen (Erxleben u.a., 1992).

Durchführung einer
Diskriminanzanalyse

Zur **Entwicklung** einer Diskriminanzfunktion müssen zunächst zwei ausreichend große Grundgesamtheiten mit guten bzw. schlechten Unternehmen gebildet werden. Es sind dann Untersuchungen darüber anzustellen, inwieweit einzelne Kennziffern in der Lage sind, zwischen diesen beiden Gruppen zu differenzieren. So wird man unter Umständen feststellen, daß die guten Unternehmen im Durchschnitt eine deutlich höhere Eigenkapitalrentabilität aufweisen als die schlechten Unternehmen und dies sogar schon mehrere Jahre, bevor bei den schlechten Unternehmen die Ausfallgefährdung tatsächlich akut wird. Sowohl für die Gruppe der guten Unternehmen als auch für die der schlechten Unternehmen lassen sich jeweils die statistischen **Mittelwerte** und **Standardabweichungen** berechnen. Idealtypisch würden sich die in der Abbildung 19 dargestellten Verteilungen der Kennziffernwerte ableiten lassen.

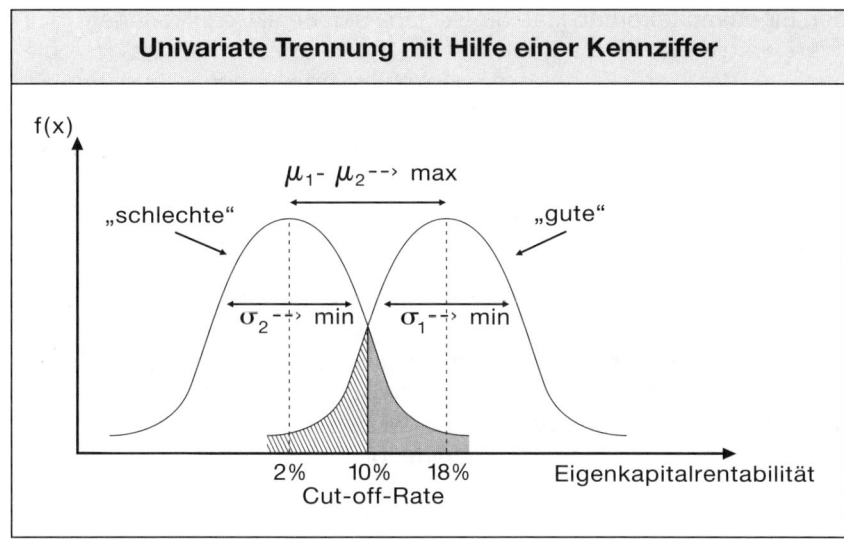

Abbildung 19

Die **Trennfähigkeit** einer Kennziffer ist dabei um so höher, je weiter die Mittelwerte für die Gruppe der guten und die der schlechten Unternehmen auseinanderliegen. Gleichzeitig sollten die Standardabweichungen möglichst niedrig sein, damit der **Überschneidungsbereich,** in dem eine eindeutige Trennung kaum vorgenommen werden kann, möglichst klein ist. Will man aus der Ermittlung des Kennzahlenwertes ableiten, ob es sich um ein gutes oder ein gefährdetes Unternehmen handelt, so sind grundsätzlich zwei Arten von **Fehlklassifikationen** möglich:

Fehler 1. Art: Ein schlechtes Unternehmen wird als gut klassifiziert (weil es eine vergleichsweise hohe Eigenkapitalrentabilität aufweist).

oder

Fehler 2. Art: Ein gutes Unternehmen wird als schlecht klassifiziert (weil es eine relativ niedrige Eigenkapitalrentabilität aufweist).

Für die Zuordnung von Unternehmen zu der einen oder der anderen Gruppe wäre somit ein **Trennwert (Cut-off-Rate)** festzulegen, der besagt, daß es sich ab einer Eigenkapitalrentabilität von mehr als X% vermutlich um ein gutes Unternehmen und bei niedrigeren Werten entsprechend um ein gefährdetes Unternehmen handelt. Soll mit Hilfe

der Eigenkapitalrentabilität die Anzahl der Fehlklassifikationen mini-
miert werden, so ist als Trennwert die Eigenkapitalrentabilität festzulegen, bei der sich die beiden Kennzahlenverteilungen schneiden. Bei
dem in der Abbildung 19 dargestellten fiktiven Beispiel liegt die Cut-
off Rate beispielsweise bei 10%. Der Fehler 1. Art (ein schlechtes Unternehmen wird als gut klassifiziert) wird in der Abbildung durch den
grauen Bereich, der Fehler 2. Art (ein gutes Unternehmen wird als
schlecht klassifiziert) durch den schraffierten Bereich angedeutet.

Aufstellung einer Diskriminanzfunktion

Wurden verschiedene Kennziffern auf ihre Trennfähigkeit hin untersucht, so geht es anschließend darum, einige besonders aussagefähige Kennziffern in einer **Diskriminanzfunktion** so zu kombinieren, daß
eine bestmögliche Diskriminierung zwischen gefährdeten und nicht
gefährdeten Unternehmen erreicht wird. Eine lineare Diskriminanzfunktion hat dabei allgemein die folgende Form:

$$D = a_0 + a_1 \cdot X_1 + a_2 \cdot X_2 + \ldots\ldots\ldots + a_m \cdot X_m$$

D ist dabei der sich ergebende Diskriminanzwert, a_0 eine fixe Größe,
$a_1 \ldots\ldots a_m$ sind die Koeffizienten (Gewichte), mit denen die einzelnen
Kennziffern in der Diskriminanzfunktion berücksichtigt werden, und
$X_1 \ldots\ldots X_m$ sind schließlich die ausgewählten Kennziffern selbst. Die
Ermittlung der Diskriminanzfunktion, also der Vorgang der Kriterien-
kombination und -gewichtung, ist dabei in erster Linie ein durch den
Computer zu lösendes Optimierungsproblem.

Ausgewählte Kenn-ziffern in der Praxis

In der Regel genügen schon einige wenige Kennziffern, um gute Ergebnisse zu erhalten. In der Untersuchung von Baetge wurden beispielsweise nur drei Kennziffern in der Diskriminanzfunktion berücksichtigt (Baetge, 1989, S. 801 f.):

1. eine Art Eigenkapitalquote zur **Vermögenslage**

$$\frac{\text{Wirtschaftliches Eigenkapital}}{\text{Gesamtkapital} - \text{flüssige Mittel} - \text{Immobilien}}$$

2. eine Cash-flow-I-Rentabilität zur **Ertragslage**

$$\frac{\text{Cash-flow I}}{\text{Gesamtkapital}}$$

3. eine Cash-flow-II-Rückflußquote zur **Finanzlage**

$$\frac{\text{Cash-flow II}}{\text{kurzfristiges Fremdkapital}}$$

mit: Cash-flow I = Betriebsergebnis + Normalabschreibungen
+ Zuführungen zu Pensionsrückstellungen
Cash-flow II = Cash-flow I – Betriebssteuern
+/– Bestandsveränderungen
– andere aktivierte Eigenleistungen
+ finanzwirksame a. o. Erträge
– finanzwirksame a. o. Aufwendungen

Die höchste Bedeutung für die Trennung hatte dabei mit 69% die **Eigenkapitalquote**. Mit 24% folgte die **Rentabilitätskennziffer,** und die **Kennziffer zur Finanzlage** hatte im Modell nur noch eine Bedeutung von 7%. Interessanterweise wurden von der Deutschen Bundesbank ebenfalls eine Eigenkapitalquote, eine Rentabilitätskennziffer und eine Kapitalrückflußquote als aussagefähige Kennziffern für deren Diskriminanzfunktion ermittelt, wobei die Eigenkapitalquote gleichfalls die höchste Bedeutung für die Trennung hatte. Üblicherweise werden in Diskriminanzfunktionen nur selten mehr als 7 Kennziffern berücksichtigt, da ein Hinzufügen weiterer Kennziffern in der Regel mit keiner spürbaren Verbesserung der Analyseergebnisse mehr verbunden ist. Ein Modell mit 7 Kennziffern ist z. B. das ZETA™-Modell von Altman (Altman/Haldeman/Narayanan, 1977).

Anhand der ermittelten Diskriminanzfunktion lassen sich für die Gruppe der schlechten und die der guten Unternehmen wiederum die Mittelwerte und Standardabweichungen der jeweiligen Diskriminanzwerte berechnen.

Vgl. Abbildung 20

Gegenüber der Abbildung 19 ist jetzt der **Überschneidungsbereich** der Verteilungen der guten und der schlechten Unternehmen deutlich kleiner. Darin kommt der verbesserte Aussagegehalt der multivariaten gegenüber der univariaten Diskriminanzanalyse zum Ausdruck. Gleichzeitig wurde wieder idealtypisch davon ausgegangen, daß die guten und die schlechten Unternehmen **nahezu normalverteilt** sind. In den meisten Untersuchungen wurde zwar festgestellt, daß diese Normalverteilungsannahme üblicherweise in der Realität nicht erfüllt ist, dennoch werden mit der Diskriminanzanalyse in der Praxis gute Ergebnisse erzielt, die die Praktikabilität des Instruments unterstreichen.

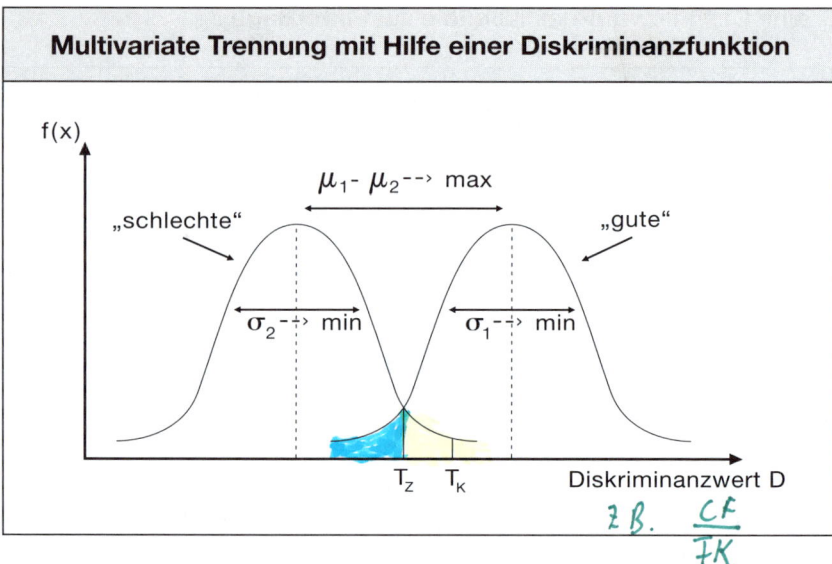

Multivariate Trennung mit Hilfe einer Diskriminanzfunktion

$f(x)$

$\mu_1 - \mu_2 \dashrightarrow$ max

„schlechte"

„gute"

$\sigma_2 \dashrightarrow$ min $\sigma_1 \dashrightarrow$ min

T_Z T_K Diskriminanzwert D

z. B. $\dfrac{CF}{FK}$

Abbildung 20

Festlegung der Cut-off-Rate auf Basis der Fehlklassifikationskosten

T_Z gibt in der Abbildung die Trennlinie (Cut-off-Rate) an, bei der die Anzahl der Fehlklassifikationen am niedrigsten ist. Unter wirtschaftlichen Gesichtspunkten ist es jedoch nicht sinnvoll, die Cut-off-Rate gerade hier festzulegen, da die Fehler 1. und 2. Art zu sehr unterschiedlichen **wirtschaftlichen Konsequenzen** führen. Während beim Eintreten des Fehlers 1. Art gegebenenfalls das gesamte Engagement abgeschrieben werden muß und damit zu einem 100%igen Verlust führt, bedeutet der Fehler 2. Art lediglich, daß einem tatsächlich guten Unternehmen der Kredit verweigert wird und es damit zu entgangenen Gewinnen in Höhe der jeweiligen Gewinnmarge kommt. Aus diesem Grunde sollte das Anspruchsniveau bis zum Punkt T_K soweit erhöht werden, bis die zusätzlichen entgangenen Gewinne aus dem Fehler 2. Art die zusätzlich ersparten Fehlerkosten 1. Art übersteigen. Schon hier wird deutlich, daß in der Festlegung der Cut-off-Rate geschäftspolitisch eine mehr oder weniger restriktive **Kreditpolitik** zum Ausdruck kommen kann.

Über die Anzahl und Gewichtung der Kriterien hinaus ist auch der Zeitabschnitt, den die Bilanzdaten betreffen (z. B. 1, 2 oder 3 Jahre vor Eintritt der Leistungsstörung), für die Trennfähigkeit und damit die Prognose der Kreditwürdigkeit von erheblicher Bedeutung. Dabei steigt in der Vergangenheitsbetrachtung die Ergebnisqualität der Diskriminanzfunktion mit zunehmender Nähe zum Krisenzeitpunkt deutlich an (vgl. Abbildung 21; Schacht, 1995).

In der Bayerischen Vereinsbank AG wurde neben einem **weißen Bereich** für gute und einem **schwarzen Bereich** für schlechte Unternehmen auch ein dritter, **grauer Zwischenbereich** definiert, in dem keine eindeutige Zuordnung möglich ist und der entsprechende weitergehende Analysen erfordert. Die Deutsche Bundesbank hat bei ihren Untersuchungen ebenfalls einen solchen Graubereich definiert. Aus der Abbildung 21 wird deutlich, daß mit den Bilanzen von 3 Jahren vor dem Krisenzeitpunkt bereits etwa 81% der schlechten Unternehmen auch als schlecht klassifiziert werden. Der Fehler 1. Art beträgt in diesem Fall 5,55%, der Fehler 2. Art 23,33%. Das heißt, es werden deutlich mehr gute als schlechte Unternehmen fehlklassifiziert, was nach den oben angestellten **Wirtschaftlichkeitsüberlegungen** auch durchaus sinnvoll sein kann. 2 Jahre vor der Leistungsstörung wurden schon knapp 89% und 1 Jahr vorher sogar fast 96% der schlechten Unternehmen richtig klassifiziert.

Klassifikationsergebnisse der multivariaten Diskriminanzanalyse (MDA) der Bayerischen Vereinsbank AG

Unternehmen / tatsächlich ist es	klassifiziert als	weiß	grau	schwarz
Bilanz 3 Jahre vorher	weiß	53,33%	23,33%	23,33%
	schwarz	5,55%	13,33%	81,11%
Bilanz 2 Jahre vorher	weiß	52,22%	24,44%	23,33%
	schwarz	0,00%	11,12%	88,88%
Bilanz 1 Jahr vorher	weiß	48,88%	25,55%	25,55%
	schwarz	0,00%	4,44%	95,55%

Abbildung 21

(Quelle: Schacht, 1995)

Die guten Klassifikationsergebnisse zeigen deutlich, daß dieses weitgehend automatisierbare Verfahren durchaus sinnvoll in der Praxis angewendet werden kann. Interessant ist auch, daß dies weitgehend **branchenunabhängig** möglich ist und somit für Unternehmen aus einer Vielzahl von Branchen nur eine Diskriminanzfunktion benötigt wird. Die oben dargestellten Ergebnisse werden sogar noch aufgewertet, wenn man berücksichtigt, daß es eine zu 100 Prozent richtige Zuordnung nicht geben kann. Denn immer wieder geraten Unternehmen **ohne Vorankündigung** in Schwierigkeiten. Sei es aufgrund von Abhängigkeiten zu anderen Unternehmen, die über entsprechende **„Dominoeffekte"** das in Rede stehende Unternehmen mit in die Krise ziehen oder aufgrund von **kriminellen Delikten**, wie z. B. Betrug oder Unterschlagung, die die Unternehmung unter Umständen bis in den Konkurs treiben können. Da die Bilanzanalyse nur Informationen herausarbeiten kann, die in den Bilanzen auch enthalten sind, können Unternehmenskrisen aufgrund dieser Ursachen mit bilanzanalytischen Methoden grundsätzlich nicht erkannt werden.

Gute Ergebnisse in der Praxis

Time-lag von Jahresab-
schlußinformationen
schränkt Handlungs-
spielräume ein

Die sehr guten Klassifikationsergebnisse müssen jedoch hinsichtlich ihrer geschäftspolitischen Nutzung etwas relativiert werden. Da die Bilanzen der Unternehmen den Kreditinstituten in der Regel erst mit erheblicher **zeitlicher Verzögerung** zur Verfügung stehen, verkürzt sich entsprechend der verbleibende **Handlungszeitraum,** in dem Maßnahmen zur Abwendung der sich abzeichnenden Unternehmenskrise ergriffen werden können. Dies trifft insbesondere für die gefährdeten Unternehmen zu, da sich gerade bei ihnen der **Time-lag** bis zur Erstellung und Einreichung der Bilanz regelmäßig vergrößert. Geht man davon aus, daß eine Bilanz erst ein Jahr nach dem Bilanzstichtag vorliegt, bedeuten die Ergebnisse in der Abbildung 21, daß bei einem Fehler 1. Art in Höhe von 5,55% immerhin noch ein Zeitraum von zwei Jahren für entsprechende **Präventivmaßnahmen** zur Verfügung steht. Unter Aktualitätsgesichtspunkten sollten daher – sofern sinnvoll möglich – auch unterjährige Erfolgsausweise des Kunden, z. B. betriebswirtschaftliche Auswertungen, mit in die Berechnungen einbezogen werden.

An dieser Stelle wird auch deutlich, daß die Diskriminanzanalyse gerade **nicht als Instrument zur Insolvenzprognose anzusehen** ist, sondern in erster Linie ein **Frühindikator für Gefährdungspotentiale** sein kann. Denn je besser und je früher die Diskriminanzanalyse Gefährdungspotentiale signalisiert, um so höher ist die Chance, Insolvenzen zu vermeiden. In der Folge wird aber der Anteil der als gefährdet klassifizierten Unternehmen, die nicht insolvent werden (Fehler 2. Art), ansteigen und eine mangelnde Prognosefähigkeit signalisieren.

Kritische Würdigung

Die entscheidenden **Vorteile** der Diskriminanzanalyse sind insbesondere in ihrem **hohen Objektivitätsgrad** und ihrer **rationellen Einsetzbarkeit** zu sehen. Sie bietet daher eine gute Möglichkeit zur **Grobrasterung** des Kreditportefeuilles, um so die Aufmerksamkeit der Firmenkundenbetreuer insbesondere auf die Unternehmen zu richten, die sich innerhalb des **Graubereichs** befinden und dementsprechend nicht eindeutig zugeordnet werden können. Eine einmal entwickelte Diskriminanzfunktion sollte in regelmäßigen Abständen auf ihre Aktualität und Trennschärfe hin überprüft werden. Aufgrund des sich ständig verändernden Kreditportefeuilles und neuer Erfahrungen aus weiteren Unternehmensinsolvenzen erscheint hierbei ein Zeitraum von etwa fünf Jahren als angemessen. Noch besser wäre jedoch ein kontinuierlicher Verbesserungsprozeß, wie er etwa bei **Expertensystemen** und **künstlichen neuronalen Netzen** (selbstlernenden Systemen) angelegt ist.

Über den abstrakten Diskriminanzwert D und die Verteilung der schlechten Unternehmen lassen sich – sofern die Normalverteilungsannahme zumindest näherungsweise erfüllt ist – **Ausfallwahrscheinlichkeiten** in Abhängigkeit von der Höhe des Diskriminanzwertes ermitteln. Würde man im Rahmen der Bonitätsbeurteilung ausschließlich auf die Diskriminanzanalyse zurückgreifen, so würden die so ermittelten individuellen Ausfallwahrscheinlichkeiten die Höhe des jeweiligen Bonitätsrisikos abschließend quantifizieren. Da mit Hilfe der Diskriminanzanalyse jedoch lediglich die in den Bilanzen zum Ausdruck kommenden quantitativen und vergangenheitsbezogenen Daten analysiert werden können, ist es – wie bereits angedeutet – sinnvoll, diese Ergebnisse um Einschätzungen und Beurteilungen der zukunftsgerichteten, qualitativen Daten (soft facts) zu ergänzen. Insofern können die so ermittelten Wahrscheinlichkeiten nur **Hilfs- oder Kontrollgrößen** sein, die mit den Ergebnissen eines umfassenderen Scoring-Modells verglichen werden sollten.

Mit einem umfassenden Unternehmens-Rating ist es nicht nur möglich, das Bonitätsrisiko zu einem bestimmten Zeitpunkt zu beurteilen, sondern auch aus den **Veränderungen im Zeitablauf** wichtige Schlußfolgerungen für die Kreditpolitik zu ziehen. So können beispielsweise Veränderungen von einer guten in eine schlechtere Risikoklasse als Anlaß genommen werden, mit dem Kunden die auslösenden Faktoren intensiv zu besprechen und möglichst frühzeitig **Maßnahmen zur Gegensteuerung** zu entwickeln.

Weitere Analyse- und Steuerungsmöglichkeiten

Bei der Ermittlung der einzelgeschäftsbezogenen Ausfallrisiken ist, wie weiter oben bereits dargestellt, jedoch nicht nur die auf die Person des **Kreditnehmers bezogene Bonitätsrisikoklasse** relevant, sondern auch Art und Umfang der gestellten **Sicherheiten**. Aus Bonitätsrisikoklasse und Sicherheiten ist schließlich die **Kredit-(Engagement-)risikoklasse** abzuleiten, in der sich das gesamte **Ausfallrisiko eines Kredits** – ausgedrückt in Prozent des Kreditvolumens – niederschlägt. Sollen individuelle **Risikoprämien** für einzelne Engagements kalkuliert werden, so können diese grundsätzlich nur aus der **Kreditrisikoklasse** und nicht aus der Bonitätsrisikoklasse abgeleitet werden. Eine Ausnahme hiervon bilden Blankokredite, bei denen keine Sicherheiten gestellt werden und somit die Bonitätsrisikoklasse der Kreditrisikoklasse entspricht.

Die hier dargestellten quantitativen und mathematisch-statistischen Verfahren verdeutlichen den Prozeß der einzelgeschäftsbezogenen Analyse des Ausfallrisikos. Solche modernen Verfahren sind sowohl für den Bereich der Firmenkredite als auch im Privatkreditbereich praxisnah einsetzbar. Im Privatkundenbereich bieten sich insbesondere Ratenkredite bzw. Konsumentendarlehen zur Unterstützung durch ein Scoring-Modell an. Die jeweiligen einzelgeschäftsbezogenen Analysen sind jedoch auf Gesamtbankebene durch Analysen des gesamten Kreditportefeuilles zu ergänzen.

3.1.2 Gesamtgeschäftsbezogene Analysen

Gesamtgeschäftsbezogene Analysen beziehen sich zum einen auf die **(Kredit-)Risikoklassenverteilung** des Kreditvolumens und zum anderen auf bestimmte **Konzentrationsrisiken** im Kreditportefeuille.

Portefeuille-Strukturanalysen des Kreditgeschäfts

Bei der (Kredit-)Risikoklassenverteilung ist beispielsweise zu ermitteln, wie hoch die Anteile der verschiedenen Risikoklassen am Gesamtvolumen sind und ob diese Verteilung den geschäftspolitischen Vorstellungen entspricht. Eine gegebenenfalls im Zeitablauf eintretende sukzessive Verschlechterung der Qualität des Kreditportefeuilles kann so deutlich gemacht und entsprechende Steuerungsmaßnahmen können eingeleitet werden. Über die vergangenheitsbezogene Ermittlung des durchschnittlichen Ausfallrisikos je Kreditrisikoklasse und die zugrundeliegenden Volumina läßt sich für einen bestimmten Zeitpunkt die Summe der einzelgeschäftsbezogenen Ausfallrisiken für das Gesamtinstitut ermitteln und den für diese Risikoart zur Verfügung stehenden Risikoträgern (Eigenkapitalbestandteile) gegenüberstellen.

Über die Summe der einzelgeschäftsbezogenen Risiken hinaus sind bei den gesamtgeschäftsbezogenen Analysen aber insbesondere auch die bereits erwähnten **Konzentrationsrisiken** sehr sorgfältig zu beobachten. Diese beziehen sich vor allem auf drei Bereiche:

1. Die **Kreditnehmerkonzentration** (Größenklassen),
2. die **Branchenkonzentration** und
3. die **regionale Konzentration**.

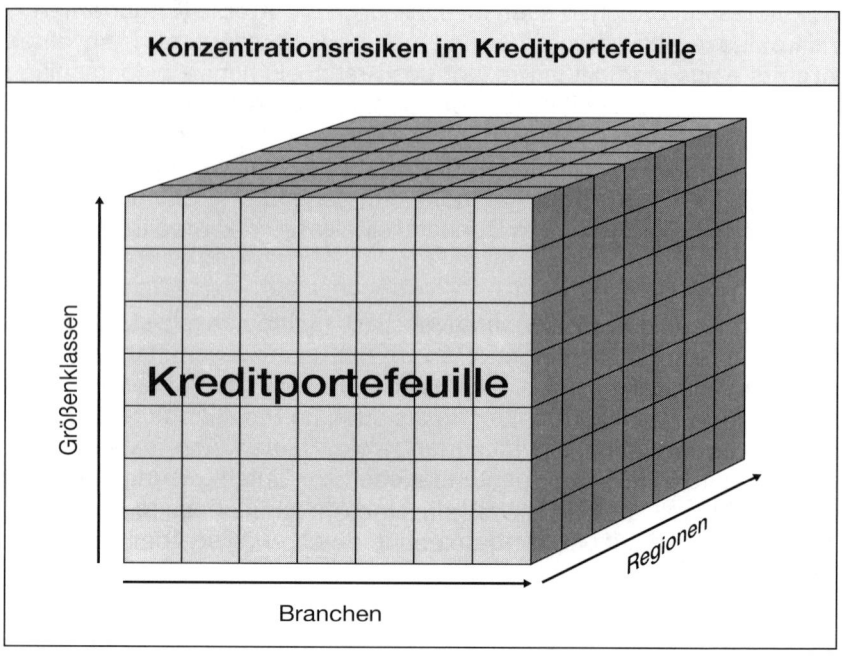

Konzentrationsrisiken im Kreditportefeuille

Größenklassen

Kreditportefeuille

Regionen

Branchen

Abbildung 22

Bei der **Kreditnehmerkonzentration** ist in erster Linie auf die **Großkreditproblematik** hinzuweisen. Im § 13 KWG werden die bankaufsichtlichen Großkreditgrenzen geregelt. Danach liegt ein **Großkredit** vor, wenn Kredite an einen Kreditnehmer 15% des haftenden Eigenkapitals übersteigen. Ein einzelner Großkredit darf 50% und die Summe aller Großkredite das Achtfache des haftenden Eigenkapitals nicht übersteigen. Welche Bedeutung dieses Thema für das Risiko eines Kreditinstituts hat, wird auch daran deutlich, daß im Rahmen der fünften KWG-Novelle, gut 10 Jahre nach der letzten Änderung (3. KWG-Novelle 1984, Herabsetzung des Maximalbetrags für den einzelnen Großkredit von 75% auf 50% des haftenden Eigenkapitals), eine weitere **Verschärfung der Großkreditvorschriften** geplant ist. Danach gelten künftig als Großkredite bereits Kredite an einen Kreditnehmer, die **10% des haftenden Eigenkapitals übersteigen** (vgl. Deutsche Bundesbank, 1994, S. 64 f.). Obwohl die Summe aller Großkredite unverändert das Achtfache des haftenden Eigenkapitals betragen wird, bedeutet dies eine Verschärfung, da durch die Änderung der Großkreditdefinition die Anzahl der Kredite, die in ihrer Summe diesen Wert nicht übersteigen dürfen, ausgeweitet wird. Darüber hinaus wird die Grenze für den einzelnen Großkredit – wenn auch mit längerfristigen Übergangsregelungen – auf nur noch maximal **25% des haftenden Eigenkapitals** weiter deutlich reduziert.

Erhebliche Relevanz der Großkredite für das Risiko von Kreditinstituten

In dieser Verschärfung kommt letztlich die Erfahrung zum Ausdruck, daß gerade für kleinere Kreditinstitute das Thema Großkredite immer wieder existenzbedrohenden Charakter aufweist. So ist in der amtlichen Begründung zur dritten KWG-Novelle der Passus enthalten, daß „. . . *Großkredite die für den Bestand eines Kreditinstituts gefährlichsten Risiken"* sind (Vogel, 1988, S. 590).

Die Wirkungsweise einer zunehmenden **Kreditnehmerkonzentration** im Kreditportefeuille auf das gesamte Ausfallrisiko und damit letztlich auch auf das **Konkursrisiko** des Kreditinstituts läßt sich unter Rückgriff auf die Normalverteilungsannahme sehr gut veranschaulichen:

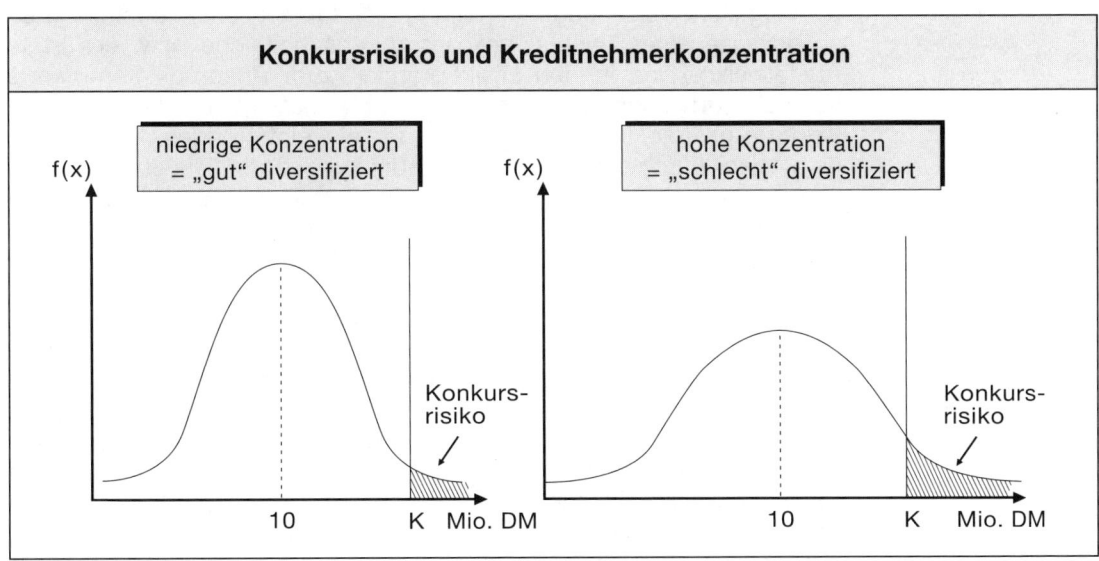

Abbildung 23

Im linken Teil der Abbildung 23 ist die idealtypische Verteilung des Ausfallrisikos eines **gut diversifizierten Kreditportefeuilles** dargestellt. Diversifizierung im Sinne der **Portfolio-Selection-Theorie** meint hier, daß die Unternehmensentwicklungen und damit auch die Ausfallrisiken nicht vollständig positiv korreliert sind. Das heißt, daß **einzelne Insolvenzen** durch die in allen Engagements kalkulierten und am Markt durchgesetzten **Risikoprämien** aufgefangen werden können. Dem Risiko, daß die tatsächlichen Ausfälle die zur Verlustdeckung einsetzbaren Risikoprämien übersteigen, steht also die Chance tatsächlich niedrigerer Ausfälle gegenüber. Schon hier wird jedoch deutlich, daß für das Ausfallrisiko – im Gegensatz zu den Marktrisiken – offensichtlich keine symmetrische Verteilung von Chance und Risiko besteht, sondern der Risikoaspekt deutlich überwiegt. Insofern wären unter dem Gesichtspunkt der Praxisnähe an Stelle der oben dargestellten Normalverteilungen eher links- oder rechtsschiefe Verteilungen zu verwenden.

Als gut diversifiziert ist ein Portefeuille zu bezeichnen, das aus einer möglichst großen Zahl von kleinen Einzelkrediten besteht, die untereinander weitgehend **unabhängig** sind. Beispielsweise 100 000 Kredite à 10 000,00 DM = 1 Mrd. DM Kreditvolumen. Die **Unabhängigkeit** zwischen den Einzelkrediten ist Voraussetzung, damit der aus der Portfolio-Selection-Theorie bekannte **Diversifizierungseffekt** auch tatsächlich eintreten kann. Ist die Unabhängigkeit z. B. wegen einer gemeinsamen Branchenzugehörigkeit aller Einzelengagements verletzt, so kann eine rezessive Branchenkonjunktur dazu führen, daß sämtliche Engagements hiervon betroffen sind.

Bei guter Diversifikation sinkt das Konkursrisiko

Unter der Annahme, daß die **Ausfallwahrscheinlichkeit** jedes einzelnen Kredits für alle Kredite gleich ist, ergibt sich im linken Teil der Abbildung – bei einer großen Zahl von unabhängigen Einzelkrediten – eine vergleichsweise enge Verteilung der tatsächlichen Ausfälle (beispielsweise eines Jahres) um das durchschnittliche bzw. erwartete Ausfallrisiko. Das in den Risikoprämien zum Ausdruck kommende **Versicherungsprinzip** funktioniert. Die eingezeichnete Linie soll die **Konkursgrenze (K)** angeben, ab der ein eintretendes Ausfallrisiko nicht mehr durch vorhandene Risikodeckungspotentiale ausgeglichen werden kann. Im gut diversifizierten Fall ist die Wahrscheinlichkeit für solch hohe, tatsächliche Ausfälle offensichtlich recht gering.

Verändert man den Konzentrationsgrad im Portefeuille derart, daß nicht mehr viele kleine Engagements, sondern nur noch wenige große Engagements – z. B. 100 Kredite à 10 Mio. DM = 1 Mrd. DM Kreditvolumen – enthalten sind, so führt dies zu einer Erhöhung der Standardabweichung der Verteilung der tatsächlichen Ausfälle (vgl. den rechten Teil der Abbildung 23). Dieser Effekt tritt selbst dann ein, wenn für jeden Einzelkredit – unabhängig von der Kreditgröße – die gleiche Ausfallwahrscheinlichkeit wie zuvor gilt, ein Kredit über 10 000,00 DM also die gleiche Ausfallwahrscheinlichkeit wie ein Kredit über 10 Mio. DM aufweist. Die Ausweitung der Standardabweichung hat zur Folge, daß das **Versicherungsprinzip** weit weniger gut funktioniert und die Wahrscheinlichkeit für tatsächliche Ausfälle, die in ihrer Gesamthöhe die Konkursgrenze übersteigen, ebenfalls deutlich zunimmt. Letztlich ist dies die Ursache dafür, daß **die Konkurswahrscheinlichkeit eines Kreditinstituts mit zunehmender Konzentration im Kreditportefeuille überproportional ansteigt** (vgl. Vogel, 1988; und ähnlich auch Schierenbeck, 1994, S. 677 f.).

Mit jedem **Großkredit** steigt also das **Konkursrisiko** eines Kreditinstituts deutlich an. Insofern müßte sich dieser Effekt auch in der **Kalkulation entsprechender Risikoprämien** verteuernd niederschlagen. In der Praxis hat es dagegen jedoch eher den Anschein, daß man gerade bei Großkrediten sehr häufig mit nicht unerheblichen Sonderkonditionen arbeitet. Wenn dies unter Kostendegressionsgesichtspunkten bezüglich der relativ niedrigeren Bearbeitungskosten noch nachvollziehbar ist, müßte unter Risikogesichtspunkten aber in jedem Fall eine **höhere Risikoprämie** kalkuliert werden.

Die hier dargestellten Zusammenhänge verdeutlichen das Erfordernis gesamtgeschäftsbezogener Analysen, die auf die Kreditnehmerkonzentration gerichtet sind. Ein erster Schritt wäre beispielsweise die Ermittlung der **durchschnittlichen Engagementsgröße** und deren Beobachtung im Zeitablauf. Ein weiterer konkreter Ansatzpunkt ist darüber hinaus in der **Messung der Kreditnehmerkonzentration** zu sehen. Diese kann analog zu der beim Liquiditätsrisiko dargestellten Kennziffer zur Einlagenkonzentration erfolgen, indem man die Gesamtkredite je Kreditnehmer unterschiedlichen Größenklassen zuordnet und anschließend die Anteile der verschiedenen Größenklassen am Gesamtportefeuille ermittelt. Veränderungen in der Kreditnehmerkonzentration sind so erkennbar und können gegebenenfalls geschäftspolitische Steuerungsmaßnahmen auslösen.

Die am Beispiel der Kreditnehmerkonzentration erörterten Zusammenhänge bezüglich der **Erwartungswerte** und **Standardabweichungen** im Kreditportefeuille sind grundsätzlich in gleicher Weise auch bei der **Branchenkonzentration** und der **regionalen Konzentration** gegeben. Bei diesen ist jedoch nicht nur entscheidend, welches Volumen in einer einzelnen Branche bzw. Region tatsächlich gebunden ist und welche Ausfallgefährdung diese jeweils aufweisen, sondern auch, ob zwischen den einzelnen Branchen bzw. Regionen etwa konjunkturelle Zusammenhänge bestehen, die dazu führen, daß es zu einem weitgehenden Gleichlauf der Entwicklungen in den Branchen oder Regionen kommt. Aus der Portfolio-Selection-Theorie ist bekannt, daß es in solchen Fällen zu keinem nennenswerten Diversifikationseffekt kommen kann, da dies zu einer entsprechenden Einschränkung der Unabhängigkeitsannahme führt.

Um eine hohe Diversifikation zu erreichen, sollte daher versucht werden, beispielsweise in der Branchenstreuung, solche Branchen zu kombinieren, bei denen eine möglichst geringe **Korrelation** der Bran-

Mit zunehmender Konzentration steigt das Konkursrisiko überproportional

Korrelationsanalysen zur Steuerung der Diversifikation

chenentwicklungen festzustellen ist. Zu diesem Zweck sind umfangreiche **Korrelationsanalysen** anzustellen, in denen die Standardabweichungen und Kovarianzen der einzelnen Branchen untereinander untersucht werden. Das Ausmaß des Gleichlaufs zweier
Branchenkonjunkturen (Branchen X und Y) kann beispielsweise über
die Berechnung des **Korrelationskoeffizienten** (nach Bravais-Pear-
son) wie folgt quantifiziert werden (vgl. Reichhardt, 1976, S. 89):

$$\textbf{Korrelationskoeffizient} = \frac{\sum(x_i - \bar{x})(y_i - \bar{y})}{\sqrt{\sum(x_i - \bar{x})^2 \ \sum(y_i - \bar{y})^2}}$$

mit: x_i, y_i = Werte der Branchen X und Y zum Zeitpunkt i
           $\bar{x}, \bar{y}$ = jeweilige Mittelwerte

Der Korrelationskoeffizient kann Werte zwischen –1 und +1 annehmen. Den höchsten Diversifikationseffekt weisen Branchen mit **vollständig gegenläufigen Branchenkonjunkturen** auf. In einem solchen idealtypischen Fall ergibt sich für den Korrelationskoeffizienten
ein Wert von –1. Weisen die Branchenentwicklungen dagegen einen
völligen Gleichlauf auf, so beträgt der Korrelationskoeffizient +1.

Den Einfluß des idealtypischen Falls eines Korrelationskoeffizienten
von –1 auf das Branchenrisiko des Kreditportefeuilles verdeutlicht die
Abbildung 24:

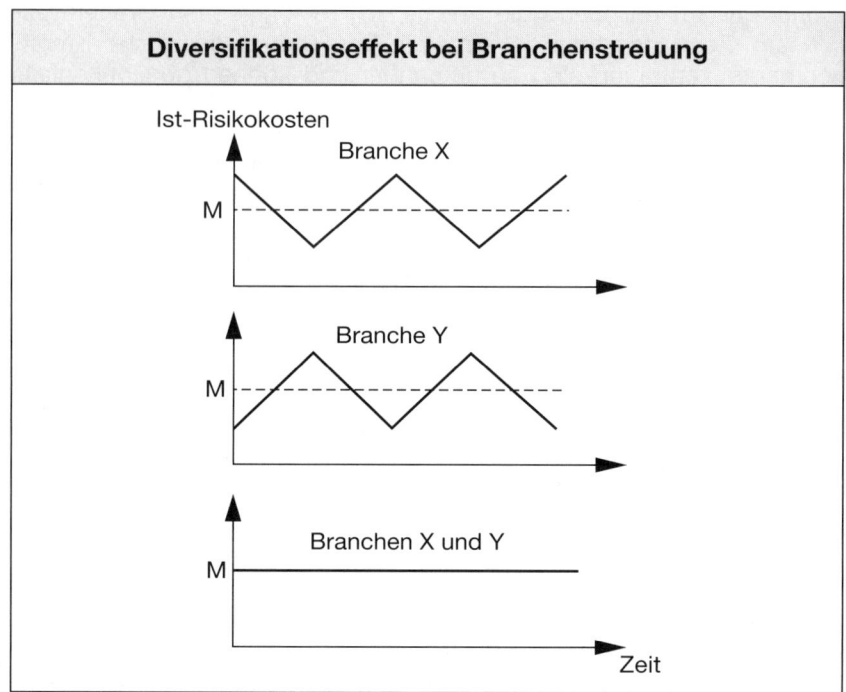

Abbildung 24

Beide Branchen weisen im Durchschnitt gleich hohe **Ist-Risiko-kosten** auf, die jedoch im Zeitablauf um den **Mittelwert (M)** mehr oder weniger stark schwanken. Traditionell würde nur dieser Durchschnittswert in die Kalkulation von Risikoprämien einfließen. In den jeweiligen Schwankungen kommt dann das verbleibende, nicht kalkulierte Risiko der jeweiligen Branche zum Ausdruck. Bei einem Korrelationskoeffizienten von –1 verlaufen diese Schwankungen in beiden Branchen **genau gegenläufig**. Würden Kredite nicht nur an Unternehmen der Branche X oder der Branche Y herausgelegt, sondern je zur Hälfte in Unternehmen beider Branchen investiert, so ergäben sich im Zeitablauf völlig **konstante Ist-Risikokosten** in Höhe des Mittelwertes M. Damit würden die Ist-Risikokosten in jedem Jahr den kalkulierten und vereinnahmten Risikoprämien entsprechen. Das in den Risikoprämien zum Ausdruck kommende **Versicherungsprinzip** würde ohne zeitliche Divergenzen in vollem Umfang funktionieren. Das nicht kalkulierte Risiko in Form der Standardabweichungen der Ist-Risikokosten wäre in diesem Fall also durch den Diversifikationseffekt vollständig eliminiert worden.

Idealtypische, vollständige Diversifikation

Selbst wenn in der Praxis solche idealtypischen Diversifikationseffekte nicht auftreten und bezüglich des branchenabhängigen Ausfallrisikos gewisse Verfeinerungen bei den zugrundegelegten Verteilungen vorgenommen werden müssen, bleiben die dargestellten Zusammenhänge grundsätzlich gültig. Ein **Diversifikations-** und damit **Risikovernichtungseffekt** tritt bei zwei Beobachtungsreihen – hier Branchen oder wie im Portfoliomanagement z. B. Aktien – immer dann ein, wenn die Korrelation der beiden Reihen nicht vollständig positiv (= 1) ist.

Bei einem Neukredit wäre demnach jeweils sein Einfluß auf die **Gesamtstandardabweichung** des Kreditportefeuilles zu ermitteln. Ist die Branchenzugehörigkeit und der tendenzielle konjunkturelle Zusammenhang dieser Branche zu anderen Branchen bekannt, so kann dieser Einfluß quantifiziert werden. Die Zusammenhänge zwischen einzelnen Branchen können entweder aus gesamtwirtschaftlichen Daten des Statistischen Bundesamtes (Zahlen zur Insolvenzentwicklung) und/oder aus internen Daten (Ist-Ausfallrisikokosten im Zeitablauf je Branche) ermittelt werden. Würden nicht nur Risikoprämien in Höhe der Durchschnittswerte, sondern auch in Abhängigkeit von den jeweiligen Standardabweichungen **(Sicherheitszuschläge für nicht kalkulierte Risiken)** angesetzt, so könnte die Höhe dieser Sicherheitszuschläge bei einem neuen Kredit davon abhängen, ob er zu einer verbesserten Diversifikation beiträgt oder nicht.

Einfluß des Einzelkredits auf die Diversifikation des Gesamtportefeuilles

Bezüglich der regionalen Zusammenhänge dürfte eine exakte Quantifizierung dieser Effekte noch weitaus schwieriger sein. Ansatzpunkte zur Quantifizierung könnten zumindest im internationalen Bereich aus volkswirtschaftlichen Daten oder – sofern das Institut selbst über ein entsprechendes internationales Geschäft verfügt – wieder aus internen Daten gewonnen werden. Aufgrund seiner Besonderheiten erfolgt die Behandlung des Länderrisikos in einem eigenständigen Kapitel. Im folgenden werden jedoch zunächst mögliche Ansatzpunkte zur Steuerung des Ausfallrisikos dargestellt.

3.2 Ansatzpunkte zur Steuerung des Ausfallrisikos

Werden bei den einzel- und gesamtgeschäftsbezogenen Analysen Abweichungen zu den jeweiligen Soll-Vorstellungen der Unternehmensleitung bzw. des zentralen Kreditrisikomanagements festgestellt, so muß versucht werden, über differenzierte Maßnahmen die Ist-Situation in der Form zu beeinflussen, daß sie sich mit den bestehenden Sollvorstellungen wieder im Einklang befindet. Hierzu stehen sowohl **einzel-** als auch **gesamtgeschäftsbezogene Maßnahmen** zur Verfügung. Die einzelgeschäftsbezogenen Maßnahmen setzen in der Regel am einzelnen Kredit an, wogegen sich die gesamtgeschäftsbezogenen Maßnahmen allgemein auf die Strukturierung des gesamten Kreditportefeuilles beziehen. In beiden Bereichen können **aktive** und **passive Steuerungsmaßnahmen** unterschieden werden. Einen Überblick gibt die Abbildung 25:

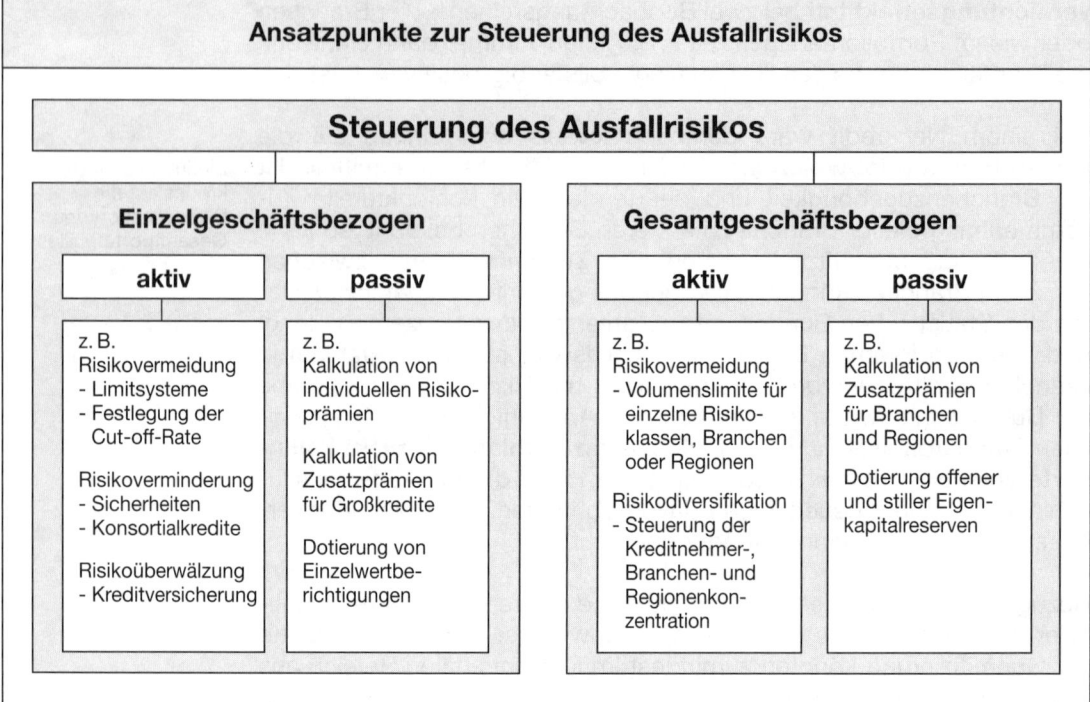

Abbildung 25

3.2.1 Einzelgeschäftsbezogene Maßnahmen

Die **aktive Risikosteuerung** beinhaltet sämtliche Maßnahmen, die sich auf die bewußte Gestaltung der Risikopotentiale richten. Hier also alle Maßnahmen zur Beeinflussung von Art und Umfang der eingegangenen bzw. einzugehenden Einzelengagements.

Im Rahmen der **Risikovermeidung** ist hierbei insbesondere auf die **Limitsysteme** zur Steuerung des Kreditgeschäfts hinzuweisen. Diese bilden traditionell den Kern der risikopolitischen Steuerung im Kreditgeschäft. Die Limitsysteme sind zum einen in Abhängigkeit von der **Bonität des Kreditnehmers** zu sehen (Limit je Kunde), wobei Überschreitungen des Limits durch Überziehungen sichtbar gemacht werden, die regelmäßig eine gesonderte Beobachtung und Bearbeitung der Engagements auslösen. Zum anderen sind die Limitsysteme **mitarbeiterbezogen** ausgerichtet. So wird regelmäßig eine Vielzahl von Kompetenzstufen unterschieden, die sich in erster Linie aus der hierarchischen Stellung des Mitarbeiters in der Bank ergeben. Darüber hinaus können bei der Bemessung dieser Kompetenzen Mitarbeiterqualifikationen aber auch unmittelbar eine Rolle spielen. Die Kompetenzen (Limite) je Mitarbeiter sind darüber hinaus regelmäßig auch nach Kreditarten in der Weise differenziert, als daß für Realkredite, Blankokredite und Überziehungen unterschiedliche Betragsgrenzen festgelegt werden.

Risikovermeidung mit traditionellen Limitsystemen

Bei den in der kreditwirtschaftlichen Praxis eingeführten Limitsystemen besteht im allgemeinen kein Zusammenhang zwischen der Bonität des Kreditnehmers und der Kompetenzgrenze des Mitarbeiters. Unter Steuerungsgesichtspunkten lassen sich jedoch aus einem wie in der einzelgeschäftsbezogenen Analyse dargestellten Risikoklassen- bzw. Rating-Konzept durchaus **abgestufte Kompetenzregelungen** ableiten. So kann die zulässige Kredithöchstgrenze eines Mitarbeiters auch in Abhängigkeit von der **Bonitätsrisikoklasse** definiert werden.

Mit der stärkeren Verbreitung von Rating-Konzepten in der Kreditwirtschaft wird daher auch zunehmend über die Einführung von solchen abgestuften Kompetenzregelungen nachgedacht. Ratingabhängige Kompetenzregelungen würden tendenziell eine Bewegung in Richtung echter **Risikolimite** und weg von den reinen **Volumenslimiten** bedeuten, wie sie beispielsweise im Bereich der Preisrisiken – weil dort eindeutig sachgerechter – zunehmend eingesetzt werden (vgl. Kapitel 1.6). Darüber hinaus kann mit der Einführung solcher Limitsysteme auch ein weiterer Effekt unterstützt werden, der mit der Einführung von Rating-Konzepten regelmäßig beabsichtigt ist. So soll die Aufmerksamkeit stärker auf die wirklich **kritischen Engagements** und weniger auf die ohnehin unproblematischen Fälle gerichtet werden. Höhere Kompetenzen in den Bonitätsrisikoklassen mit sehr geringem Risiko würden bedeuten, daß die nächsthöhere Kompetenzstufe dann auch erst

Volumenslimite vs. Risikolimite

bei vergleichsweise großen Krediten einzuschalten wäre. Bei den Engagements mit deutlichem Risikogehalt wäre die nächsthöhere Kompetenzstufe dagegen schon bei vergleichsweise niedrigen Beträgen einzuschalten, womit eine zweite intensive Beurteilung des Engagements einhergeht. Darüber hinaus würde dies dazu führen, daß die **Genehmigungszeiten** bei zahlreichen guten Kunden deutlich reduziert werden könnten, was zu einer Verkürzung der durchschnittlichen **Durchlaufzeiten** führt. Dies ist insbesondere unter dem Aspekt der Beurteilung der Qualität aus Kundensicht zu beachten.

Risikovermeidung durch Festlegung der Cut-off-Rate

Auf der Basis von Scoring-Modellen und Risikoklassenkonzepten ist die **Festlegung der Cut-off-Rate** als weitere Maßnahme im Sinne der Risikovermeidung anzuführen. Die Cut-off-Rate gibt den Punktwert an, der mindestens erreicht werden muß, damit eine Kreditgewährung noch möglich ist. Über die Festlegung dieses Punktwertes läßt sich die **Kreditvergabepolitik** unmittelbar beeinflussen. Erhöhte Anforderungen bezüglich der Cut-off-Rate sind unmittelbar Ausdruck einer restriktiven Kreditpolitik, Senkungen dagegen eines eher risikofreudigen Verhaltens im Rahmen einer expansiven Kreditpolitik. Unter betriebswirtschaftlichen Gesichtspunkten ist jedoch vor allem auf das Verhältnis der Fehler 1. Art (Gefahr der Gewährung eines schlechten Kredits → Abschreibungen) und 2. Art (Gefahr der Ablehnung eines guten Kredits → entgangene Gewinne) hinzuweisen. Danach wäre die Cut-off-Rate so weit anzuheben, bis die zusätzlich entgehenden Gewinne aus abgelehnten Geschäften größer sind als die zusätzlich vermiedenen Abschreibungen.

Maßnahmen der Risikoverminderung

Während bei den Maßnahmen der Risikovermeidung die grundsätzliche Entscheidung, ob ein Engagement eingegangen werden soll oder nicht, im Vordergrund steht, ist diese Frage bei den Maßnahmen der **Risikoverminderung** bereits positiv entschieden. Hier geht es also nur noch darum, das gesamte aus dem Kredit resultierende Risiko für die Bank zu verringern bzw. tragbar zu machen. Konkret können beispielsweise die zusätzliche Stellung von **Sicherheiten** oder die Risikoteilung im Rahmen von **Konsortialkrediten** als Maßnahmen der Risikoverminderung genannt werden.

Die Stellung zusätzlicher **Sicherheiten** wird als risikoreduzierende Maßnahme immer dann in Erwägung zu ziehen sein, wenn sich – bei bestehenden Engagements – die Bonität des Kreditnehmers verschlechtert. Bei einer bonitätsbedingten Erhöhung der Ausfallwahrscheinlichkeit reduzieren die zusätzlichen Sicherheiten die Höhe des ausfallgefährdeten Volumens und haben somit eine kompensierende Wirkung auf das gesamte engagementbezogene Ausfallrisiko.

Schutzbestimmungen in Kreditverträgen, wie sie beispielsweise in der Formulierung und Einhaltung von **Bilanzstrukturauflagen** zum Ausdruck kommen, stellen dagegen eine Form der Einflußnahme auf die Geschäftspolitik des Kreditnehmers dar und beeinflussen damit die

Ausfallwahrscheinlichkeit. Es handelt sich insofern um bonitätssichernde Maßnahmen.

Bei bestehenden Kundenverbindungen stellt sich bei einer deutlichen Ausweitung des Engagements insbesondere bei kleineren Instituten häufig die Frage, ob diese Ausweitung allein und in vollem Umfang getragen werden soll, oder ob unter Risikogesichtspunkten eine **Risikoteilung** im Rahmen von **Konsortialkrediten** geboten erscheint. Insbesondere in den Verbundorganisationen der Sparkassen und Genossenschaftsbanken ist die Risikoteilung unter der Bezeichnung Metakredite (Beteiligung der jeweiligen Zentralbanken) weit verbreitet. Unter Risikogesichtspunkten führt die gemeinsame Kreditgewährung wie die Stellung klassischer Sicherheiten zu einer **Reduzierung des ausfallgefährdeten Volumens**. Die Ausfallwahrscheinlichkeit wird dagegen nicht verändert.

Als weitere Maßnahme der aktiven Risikosteuerung ist die **Risikoüberwälzung** anzuführen. So kann das Ausfallrisiko beispielsweise im Rahmen von **Kreditversicherungen** vom Kreditinstitut auf Versicherungsgesellschaften (z. B. Allgemeine Kreditversicherungs AG, Mainz, Gerling Konzern – Speziale Kreditversicherungs AG, Köln, Hermes Kreditversicherungs AG, Hamburg) abgewälzt werden. Als Preis hierfür hat das Kreditinstitut eine Versicherungsprämie an die Versicherungsgesellschaft zu zahlen. Obwohl Kreditversicherungen vorwiegend im Auslandsgeschäft und im Lieferantenkreditbereich zwischen Unternehmen eingesetzt werden, ist jedoch auch die Versicherung von bankmäßigen Krediten möglich. Sowohl Einzelengagements als auch bestimmte Teile des gesamten Kreditportefeuilles können gegen das Ausfallrisiko versichert werden. Im zweiten Fall handelt es sich dann allerdings um eine **gesamtgeschäftsbezogene Maßnahme**, z. B. zur bewußten Beeinflussung der Portefeuille-Struktur. Indes muß man sich darüber im klaren sein, daß Kreditinstitute nur im Ausnahmefall auf solche Kreditversicherungen zurückgreifen werden, stellt doch die Kreditgewährung und die entsprechende Risikoübernahme den Kern der bankgeschäftlichen Tätigkeit überhaupt dar.

Maßnahmen der Risikoüberwälzung

Eine herausragende Bedeutung bei der einzelgeschäftsbezogenen Steuerung kommt auch der **Kalkulation von individuellen Risikoprämien** zu. Da sie nicht wie die anderen Maßnahmen an der Risikoseite, sondern an der **Risikotragfähigkeit** anknüpft, stellt sie eine Maßnahme der **passiven Risikosteuerung** dar. Grundsätzlich basiert die Kalkulation von Risikoprämien auf dem **Versicherungsprinzip**. So sollen die kalkulierten und vereinnahmten **Risikoprämien** wenn schon nicht in jedem Jahr, so doch aber zumindest in einer mittelfristigen Sichtweise die tatsächlichen **Ist-Ausfälle** (Schadenseintritte) ausgleichen. Wie bei Versicherungen setzt dies jedoch die **Unabhängigkeit** der Einzelrisiken voraus. Wie bereits dargestellt, ist diese Annahme um so besser erfüllt, je besser ein Kreditportefeuille diversifiziert ist.

Kalkulation von Risikoprämien als Maßnahme der passiven Risikosteuerung

Die Kalkulation der Risikoprämien kann sich dann am Erwartungswert der tatsächlichen Ist-Ausfälle orientieren. Als Ist-Ausfälle bzw. Ist-Risikokosten sind jedoch nicht nur die ausfallenden Teile der ursprünglichen Kreditbeträge zu berücksichtigen, sondern alle mit den Ausfällen verbundenen Kosten- und Erlöswirkungen. Oft werden die **Ist-Risikokosten** daher wie folgt zusammengefaßt:

Definition
Ist-Risikokosten

	Inanspruchnahmen Einzelwertberichtigungen
+	Direktabschreibungen
+	Zinsausfälle
+	Bearbeitungskosten
=	**Ist-Risikokosten**

Die **Risikoprämien** sollten jedoch nicht für das gesamte Kreditportefeuille oder für verschiedene Kreditarten einheitlich, das heißt pauschal, sondern in **Abhängigkeit von der Bonität des Kreditnehmers** festgelegt und nur auf das **ausfallgefährdete Volumen** bezogen werden. Wird die Bonität des Kreditnehmers nicht berücksichtigt, so führt dies zu einer **systematischen Verschlechterung** der Qualität des Kreditportefeuilles. Kunden mit guter Bonität werden nicht bereit sein, die vergleichsweise hohen Risikoprämien im Zins zu akzeptieren, und entsprechend wird sich ihr Anteil am Kreditportefeuille verringern. Dagegen werden bei Kunden mit schlechter Bonität zu niedrige Risikoprämien angesetzt, was dazu führt, daß diese Geschäftsbereiche tendenziell ausgeweitet werden. Für die Kalkulation von individuellen Risikoprämien ist daher das Vorhandensein eines **Risikoklassenkonzepts** eine zwingende Voraussetzung. Über die Ermittlung von durchschnittlichen Ausfallwahrscheinlichkeiten je Risikoklasse lassen sich dann individuelle Risikoprämien ermitteln, in denen die Bonität des Kreditnehmers näherungsweise berücksichtigt wird. Grundsätzlich besteht die oben genannte Problematik zwar auch dann weiter, sie beeinflußt allerdings nur noch die Strukturen innerhalb der einzelnen Risikoklassen. Die Problematik würde erst vollständig entfallen, wenn auf der Basis eines Scoring-Modells ein unmittelbarer und kontinuierlicher Zusammenhang zwischen dem für einen Kreditnehmer ermittelten Bonitätspunktwert und der Ausfallwahrscheinlichkeit hergestellt werden könnte.

Stellung von Sicherheiten als implizite Kapitalkosten

Über die differenzierte Betrachtung von Ausfallwahrscheinlichkeit (W_A) und ausfallgefährdetem Volumen (V_A) lassen sich auch die bestehenden **Austauschbeziehungen zwischen der Risikoprämie im Zins und gegebenenfalls einzubringenden Sicherheiten** quantifizieren. Während die Risikoprämie im Zins zu den **expliziten** (sichtbaren) **Kapitalkosten** zählt, sind für Sicherheiten oder andere Schutzbestimmungen in Kreditverträgen sogenannte **implizite** (unsichtbare) **Kapitalkosten** anzusetzen. Durch Stellung zusätzlicher Sicherheiten oder eine Einflußnahme auf die Geschäftsführung gewinnt der Kreditgeber **Sicherheitsäquivalente**, die er entsprechend zu einer Reduzierung der Risikoprämie im Zins heranziehen kann.

Beispiel

Bei einem Blankokredit über 10 Mio. DM an einen Kreditnehmer, bei dem entsprechend der zugeordneten Risikoklasse ein durchschnittliches Ausfallrisiko von z. B. 0,5% gegeben ist, wären gemäß der angestellten Überlegungen die folgenden Risikokosten zu kalkulieren:

$$RK = W_A \cdot V_A \quad => \quad 0,5\% \cdot 10 \text{ Mio.} = \underline{\underline{50 \text{ TDM}}}$$

Würden Sicherheiten zur Verfügung gestellt, die unter Berücksichtigung von Liquidationskosten zweifelsfrei einen Nettoerlös von mindestens 5 Mio. DM erbringen, so würden sich die zu kalkulierenden Risikokosten wie folgt ergeben:

$$0,5\% \cdot (10 \text{ Mio.} - 5 \text{ Mio.}) = \underline{\underline{25 \text{ TDM}}}$$

Die im Zins enthaltene Risikoprämie kann von 0,5% auf 0,25% reduziert werden. Dies führt zu einer entsprechenden Senkung der **expliziten Kapitalkosten**. Die Differenz in Höhe von 0,25% sind **implizite Kapitalkosten** aus der Stellung der Sicherheiten.

Bei dem oben angegebenen ausfallgefährdeten Kreditvolumen wäre jedoch nicht nur vom nominellen Kreditbetrag auszugehen, sondern zusätzlich auch von entsprechend angefallenen, aber noch nicht vereinnahmten Bearbeitungsgebühren und Zinsen. Insofern würde eine vollständige Absicherung des Engagements bedeuten, daß Sicherheiten gestellt werden müßten, die im Verwertungsfall einen zweifelsfrei erzielbaren Nettoerlös von z. B. 110 oder 120 Prozent des ursprünglichen Kreditbetrages erbringen.

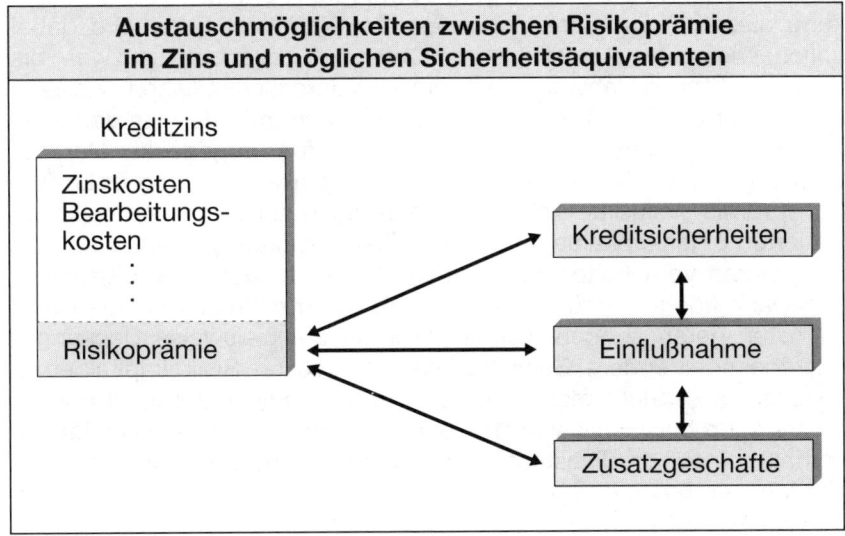

Austauschmöglichkeiten zwischen Risikoprämie im Zins und möglichen Sicherheitsäquivalenten

Kreditzins

Zinskosten
Bearbeitungskosten
⋮
Risikoprämie

Kreditsicherheiten

Einflußnahme

Zusatzgeschäfte

Abbildung 26

(Quelle: Modifiziert entnommen aus: Süchting, 1989, S. 419)

Neben Sicherheiten und der Einflußnahme auf die Geschäftspolitik können auch **lukrative Zusatzgeschäfte,** z. B. im Auslandsgeschäft, die Höhe der zu fordernden **Risikoprämie** beeinflussen. Zugeständnisse müßten aber in jedem Fall konkret an Hand einer umfassenden **Kundenkalkulation** nachgewiesen und durch den zuständigen Kundenbetreuer verantwortet werden. In der Abbildung 26 sind die

Siehe Seite 87 dargestellten Austauschbeziehungen im Überblick dargestellt.

Zusatzprämie für
Großkredite

Im Kapitel zur gesamtgeschäftsbezogenen Analyse wurde im Rahmen der Großkreditproblematik dargestellt, daß ein unmittelbarer Zusammenhang zwischen Anzahl und Umfang von Großkrediten und der Konkurswahrscheinlichkeit eines Kreditinstituts besteht. Unter Risikogesichtspunkten erscheint es daher bei Großkrediten durchaus sinnvoll, **nicht nur eine bonitätsabhängige Risikoprämie** zu kalkulieren, sondern darüber hinaus gegebenenfalls auch eine **größenabhängige Zusatzprämie** zu berücksichtigen. Dies dürfte bisher jedoch in der kreditwirtschaftlichen Praxis noch kaum der Fall sein.

Value-at-Risk-Konzept

Im Zusammenhang mit der Kalkulation von Risikokosten werden auch häufig Begriffe wie **„Value at Risk"** oder **„rorac"** (return on risk adjusted capital) verwendet, die jedoch ursprünglich für den Bereich der Preisrisiken entwickelt wurden. Ohne hier im einzelnen auf diese Konzepte eingehen zu können, sind die Grundüberlegungen jedoch recht einfach darstellbar, da sie auf die bereits bekannten Parameter **Erwartungswert** und **Standardabweichung** zurückgreifen. Im **Erwartungswert** kommt dabei das **kalkulierte (erwartete) Risiko** zum Ausdruck, in der **Standardabweichung** dagegen das **unerwartete Risiko.** Werden für die tatsächlichen Ist-Risikokosten die jeweiligen Erwartungswerte und Standardabweichungen aus Vergangenheitsuntersuchungen ermittelt, so läßt sich quasi im Rahmen eines **Worst-Case-Szenarios** auch der **Eigenkapitalbedarf** ermitteln, der zur Deckung dieses Worst Case notwendig ist. Als Worst Case wird dabei üblicherweise ein Ausfallvolumen unterstellt, das um die zwei- bis dreifache Standardabweichung über den durchschnittlichen Ausfällen liegt. Unter der **Annahme der Normalverteilung** hätte man damit etwa 98 bis 99 Prozent aller möglichen Fälle abgedeckt. Der zur Deckung dieses Worst Case benötigte Eigenkapitalbetrag (z. B. μ + 3σ) wird als „Value at Risk" bezeichnet. Er quantifiziert den risikoadjustierten Eigenkapitalbedarf, der als Risikodeckungspotential für diese Risikoart vorgehalten werden muß. Die so berechneten Eigenkapitalbedarfe können darüber hinaus auch zur Ermittlung von Eigenkapitalkosten herangezogen werden. Werden beispielsweise Deckungsbeiträge oder andere Gewinngrößen auf diesen Risikokapitalbetrag bezogen, so spricht man von return on risk adjusted capital (rorac). Dieser kann beispielsweise zu Überlegungen zur Kapitalallokation innerhalb eines Kreditinstituts bzw. Bankenkonzerns herangezogen werden.

Die **Dotierung von Einzelwertberichtigungen** stellt schließlich ebenfalls eine Form der einzelgeschäftsbezogenen passiven Risikosteuerung dar, da es sich um eine Maßnahme der Risikovorsorge handelt.

3.2.2 Gesamtgeschäftsbezogene Maßnahmen

Zu den gesamtgeschäftsbezogenen Maßnahmen zählen im Bereich der **aktiven Steuerung** sämtliche Maßnahmen, die die **Höhe und Struktur** des gesamten Kreditportefeuilles beeinflussen. Im Rahmen der Risikovermeidung können so beispielsweise **Volumenslimite für Branchen oder Regionen** festgelegt werden. Dies würde bedeuten, daß beim Erreichen eines bestimmten Kreditvolumens keine weiteren Kredite in diesen Bereichen mehr vergeben werden dürfen, es sei denn, es wurde eine zentrale Erlaubnis erteilt. Üblich ist dies beispielsweise im Bereich des **Länderrisikos,** wo mit **Länderlimiten** für einzelne Länder und/oder Regionen gearbeitet wird.

Die **Risikodiversifikation** setzt nicht an der Limitierung einzelner Bereiche an, sondern versucht, die gesamte Portefeuille-Struktur unter Berücksichtigung der zwischen einzelnen Branchen und Regionen bestehenden Zusammenhänge **(Korrelationen)** zu optimieren. Hierzu sollten die Anteile der verschiedenen Branchen und Regionen am Gesamtportefeuille regelmäßig ermittelt und ihre Entwicklung beobachtet werden. Sofern ein Handlungsbedarf festgestellt wird, kann eine gezielte Steuerung nur über differenzierte, geschäftspolitische Impulse erfolgen, die die Aktivitäten der Firmenkundenbetreuer in die eine oder andere Richtung forcieren.

Die Beeinflussung der Portefeuille-Strukturen in Richtung eines höheren Diversifikationsgrades könnte deutlich unterstützt werden, wenn bestimmte **Zusatzprämien** in die Kalkulation des Kreditzinses mit einfließen würden, die sich aus der jeweiligen **Branche** oder **Region** ergeben. So könnte bei einer bereits sehr hohen Konzentration in einer Branche bei allen Neuengagements beispielsweise ein Branchenzuschlag von 0,2% erhoben werden. Um aber in der Praxis die Kalkulation des Kreditzinses möglichst einfach und überschaubar zu halten, darf die Anzahl der Branchen bzw. Regionen, die mit einem solchen Malus zu kalkulieren sind, nur sehr gering sein. Die im Zins zu kalkulierende Risikoprämie würde sich dann aus **individuellen und gesamtbankabhängigen Komponenten** wie folgt ergeben:

$$RP = RP_{KRK} + RP_G + RP_B + RP_R$$

mit:			
	RP	=	Risikoprämie
	KRK	=	Kreditrisikoklasse
	G	=	Größenkomponente
	B	=	Branchenkomponente
	R	=	Regionenkomponente

Die Kalkulation solcher portefeuille-abhängiger Risikoprämien dürfte zur Zeit in der deutschen Kreditwirtschaft noch kaum verbreitet sein. Will man jedoch eine möglichst gezielte und automatische Steuerung der Portefeuille-Strukturen erreichen, so werden gerade solche Malus-Regelungen hierfür in besonderer Weise geeignet sein.

Pauschale Risikovorsorge

Die wohl am weitesten verbreitete Maßnahme der gesamtgeschäftsbezogenen passiven Risikosteuerung stellt die **Dotierung von offenen und stillen Eigenkapitalreserven zur Risikovorsorge** dar. In offener Form kann dies zum einen über Zuführungen zu den offenen Rücklagen aus thesaurierten Gewinnen erfolgen, zum anderen können nach § 340 g HGB handelsrechtlich (nicht jedoch steuerlich) gewinnmindernd auch Beträge in den sogenannten **Fonds für allgemeine Bankrisiken** eingestellt werden. Stille Eigenkapitalreserven werden in der Kreditwirtschaft insbesondere als stille **Vorsorgereserven** im Rahmen des § 340 f HGB gebildet.

Arbeitsaufgaben

1. Erläutern Sie am Beispiel des Firmenkredits die verschiedenen Einflußfaktoren des Ausfallrisikos.

2. Ermitteln Sie analog zum Firmenkreditgeschäft die wesentlichen Einflußfaktoren des Ausfallrisikos im Privatkreditgeschäft. Welche grundlegenden Gemeinsamkeiten und Unterschiede bestehen zwischen beiden Bereichen?

3. Die einzelgeschäftsbezogene Analyse des Ausfallrisikos erfolgt in vielen Kreditinstituten auf der Basis von Risikoklassen- bzw. Rating-Konzepten. Als Hilfsinstrument wird dabei regelmäßig auf sogenannte Scoring-Modelle zurückgegriffen.

   a) Beschreiben Sie den grundsätzlichen Aufbau eines Scoring-Modells. Welche notwendigen Schritte und Fragen sind bei dessen Entwicklung zu behandeln?

   b) Zeigen Sie Ansatzpunkte für die Risikosteuerung auf, die sich aus dem Einsatz solcher Scoring-Modelle ergeben. Differenzieren Sie dabei zwischen Maßnahmen der aktiven und der passiven Risikosteuerung.

   c) Nehmen Sie eine Würdigung der Vor- und Nachteile eines Scoring-Modells, insbesondere gegenüber der traditionellen Kreditanalyse, vor.

4. In den letzten Jahren fanden diskriminanzanalytische Verfahren zunehmend Verwendung in der statistischen Jahresabschlußanalyse in Kreditinstituten.

   a) Erläutern Sie die grundsätzliche Vorgehensweise der Diskriminanzanalyse. Welche Funktion hat dabei die sogenannte Cut-off-Rate?

   b) Was ist der Unterschied zwischen einer univariaten und einer multivariaten Diskriminanzanalyse?

   c) Welche beiden Arten von Fehlern können bezüglich der Trennschärfe der Diskriminanzfunktion unterschieden werden?

   d) Warum sollte bei der Festlegung der Cut-off-Rate nicht auf die Fehlklassifikationsanzahl, sondern auf die Fehlklassifikationskosten abgestellt werden?

5. Bei Untersuchung der Kennziffer Eigenkapitalrentabilität im Rahmen einer Diskriminanzanalyse ermitteln Sie in der Gruppe der „schlechten" Unternehmen einen Durchschnittswert von 2% mit einer Standardabweichung von 5%-Punkten und in der Gruppe der „guten" Unternehmen einen Mittelwert von 15% bei einer Standardabweichung von 3%-Punkten. Nehmen Sie an, daß für beide Gruppen näherungsweise von einer Normalverteilung der Kennziffernwerte ausgegangen werden kann. Sie wissen, daß bei einer Normalverteilung die kumulierte Wahrscheinlichkeit für alle Werte innerhalb des durch die 1-Sigma-Grenzen bestimmten Intervalls 68,26% und innerhalb der 2-Sigma-Grenzen 95,44% beträgt.

   a) Wie hoch ist die Wahrscheinlichkeit dafür, daß es sich bei einem Unternehmen mit einer Eigenkapitalrentabilität von mehr als 7% um ein „schlechtes" Unternehmen handelt?

   b) Wie hoch ist die Wahrscheinlichkeit dafür, daß es sich bei einem Unternehmen mit einer Eigenkapitalrentabilität von weniger als 9% um ein gutes Unternehmen handelt?

6. Bei der Analyse des Ausfallrisikos sollten neben der einzelgeschäftsbezogenen Untersuchung auch gesamtgeschäftsbezogene Analysen durchgeführt werden. Begründen Sie das Erfordernis gesamtgeschäftsbezogener Analysen, und zeigen Sie, auf welche Bereiche sich solche Analysen beziehen sollten.

7. Erläutern Sie, unter welchen Bedingungen ein Diversifikationseffekt entstehen kann und wie dann Chance und Risiko im Kreditgeschäft zu sehen sind.

8. Wie wirkt eine zunehmende Konzentration im Kreditportefeuille auf Erwartungswert und Standardabweichung des Ausfallrisikos? Treffen Sie gegebenenfalls eigenständige Annahmen.

9. Der Vorstand Ihres Hauses beauftragt Sie, Möglichkeiten zur deutlichen Reduzierung des Ausfallrisikos des Instituts herauszuarbeiten. Erläutern Sie die verschiedenen einzel- und gesamtgeschäftsbezogenen Ansatzpunkte zur Steuerung des Ausfallrisikos. Gehen Sie dabei auch auf mögliche passive Steuerungsmaßnahmen ein.

10. Begründen Sie die Kalkulation von Risikoprämien im Zins. Zeigen Sie dabei auch die Wirkungsweise des mit den Risikoprämien beabsichtigten Versicherungsprinzips auf.

11. Wieso sollte bei der Kalkulation von Risikoprämien nicht mit einer Risikoprämie für das Gesamtinstitut, sondern mit individuellen Risikoprämien gearbeitet werden?

12. In einem Kreditinstitut existiert folgendes Risikoklassenkonzept:

Risikoklasse	1	2	3	4	5
Beschreibung	risikofreie Kredite	Kredite mit geringem Risiko	Kredite mit mittlerem Risiko	Kredite mit hohem Risiko	Kredite mit nicht akzeptablem Risiko
Gefährdungs-potential	0,000%	0,001% – 0,300%	0,301% – 0,500%	0,501% – 0,900%	AR > 0,9%
Durchschnittl. Gefährdungspotential	0,000%	0,250%	0,450%	0,800%	1,350%
Standard-Risikoprämie	0,000%	0,300%	0,500%	0,900%	./.
Volumen (in Mio. DM)	400	800	900	700	200

a) Ermitteln Sie die Höhe des zur Zeit bestehenden einzelgeschäftsbezogenen Ausfallrisikos (Gefährdungspotential) in Mio. DM und in Prozent des zugrundeliegenden Volumens für das Gesamtinstitut.

b) Eine Unternehmung beabsichtigt, einen langfristigen Kredit in Höhe von 20 Mio. DM aufzunehmen. Das Bonitäts-Rating signalisiert für die Unternehmung entsprechend der eingestuften Risikoklasse ein Bonitätsrisiko in Höhe von 0,714%. Ohne Berücksichtigung von Sicherheiten wäre das Engagement demzufolge in die Kreditrisikoklasse 4 einzustufen. Der Kundenberater nennt gegenüber dem Kunden einen Zinssatz von 9,2%. In dem Beratungsgespräch stellt sich heraus, daß die Unternehmung noch über erheblichen unbelasteten Grundbesitz verfügt. Daraufhin erläutert der Kundenberater, daß er bei zusätzlicher Stellung von Sicherheiten auf einen Teil der im Zins kalkulierten Risikoprämie verzichten könne und dann gegebenenfalls auch 8,8% möglich wären.

b1) Berechnen Sie das Ausfallrisiko (Gefährdungspotential) für diesen Kredit ohne Berücksichtigung von Sicherheiten.

b2) Wie hoch dürfte das Ausfallrisiko (in DM) maximal sein, damit der Kredit noch in die Kreditrisikoklasse 3 eingruppiert werden kann?

b3) Ermitteln Sie, in welcher Höhe der Grundbesitz – bei einem Beleihungswert von 60% – mindestens als Sicherheit eingebracht werden müßte, um eine Einstufung des Kredites in die Risikoklasse 3 zu ermöglichen.

b4) Wie hoch wäre für diesen Fall die Kostenersparnis für den Kunden und damit der implizite „Preis" für die einzubringenden Sicherheiten pro Jahr?

4 Länderrisiko

In den letzten Jahrzehnten hat die zunehmende Intensivierung des Welthandels zu einer entsprechenden Ausweitung der internationalen Kreditgeschäfte der Kreditinstitute geführt. Neben Krediten an ausländische Unternehmen sind in großem Umfang auch Mittel an die Länder selbst bzw. staatliche Institutionen vergeben worden. Die aus der **Internationalisierung** resultierenden Risiken sind den Kreditinstituten insbesondere zu Anfang der achtziger Jahre mit dem Ausbruch der **Schuldenkrise** wichtiger Entwicklungsländer – vor allem in Lateinamerika – offenbar geworden. In der Folge (1985; zuletzt geändert im Juli 1994) hat das BAK eine **Länderrisiko-Verordnung** erlassen, wonach Kreditinstitute für bestimmte Problemländer ihre Kredite – nach Kreditnehmerländern addiert – halbjährlich der Deutschen Bundesbank anzuzeigen haben. Während sich zum Ende der achtziger Jahre die Schuldenkrise in den Entwicklungsländern entspannt hat, ist es aufgrund der politischen Umwälzungen in den ehemaligen Staatshandelsländern (z. B. Rußland oder im ehemaligen Jugoslawien) zu einer deutlichen Verschärfung des Länderrisikos gekommen.

Verschuldungskrise zu Anfang der achtziger Jahre

Im **internationalen Kreditgeschäft** sind grundsätzlich **zwei** Komponenten des Ausfallrisikos zu betrachten. Zunächst ist – wie im Inlandsgeschäft – die Bonität des Kreditnehmers selbst sehr detailliert zu untersuchen. Da aber die **Bonität des Kreditnehmers** und dessen Zahlungsmöglichkeiten entscheidend auch von der politischen und wirtschaftlichen Situation des Landes abhängen, in dem er sich befindet, muß darüber hinaus auch die **Bonität dieses Landes** und damit das **Länderrisiko** beurteilt werden.

Selbst wenn ein Schuldner in einem Land in der jeweiligen Landeswährung **zahlungsfähig** und **zahlungswillig** ist, kann es durchaus sein, daß das Land aufgrund wirtschaftlicher Schwäche und daraus resultierendem Devisenmangel sämtliche **Devisenzahlungen** an das Ausland **einschränkt oder gar einstellt (Transferrisiko)**. Dies gilt insbesondere für Länder mit Devisenbewirtschaftung, etwa in Form einer Devisenzwangswirtschaft. Darüber hinaus können **politische Entwicklungen**, wie Revolutionen, Kriege oder Verbote bzw. Beschlagnahmen von Einfuhren, dazu führen, daß der Kreditnehmer seinen Verpflichtungen nicht mehr nachkommen kann **(politisches Risiko)**.

Wirtschaftliche und politische Ursachen des Länderrisikos

Das Länderrisiko überlagert insofern die Bonität des ausländischen Kreditnehmers, die deshalb nicht besser sein kann als die Bonität des jeweiligen Landes.

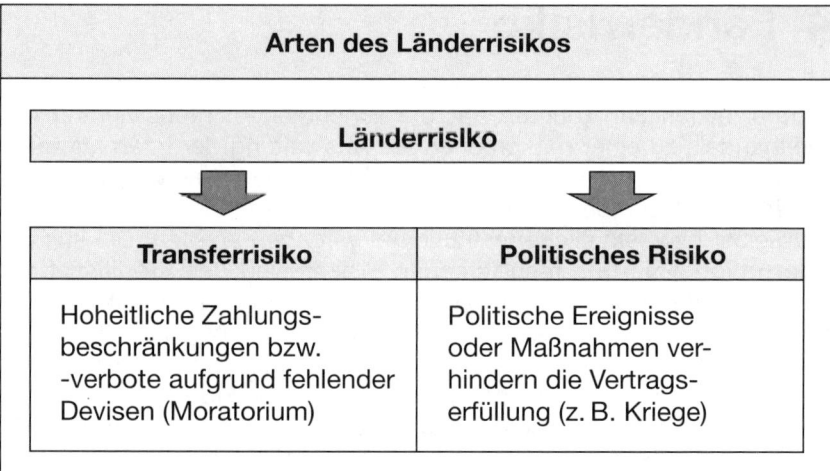

Abbildung 27

Eine Definition des Länderrisikos kann wie folgt formuliert werden:

Definition
Länderrisiko

**Das Länderrisiko ergibt sich aus der Fähigkeit und Bereit-
schaft eines Landes, Auslands- und Fremdwährungsschulden
form- und fristgerecht zu tilgen und zu verzinsen bzw. die
benötigten Devisen zur Zahlung von Zins- und Tilgungsleistungen zur Verfügung zu stellen.**

Beim Länderrisiko geht es in aller Regel nicht um Einzelkredite, sondern um ganze Forderungsbündel. Wenn ein Land notleidend wird, so
sind hiervon **sämtliche** Forderungen gegenüber seinen Institutionen,
Firmen und Einzelpersonen, gegenüber der öffentlichen Hand ebenso
wie etwa gegenüber den Banken betroffen. Im Jahresabschluß
schlägt sich dies in entsprechenden **Wertberichtigungen** nieder. Insofern kann zwischen den Einzelkrediten, die an verschiedene
Schuldner in einem Land herausgelegt werden, auch keine vollständige Unabhängigkeit im Sinne der **Diversifikation** bestehen. Wird das
Länderrisiko schlagend, so betrifft dies alle Kredite gleichzeitig. Das
Versicherungsprinzip kann in diesem Teilbereich nicht funktionieren.
Um die Höhe des Länderrisikos und damit die Bonität eines Landes
einschätzen zu können, sind wie im Inlandskreditgeschäft umfangreiche Analysen notwendig.

4.1 Analyse des Länderrisikos

Für die Analyse des Länderrisikos stehen grundsätzlich die gleichen
Methoden wie bei der Bonitätsanalyse von Unternehmen zur Verfügung. Dem **verbal-qualitativen Kreditbericht** stehen entsprechende,
frei formulierte oder standardisierte Länderberichte gegenüber. Soge-

nannte Länder-Ratings basieren wie Unternehmens-Ratings in der Regel auf Scoring-Modellen und sind daher den **quantitativen** Verfahren zuzurechnen. Schließlich können auch **mathematisch-statistische** Verfahren, wie die Diskriminanzanalyse, etwa auf der Basis von Daten der volkswirtschaftlichen Gesamtrechnung eingesetzt werden.

4.1.1 Einflußfaktoren des Länderrisikos

Bei der Analyse der Einflußfaktoren des Länderrisikos lassen sich ebenfalls Parallelen zur Analyse des Bonitätsrisikos bei Unternehmen aufzeigen. Für die Schuldendienstfähigkeit einer Unternehmung ist letztlich deren Ertragskraft ausschlaggebend. Diese ist wiederum von unternehmensinternen und -externen Faktoren abhängig. Sind bei den externen Faktoren gesamtwirtschaftliche und Branchenentwicklungen zu berücksichtigen, so werden die internen Faktoren durch Größen wie die Rentabilität, die Vermögens- und Liquiditätssituation oder etwa die Qualität des Managements umschrieben.

Vergleich mit der Bonitätsanalyse bei Unternehmen

Bei der Schuldendienstfähigkeit eines Landes läßt sich eine analoge Aufteilung vornehmen. Den **externen** und **internen** Faktoren entsprechen hierbei **internationale** und **nationale Faktoren.** Zu den **internationalen** Faktoren sind beispielsweise die Entwicklung der Weltmarktpreise oder Wechselkursveränderungen zu rechnen. Darüber hinaus sind auch protektionistische Entwicklungen im Welthandel relevant, die in der Errichtung tarifärer (Zölle) und nicht-tarifärer Handelshemmnisse (z. B. Einfuhrmengenbegrenzungen) zu sehen sind. Für die Beurteilung eines Landes spielt in diesem Zusammenhang insbesondere der Grad der **Exportdiversifizierung,** also ob ein Land sehr stark vom Export eines einzelnen weltmarktfähigen Produkts oder einer Vielzahl abhängig ist, eine große Rolle. Die **nationalen** Faktoren können bezüglich der Finanzkraft eines Landes in einer **quantitativen** und bezüglich der Managementqualität in einer **qualitativen** Analyse untersucht werden. Die **quantitative** Analyse erstreckt sich vergleichbar der Analyse bei Unternehmen auf die Ertrags-, Vermögens- und Liquiditätssituation.

Die **Ertrags- und Wirtschaftlichkeitssituation** eines Landes kann durch Kennziffern zur Kapital- und Arbeitsproduktivität (z. B. Bruttosozialprodukt pro Kopf) oder zur Produktionsauslastung ermittelt werden. Eine Eigenkapitalrendite läßt sich beispielsweise aus dem Verhältnis von Außenbeitrag (Exporte – Importe) zu Netto-Auslandsaktiva ermitteln. Etwas problematisch dabei ist jedoch die Annahme, das Eigenkapital eines Landes allein durch die Netto-Auslandsaktiva erfassen zu wollen.

Zur Einschätzung der **Liquiditätssituation** kann z. B. auf das Verhältnis von Währungsreserven zu Importen zurückgegriffen werden. Für die Beurteilung der Schuldendienstfähigkeit eines Landes haben aber vor allem sogenannte **Schuldendienstquoten (Debt-Service-Ratios)** in unterschiedlichen Abgrenzungen besondere Bedeutung erlangt. In einer einfachen Form stellt die **Zins-Export-Rate** die Höhe der für Zinszahlungen notwendigen Devisenauszahlungen ins Verhältnis zu den aus Exporten zufließenden Deviseneinnahmen:

$$\textbf{Zins-Export-Rate} \; = \; \frac{\text{Zinsen für Auslandsverbindlichkeiten}}{\text{Devisenerlöse aus Exporten}}$$

Werden neben den Zinsverpflichtungen auch die zu leistenden Tilgungen im Zähler berücksichtigt, so erhält man die Normalform der **Schuldendienstquote:**

$$\textbf{Debt-Service-Ratio} \; = \; \frac{\text{Zins- und Tilgungsleistungen}}{\text{Devisenerlöse aus Exporten}}$$

Dabei wird streng genommen unterstellt, daß die Exporterlöse ausschließlich zur Bedienung der Auslandsschulden zur Verfügung stehen. Diese unrealistische Annahme kann aufgehoben werden, wenn man im Zähler oder Nenner auch den für lebensnotwendige Importe – Importminimum – benötigten Devisenbedarf (Auszahlungen) berücksichtigt.

Weitere Verfeinerungen betreffen z. B. unterschiedliche zeitliche Abgrenzungen. In der durchschnittlichen angepaßten Schuldendienstquote (Müller, 1985) werden beispielsweise die in den nächsten 15 Jahren anfallenden Zins- und Tilgungsleistungen kumuliert berücksichtigt und in Verbindung mit den internationalen Reserven und einem bestimmten Importbedarf ins Verhältnis zu den Exporteinnahmen des laufenden Jahres gesetzt. Damit wird erreicht, daß auch Länder mit stark unterschiedlicher Verschuldungsstruktur verglichen werden können.

Das Niveau der Auslandsverschuldung kann über die Schuldenquote ermittelt werden, in der die Höhe der Auslandsverbindlichkeiten ins Verhältnis zu den Exporterlösen gesetzt wird. Die Kennziffer liefert damit einen ersten Hinweis auf die **Vermögenssituation** eines Landes. Quasi in Analogie zum Verschuldungsgrad einer Unternehmung läßt sich diese jedoch treffender durch das **Verhältnis von Auslandsverbindlichkeiten zu Netto-Auslandsaktiva** beschreiben. Zusätzlich könnte auch die volkswirtschaftliche Ersparnis, z. B. als über einen bestimmten Zeitraum kumulierte Sparquote, bei der Beurteilung der Vermögenssituation eines Landes hilfreich sein.

Um die **Finanzkraft** eines Landes abschätzen zu können, lassen sich also ähnlich wie bei Unternehmen eine Vielzahl von Kennziffern bilden. Die Entwicklungen der **Schuldenquoten** und der **Zins-Export-Raten** für ausgewählte lateinamerikanische Länder sind in der Abbildung 28 dargestellt. Mit Ausnahme von Peru konnten die meisten anderen Staaten eine deutliche Verbesserung der Verschuldungssituation zu Anfang der neunziger Jahre erreichen.

Entschärfung der Verschuldungssituation in Lateinamerika

Schuldenquoten und Zins-Export-Raten in Lateinamerika						
	Auslandsverbindlichkeiten in % der Exporterlöse			**Zinsverbindlichkeiten** in % der Exporterlöse		
	1982	1987	1992	1982	1987	1992
Argentinien	447	718	358	51	49	28
Brasilien	356	430	301	54	32	19
Chile	333	318	141	45	26	12
Costa Rica	332	308	141	45	21	9
Kolumbien	193	258	172	22	20	13
Ecuador	265	437	378	30	32	21
Mexiko	347	370	261	44	27	17
Peru	237	489	577	25	32	34
Uruguay	252	357	318	20	23	17
Venezuela	178	256	178	24	23	13

Abbildung 28

(Quelle: Mewes, 1993)

Die Analyse der eher **qualitativen Faktoren** eines Landes gestaltet sich in der Regel weitaus schwieriger. Teilweise läßt sich jedoch auch hier eine Analogie zum Unternehmensbereich feststellen. Bei Staaten kann allgemein zwischen öffentlichem und privatem Management unterschieden werden. Bei der Beurteilung des öffentlichen Managements stehen die Zentralbankleitung, die Effizienz der Verwaltung sowie das Ausmaß der Rechtssicherheit im Mittelpunkt. Daneben kann hier auch die bisherige Verschuldungspraxis betrachtet werden. Das private Management kann beispielsweise anhand des Qualifikationsniveaus auf den verschiedenen Managementebenen sowie der Innovationskraft und -freude des Unternehmens-Managements beurteilt werden.

Ein weiterer Bereich, der bei Unternehmen kaum vergleichbar vorhanden ist, aber für die Beurteilung des Länderrisikos von außerordentlicher Bedeutung ist, ist die **politische Stabilität**. Kann man bei Unternehmensleitungen in der Regel ein ökonomisch-rationales Verhalten unterstellen, so ist dies für die Regierung oder die Bevölkerung eines Landes nicht in gleicher Weise vorauszusetzen. Eindrücke über die politische Stabilität können zum Beispiel aus der Betrachtung der

Regierungsform, des Wirtschaftssystems, der Einkommens- und Vermögensverteilung sowie der Lebens- und Arbeitsverhältnisse gewonnen werden. Daneben ist aber auch der Einfluß von religiösen Gruppen, Volksstämmen sowie der politischen Opposition zu berücksichtigen.

Diese vielfältigen Einflußfaktoren können verbal-qualitativ in mehr oder weniger standardisierte Länderberichte einfließen, die neben einem volkswirtschaftlich-statistischen Teil regelmäßig auch eine frei formulierte Einschätzung der wirtschaftlichen und politischen Stabilität beinhalten. Darüber hinaus existieren in der Praxis zahlreiche **Rating-Modelle**, die diese Faktoren gewichten und zu einer Gesamtgröße zusammenfassen.

4.1.2 Länder-Ratings

Entwicklung von Länder-Ratings

Solche Rating-Konzepte wurden insbesondere in den achtziger Jahren durch eigenständige Institute, international tätige Banken und verschiedene Fachzeitschriften entwickelt. Das BERI-Institut (BERI steht dabei für Business Environment Risk Information), Newark, hat den BERI-Index und das Forelend-Informationssystem entwickelt. Die Zeitschriften Euromoney, London, Institutional Investor, New York, und das Manager Magazin verfügen über jeweils eigene Konzepte. Während zahlreiche Industrieunternehmen und kleinere Kreditinstitute sich in der Regel an den oben genannten Ratings orientieren, haben die großen internationalen Banken und Industriekonzerne durchweg eigene Rating-Verfahren entwickelt. In der Abbildung 29 sind drei ausgewählte Rating-Verfahren in ihren Grundzügen dargestellt.

Siehe Seite 101

Vorstellung ausgewählter Rating-Konzepte

Der dreimal jährlich erscheinende **BERI-Index** richtet sich in erster Linie an Unternehmen und Direktinvestoren. Dies kommt durch die relativ stärkere Gewichtung der qualitativen Faktoren, wie der politischen Stabilität und dem Geschäftsklima, zum Ausdruck. Für einen Eigenkapitalgeber, der sich dauerhaft in einem Land engagieren will, sind diese Kriterien von weit größerer Bedeutung als für einen Kreditgeber, der nur für einen begrenzten Zeitraum ein Engagement eingeht. Das **Forelend-Konzept** richtet sich dagegen an Fremdkapitalgeber. Es ist durch die mit 50% angesetzte Gewichtung der Zahlungsfähigkeit besonders auf die Zielgruppe der Banken zugeschnitten. Die Grundstruktur dieses Rating-Verfahrens dürfte den von den Großbanken entwickelten Verfahren am nächsten kommen.

Während die ersten beiden Verfahren ursächlich meinungsbegründend sind und damit als **direkte Verfahren** bezeichnet werden können, beinhaltet die Erhebung des **Institutional Investor** eine Zusammenfassung bereits bestehender Meinungen und ist daher eher als **indirektes Verfahren** zu bezeichnen. So werden halbjährlich Expertenbefragungen bei 75 bis 100 international tätigen Kreditinstituten

Ausgewählte Länder-Rating-Konzepte

Konzept	Beschreibung	Punkte	Entscheidungsregel
BERI-Index	Schwerpunkt liegt auf dem politischen Risiko. Es werden drei Subindices zu je 100 Punkten gebildet: 1) Geschäftsklima (Expertenbefragung zu insgesamt 15 Kriterien) 2) Politische Stabilität (Expertenbefragung zu insgesamt 10 Kriterien) 3) Transferrisiko (16 Kriterien zu Vorschriften zu Gewinn-, Zins-, Lizenz- und Kapitalzahlungen, zur Zahlungsbilanz, zu den Währungsreserven und zum Staatshaushalt)	180–300 160–180 120–160 0–120	Für Investitionen geeignet. Nur für ertragsunabhängige Zahlungen (z. B. Lizenz- oder Management-verträge) geeignet. Nur für Handel geeignet, die Situation rechtfertigt nur einzelne und kurz-fristige Transaktionen. Keine geschäftlichen Transaktionen, zwei von drei Kriterien zeigen un-akzeptables Risiko.
Forelend	Schwerpunkt liegt auf der Kreditwürdigkeit. Es werden drei Subindices gebildet: 1) LRquant (Beurteilung der Zahlungsfähigkeit, 9 Kriterien aus den Bereichen Deviseneinnahmen, Auslandsver-schuldung, Währungsreserven und Staatshaushalt) 2) LRqual (Beurteilung der technologischen Kompetenz, 11 qualitative Kriterien) 3) LRenvir (Beurteilung der politischen und sozioökonomi-schen Situation, Expertenbefragung) Gewichtung: LRquant = 50 %, LRqual = 25 %, LRenvir = 25 %	65–100 60– 64 55– 59 50– 54 45– 49 40– 44 35– 39 0– 34	Guter Kreditnehmer, niedrigste Zinsen. Guter Kreditnehmer, etwas höhere Zinsen. Höhere Zinsen, strenge Vertragsbedin-gungen, Staatsbürgschaft bei Krediten an private Darlehensnehmer. Höchste Zinsen, Bürgschaft einer aus-ländischen Bank oder Regierung. Keine neuen Kredite, Verlängerung der Laufzeit vermeiden. Verzögerung der Zinszahlung verhin-dern, Strategie für Umschuldung vor-bereiten. Vorbereitung von Notmaßnahmen, Auf-wand an Zeit und Kosten begrenzen. Durchführung von Notmaßnahmen.
Institutional Investor	Schwerpunkt liegt auf der Kreditwürdigkeit. Halbjährliche Expertenbefragung bei 75 bis 100 inter-national tätigen Kreditinstituten. Benotung nach einer Punktzahl von 0 bis 100. Die Beurtei-lung des eigenen Landes ist nicht erlaubt. Gewichtung der Einzelergebnisse nach der Bedeutung des internationalen Geschäfts des Kreditinstituts. Folgende Formel kommt zur Anwendung: $$K_i = \sum_{j=1}^{m} a_{ij} \cdot g_j$$ mit: K_i = Kreditwürdigkeit (Punktwert) des Landes i gesamt a_{ij} = Kreditwürdigkeit des Landes i durch Bank j g_j = Gewicht der Meinung der Bank j	80–100 60– 80 40– 60 0– 40	Klasse 1, Industrieländer Klasse 2, Schwellenländer Klasse 3, Problemländer Klassen 4 – 6, Problemländer

(Quelle: Backhaus/Meyer, 1984; Baxmann, 1985; Hake, 1982 und 1984)   *Abbildung 29*

durchgeführt. Die Ergebnisse werden anschließend zu einem Gesamt-wert zusammengefaßt, wobei die einzelnen Antworten entsprechend der Bedeutung des internationalen Geschäfts des jeweiligen Kreditin-stituts gewichtet werden. Dabei erhofft man sich, daß die Vielzahl der Meinungen zu einem **Filtereffekt** führt, der letztlich die richtige Bonität erkennen läßt. Wenn die Banken in ihren selbstentwickelten

Rating-Systemen zwar den Kern des Länderrisikos überwiegend richtig beurteilen, aber zum Teil unsystematische Fehler auftreten, so könnte eine Zusammenfassung dieser mit Fehlern behafteten Meinungen dazu führen, daß sich die unsystematischen Fehler der einzelnen Konzeptionen kompensieren und die richtige Einschätzung schließlich übrigbleibt. Voraussetzung ist allerdings, daß die unsystematischen Fehler nicht vollständig positiv miteinander korreliert sind und kein systematischer Fehler in den Rating-Systemen enthalten ist. Ein Beispiel für das Länder-Rating des Institutional Investor ist in der Abbildung 31 dargestellt.

Siehe Seite 103

Verschärfung des Länderrisikos in den ehemaligen Staatshandelsländern

Im einführenden Absatz dieses Kapitels wurde bereits darauf hingewiesen, daß sich die Bonität zahlreicher lateinamerikanischer Staaten gegen Ende der achtziger und zu Anfang der neunziger Jahre deutlich verbessert hat. Dagegen hat sich die Risikolage in den ehemaligen Staatshandelsländern dramatisch verschlechtert. Dies kommt auch bei einem Vergleich der Bewertungen des Institutional Investor von 1988 mit denen von 1994 zum Ausdruck (Puhlmann, 1994). Mit Ausnahme von Polen und Ungarn sind die Bewertungen der anderen Staaten stark rückläufig. Die größten Einbrüche betreffen das ehemalige Jugoslawien (–76,5%) und die ehemalige UdSSR (–72,0%). Interessanterweise lagen aber bereits 1988 die Bewertungen fast aller Staaten (Ausnahme UdSSR) unter 60 Punkten, womit sie der Klasse 3 und damit den Problemländern zugerechnet wurden.

Verschärfung des Länderrisikos in Osteuropa			
Land	Institutional Investor Bewertung		
	1988	1994	Veränderung
Bulgarien	46,8	19,8	–57,7%
CSSR/CR (SR)	54,0	49,7 (31,6)	–8,0% (–41,5%)
ehemaliges Jugoslawien	28,1	6,6	–76,5%
Polen	17,4	30,5	+75,3%
Rumänien	32,4	25,4	–21,6%
ehem. UdSSR/ Rußland	64,7	18,1	–72,0%
Ungarn	44,0	46,1	+4,8%
Region gesamt	43,2	21,8	–49,5%

Abbildung 30

(Quelle: Puhlmann, 1994)

Institutional Investor Länder-Rating

Institutional Investor's 1995 Country Credit Ratings

Rank Sept. 1994	March 1995	Country	Institutional Investor credit rating	Six-month change	One-year change
1	1	Switzerland	92,5	0,1	0,3
2	2	Japan	91,9	0,9	0,9
4	3	Germany	90,6	0,7	1,2
3	4	United States	90,4	−0,4	0,7
6	5*	Netherlands	89,0	0,7	0,6
5	6*	France	89,0	0,4	0,8
7	7	United Kingdom	87,7	0,5	1,7
8	8	Austria	86,2	0,6	0,6
9	9	Luxembourg	85,4	0,5	0,8
10	10	Singapore	83,0	1,2	1,6
13	11	Norway	80,3	1,2	1,5
11	12	Canada	80,2	−1,1	−1,7
12	13	Taiwan	79,7	0,6	0,7
14	14	Denmark	79,3	0,8	1,5
15	15	Belgium	78,6	0,2	−0,2
16	16	Sweden	74,4	−0,6	−0,1
17	17	Spain	73,7	0,0	−1,0
18	18	Italy	72,4	0,3	−0,2
19	19	Ireland	72,3	1,3	1,6
20	20	South Korea	71,4	1,4	1,9
22	21	Australia	70,9	1,8	2,0
21	22	Finland	70,0	0,4	0,1
23	23	Malaysia	68,6	1,0	2,0
25	24	New Zealand	68,2	1,3	2,1
24	25	Portugal	67,3	0,1	0,0
26	26	Hong Kong	67,0	0,9	1,0
27	27	Thailand	63,5	1,3	2,4
28	28	Malta	61,0	1,4	2,3
29	29	United Arab Emirates	60,5	1,0	0,6
31	30	China	57,6	0,2	−0,4
32	31	Iceland	56,9	−0,3	1,1
30	32*	Saudi Arabia	55,8	−1,6	−2,8
39	33*	Czech Republic	55,8	3,0	6,1
33	34	Chile	55,6	0,7	2,0
34	35	Qatar	53,9	−0,3	−0,8
36	36	Kuwait	52,7	−0,6	1,2
35	37	Cyprus	52,6	−0,9	1,5
37	38	Bahrain	52,2	−0,9	0,2
38	39	Oman	52,0	−0,8	−0,5
40	40	Indonesia	51,9	0,4	0,2
41	41	Greece	49,1	−0,2	0,0
42	42	Botswana	48,5	1,1	2,8
43	43	Israel	47,9	1,4	4,5
45	44	Mexico	46,9	0,8	0,0
44	45	Hungary	46,4	0,2	0,3
47	46	Colombia	45,7	1,3	3,3
46	47	Mauritius	45,4	1,0	2,1
49	48	India	44,2	2,0	4,2
48	49	Tunisia	43,3	−0,1	0,4
52	50	South Africa	42,5	2,5	3,6
50	51	Turkey	40,7	−1,2	−4,9
56	52	Slovenia	39,5	2,8	6,1
53	53	Morocco	39,0	1,2	3,2
54	54	Argentina	38,9	1,6	3,3
55	55	Uruguay	38,5	1,4	2,5
51	56	Barbados	38,2	−2,1	0,9
58	57	Poland	35,7	2,6	5,2
61	58	Philippines	35,4	2,5	4,9
66	59	Brazil	33,4	3,1	4,6
61	60*	Trinidad & Tobago	33,2	0,3	2,4
59	61*	Slovakia	33,2	0,1	1,6
57	62	Venezuela	33,1	−2,9	−4,5
64	63	Egypt	32,9	2,0	3,1
60	64*	Papua New Guinea	32,4	−0,7	−0,4
65	65*	Sri Lanka	32,4	2,0	4,7
67	66	Costa Rica	30,9	0,6	3,3
70	67	Zimbabwe	30,7	1,7	2,8
63	68	Paraguay	30,6	−0,4	1,8
68	69	Libya	30,5	0,8	1,1
69	70	Pakistan	30,1	0,4	1,3
72	71	Ghana	29,2	1,6	2,1
71	72	Swaziland	28,5	0,5	2,2
74	73	Romania	28,1	1,9	2,7
76	74	Vietnam	27,0	2,6	5,7
81	75	Jordan	26,3	1,9	4,2
74	76	Gabon	25,8	−0,4	−1,6
82	77	Panama	25,7	1,3	3,6
73	78	Iran	25,5	−1,2	−2,3
86	79	Estonia	25,4	1,8	4,7
79	80	Jamaica	25,2	0,7	1,6
80	81	Ecuador	25,0	0,5	2,5
87	82**	Lebanon	24,9	1,7	5,1
83		Syria	24,9	0,8	1,8
85	84*	Kenya	24,9	1,2	2,1
88	85	Bangladesh	24,8	1,6	4,8
84	86	Nepal	24,4	0,5	1,2
77	87*	Seychelles	23,7	−0,9	0,0
94	88*	Peru	23,7	2,7	6,2
78	89	Algeria	23,5	−1,1	−2,8
89	90	Dominican Republic	23,1	0,1	2,1
92	91	Latvia	22,6	1,3	3,0
91	92	Bolivia	22,5	1,1	3,0
95	93*	Bulgaria	21,9	1,1	2,1
90	94*	Guatemala	21,9	0,4	1,8
96	95	Lithuania	21,7	1,7	3,3
93	96	Senegal	21,6	0,4	0,7
100	97	Russia	19,5	1,1	1,4
97	98	Cameroon	19,2	0,0	−0,5
98	99	Malawi	18,8	−0,2	1,4
99	100*	El Salvador	18,7	0,0	1,4
102	101*	Kazakhstan	18,7	1,1	1,0
106	102	Côte d'Ivoire	17,7	0,7	1,3
101	103	Nigeria	17,5	−0,9	−1,1
105	104	Mali	17,3	0,2	0,6
104	105	Togo	17,2	0,0	1,8
112	106	Croatia	17,1	2,6	4,3
103	107	Burkina Faso	16,7	−0,8	−0,5
115	108	Myanmar	16,5	2,5	3,2
113	109*	Ukraine	15,5	1,0	0,4
111	110*	Tanzania	15,5	0,3	1,6
106	111*	Honduras	15,5	−1,5	−0,7
109	112	Belarus	15,2	−0,5	−0,3
108	113	Benin	15,1	−1,5	−1,7
110	114	Congo	14,8	−0,6	−0,7
116	115	Zambia	14,6	0,7	1,5
114	116	Uzbekistan	14,4	0,2	0,1
117	117	Guinea	13,8	0,3	0,7
118	118	Ethiopia	13,5	0,5	2,9
121	119	Uganda	12,8	1,2	2,7
119	120	Albania	12,7	0,7	2,4
120	121	Mozambique	12,6	0,7	2,3
122	122	Angola	10,9	−0,4	0,2
123	123	Nicaragua	10,2	0,1	1,1
130	124	Haiti	9,1	1,0	1,6
127	125	Grenada	8,9	0,5	0,4
124	126	Afghanistan	8,7	−0,7	−1,2
126	127	Cuba	8,2	−0,2	0,3
132	128	Sierra Leone	8,1	0,7	0,9
129	129	Georgia	8,0	−0,3	−0,9
125	130	Iraq	7,9	−0,7	0,7
131	131	Yugoslavia	7,3	−0,2	0,7
128	132*	Zaire	7,0	−1,3	0,1
134	133*	North Korea	7,0	0,8	0,5
133	134	Liberia	6,2	−0,1	0,2
135	135	Sudan	6,1	0,0	0,0
		Global average rating	38,1	0,6	1,4

* Order determined by actual results before rounding.
** Actual tie.

(Quelle: Shapiro, 1995, S. 90 und 91)

Abbildung 31

Kritische Würdigung   Zur **Beurteilung der Qualität von Länder-Ratings** sind verschiedene
Faktoren zu berücksichtigen, die im wesentlichen mit den bei der Beurteilung von Unternehmen angeführten Kritikpunkten übereinstimmen, zum Teil aber eine noch größere Bedeutung haben:

1. Die Problematik der **vergangenheitsbezogenen Daten** in der
   quantitativen Analyse. Stehen Jahresabschlußinformationen noch
   mit einem überschaubaren Time-lag zur Verfügung, so sind
   aussagefähige Daten aus der **volkswirtschaftlichen Gesamtrechnung** eines Landes, wenn überhaupt, häufig erst nach deutlich über einem Jahr verfügbar.
2. Die Probleme der **Kriterienauswahl und -gewichtung**, insbesondere die Beachtung der Unabhängigkeit.
3. Die Quantifizierung qualitativer bzw. subjektiver Kriterien innerhalb
   des Scoring-Modells. Dabei ist auch das begrenzte menschliche
   Differenzierungsvermögen zu berücksichtigen.

Darüber hinaus ist bei der Beurteilung solcher Ratings auch auf deren
Tendenz zur Selbsterfüllung hinzuweisen. Bei einem negativen Rating
(downgrading) kann es zur Kündigung von Kreditlinien kommen, die die
schwierige Situation eines wirtschaftlich schwachen Landes weiter ver-
schärfen können. Diese Tendenz ist allerdings vom Publizitätsgrad des
Ratings und vom Renommee des Prognoseerstellers abhängig.

Baxmann hat neben anderen auch das Forelend-Konzept und das
Institutional Investor Rating auf ihre Prognosefähigkeit hin untersucht
(Baxmann, 1985). Er kam zu dem Ergebnis, daß tendenzielle Früh-
warnelemente zwar existieren, einzelne Länderrisiken aber nahezu
ohne Vorankündigung eintraten. Für eine **prognoseorientierte
Strukturierung** des bankbetrieblichen Auslandskreditportefeuilles erscheinen ihm diese Verfahren daher nur **bedingt geeignet**. Während
sich bei Unternehmen Probleme meist über einen längeren Zeitraum
entwickeln, ist dies bei Ländern aufgrund unvorhersehbarer politischer Entwicklungen offensichtlich nicht in gleichem Maße gegeben.

Zur Verdeutlichung der bereits eingetretenen **Ist-Risikoposition** im internationalen Geschäft sind Länder-Ratings jedoch **gut geeignet**. Neben der Portefeuille-Struktur nach Ländern bzw. Ländergruppen sind
auch die Verteilungen auf die einzelnen Rating-Kategorien in regelmäßigen Abständen zu untersuchen. Ein Abgleich mit den bestehenden Soll-Vorstellungen muß dann gegebenenfalls entsprechende
Steuerungsmaßnahmen auslösen.

Die deutlich schlechtere Datenverfügbarkeit und der vergleichsweise
hohe Anteil nicht prognostizierbarer politischer Entwicklungen führt
insbesondere bei den ohnehin kritischen Ländern dazu, daß die **Anwendung mathematisch-statistischer Verfahren**, wie etwa der Diskriminanzanalyse, **sehr stark eingeschränkt** ist.

4.2 Ansatzpunkte zur Steuerung des Länderrisikos

Für die Steuerung des Länderrisikos stehen mittlerweile eine Vielzahl von Möglichkeiten zur Verfügung. Diese lassen sich ähnlich wie beim allgemeinen Ausfallrisiko in Maßnahmen der **aktiven** und der **passiven Risikosteuerung** unterscheiden.

Als wichtigstes Instrument der **aktiven Risikosteuerung** ist wiederum auf die in der Kreditwirtschaft eingesetzten **Limitsysteme** hinzuweisen **(Risikovermeidung)**, die in diesem Zusammenhang Obligen für einzelne Länder bzw. auch Ländergruppen zum Gegenstand haben. Die Festlegung der Limite hat sich an den aus der Risikoanalyse – etwa auf der Grundlage eines Länder-Ratings – gewonnenen Erkenntnissen zu orientieren und erfolgt zentral für das Gesamtinstitut. Darüber hinaus kann eine **Risikoverminderung** durch die Stellung von zusätzlichen **Sicherheiten**, z. B. über in sicheren Drittstaaten verpfändete Vermögensgegenstände, oder die Bildung von Kreditkonsortien im Sinne der Risikoteilung erreicht werden. Daneben stehen für deutsche Exporteure auch Bürgschaften und Garantien im Rahmen der sogenannten Hermes-Deckung zur Verfügung, die über den Mandatar Hermes-Kreditversicherungs AG abgewickelt werden. Da eine Hermes-Deckung aber nur für die Exporteure selbst und nur für Waren und Dienstleistungen, die überwiegend deutschen Ursprungs sind, gewährt wird, dürfte diese Möglichkeit für Kreditinstitute unmittelbar allenfalls im Rahmen von internationalen Projektfinanzierungen von Bedeutung sein. Darüber hinaus bieten auch einzelne private Versicherungen Schutz gegen Transfer- und politische Risiken an **(Risikoüberwälzung)**.

Maßnahmen der aktiven Risikosteuerung

Als Maßnahme der **passiven Risikosteuerung** ist insbesondere auf die Bildung von **Wertberichtigungen** zu Zwecken der **Risikovorsorge** hinzuweisen. Diese Wertberichtigungen werden in Form von **pauschalierten Einzelwertberichtigungen** für sämtliche Forderungen gegenüber allen Schuldnern in einem bestimmten Land vorgenommen. So dürften die Lateinamerika-Kredite der deutschen Banken mittlerweile zu über 70% wertberichtigt sein. Ihr Anteil am gesamten Länderrisiko der großen Institute wird auf kaum mehr als 30% veranschlagt. Eine Schätzung der Länderrisiken der drei deutschen Großbanken enthält die Abbildung 32.

Maßnahmen der passiven Risikosteuerung

Siehe Seite 106

Anhaltspunkte für die Höhe der zu bildenden Wertberichtigungen zur Abdeckung des Länderrisikos lassen sich aus den Ergebnissen der Länder-Ratings ableiten. Rating-Verschlechterungen **(downgradings)** führen demnach zu entsprechenden Erhöhungen der Wertberichtigungen, Verbesserungen **(upgradings)** können umgekehrt dagegen auch zu anteiligen erfolgswirksamen Auflösungen der bereits gebildeten Wertberichtigungen führen.

Länderrisiken der deutschen Großbanken			
	Kreditobligo (in Mrd. DM)		Wertberichti- gungsquote
	1992	1993	1994*	1994*
Deutsche Bank	4,6	3,8	3,0	88%
Dresdner Bank	4,5	3,9	2,0	70%
Commerzbank	5,9	4,5	3,5	75%
*) Schätzung			

Abbildung 32

(Quelle: Bayerische Vereinsbank, in: Platow-Brief vom 16.01.1995)

Securitization und Sekundärmarkthandel

Sofern für bestimmte Länderforderungen liquide **Sekundärmärkte** bestehen, kann die Höhe der notwendigen Wertberichtigungen auch aus den dort gehandelten **Bonitätsabschlägen** abgeleitet werden. Solche Sekundärmärkte sind vor allem mit dem Fortschreiten der Verschuldungskrise der Entwicklungsländer in den achtziger Jahren entstanden. Eine wesentliche Voraussetzung hierfür war die Übertragung der aus anderen Geschäftsbereichen bereits bekannten **Verbriefungstechniken,** die im Zuge der zunehmenden **Securitization** (Unterlegung von Kreditforderungen mit handelbaren Wertpapieren) entwickelt wurden, auf den Bereich der Länderforderungen. Mit der Umwandlung bzw. Substitution von Buchkrediten in wertpapiermäßige Kapitalüberlassungsformen wurde die Handelbarkeit erleichtert und damit erst die Bildung ausgeprägter Sekundärmärkte ermöglicht. Auf diesen Märkten werden Länderforderungen mit zum Teil erheblichen Abschlägen auf den Nominalwert gehandelt. In der Abbildung 33 sind die Kaufs- und Verkaufskurse für Forderungen einzelner Problemländer im Zeitraum 1985 bis 1987 beispielhaft aufgeführt.

Siehe Seite 107

Über Wertberichtigungen hinaus kann als weitere Maßnahme der **passiven Risikosteuerung** auch die Kalkulation von **(Zusatz-) Risikoprämien**, analog zur Darstellung bei den allgemeinen Ausfallrisiken, angeführt werden. Dies gilt in der Regel jedoch nur für solche Länder, die über halbwegs „normale" finanzielle Verhältnisse verfügen und dementsprechend noch einen Zugang zu den internationalen Kapitalmärkten haben. Sofern ausgeprägte Sekundärmärkte für Titel dieser Länder bestehen, läßt sich die Höhe der vom Markt geforderten Risikoprämie aus einem Vergleich der dort gehandelten Renditen mit denen risikoloser Titel (z. B. Bundesanleihen) ableiten.

Sekundärmarktkurse ausgewählter Problemländer		
Kauf- und Verkaufskurse in %		
Juli 1985	Juli 1986	Mai 1987
Argentinien 60 – 65	63 – 67	58 – 60
Brasilien 75 – 81	73 – 76	61 – 63
Chile 65 – 69	64 – 67	67 – 70
Ecuador 65 – 70	63 – 66	50 – 54
Mexiko 80 – 82	56 – 59	57 – 60
Nigeria n. verf.	n. verf.	37 – 40
Peru 45 – 50	18 – 23	14 – 16
Philippinen n. verf.	n. verf.	68 – 72
Polen 55 – 60	42 – 45	45 – 47
Venezuela 81 – 83	75 – 78	72 – 74

Abbildung 33

(Quelle: Berger, 1988)

Bis zur Bildung der Sekundärmärkte konnten sich die Kreditinstitute von ihren Länderforderungen im Regelfall nicht vorzeitig trennen. Die Risikosteuerung bei bereits eingegangenen Länderengagements mußte sich daher weitestgehend auf die Bildung von entsprechenden Wertberichtigungen beschränken. Mit der Etablierung von Sekundärmärkten können die Kreditinstitute dagegen Teile ihrer Länderforderungen veräußern und so eine gezielte **Steuerung der Portefeuille-Struktur** vornehmen.

Eine Weiterplazierung von problembehafteten Länderkrediten schützt zwar nicht vor den hinzunehmenden Bonitätsabschlägen für bereits eingetretene Länderrisiken, sehr wohl können aber **zusätzliche Wertberichtigungen** oder **Totalabschreibungen** aufgrund **künftiger Bonitätsverschlechterungen** vermieden werden. Darüber hinaus können auch weitere Gründe, wie z. B. Unterschiede

Motive für den Handel mit Länderforderungen

- in der Einschätzung des Länderrisikos

- in den Portefeuille-Strukturen (Diversifikation)

- in den Bewertungs- und Publizitätsvorschriften

- in den Einflußmöglichkeiten auf einzelne Schuldner

für einen Handel von Länderforderungen unter Kreditinstituten angeführt werden. Desweiteren können solche Problemforderungen von Investoren auch unter spekulativen Gesichtspunkten erworben werden.

Über die Verbriefung und den damit möglichen Handel von Problem-schulden erhalten die Kreditinstitute eine deutlich höhere Flexibilität, die auch in **Umschuldungsverhandlungen** sinnvoll genutzt werden kann.

Ziel solcher **Umschuldungsverhandlungen** bzw. **Schuldenrestruk-turierungen** (Laufzeitverlängerungen, Zins- und Tilgungsverzichte etc.) ist die Wiederherstellung „normaler" finanzieller Verhältnisse, die den Schuldnerländern langfristig wieder den Zugang zu den internationa-len Kapitalmärkten ermöglicht. An den Verhandlungen sind neben Ver-tretern der Problemländer und der privaten Geschäftsbanken, die sich im **„Londoner Club"** zusammengeschlossen haben, auch internatio-nale Organisationen wie der **IWF**, die **Weltbank** oder multinationale Entwicklungsbanken beteiligt. Die Interessen der öffentlichen Gläubi-ger werden durch den **„Pariser Club"**, einem Gremium der Zusam-menarbeit auf Regierungsebene, vertreten.

Nachdem insbesondere für die lateinamerikanischen Entwicklungs-länder bereits zahlreiche Umschuldungsprogramme vereinbart wur-den, konnte am 28. Juli 1994 auch ein Abkommen mit Bulgarien – als erstem osteuropäischen Reformstaat – geschlossen werden. Neben einem partiellen Kapital- und Zinsverzicht umfaßte die Vereinbarung auch einen Tausch von Altkrediten in Wertpapiere im Nominalwert von 5,1 Mrd. US-$ (Deutsche Bank, 1995). Eine aktuelle Übersicht zum Stand ausgewählter Umschuldungsprogramme findet sich bei Storck, 1995, S. 24–28.

Für die Schuldenrestrukturierung stehen eine Vielzahl von Instrumen-ten zur Verfügung, die bei umfangreichen **Umschuldungsprogram-men** regelmäßig in einem **Menüansatz** (Berger, 1988) kombiniert wer-den. Neben **Kofinanzierungen**, die zusammen mit multinationalen Entwicklungsbanken (Inter-amerikanische Entwicklungsbank, Europä-ische Bank für Wiederaufbau und Entwicklung etc.) durchgeführt wer-den, gehören auch **Projektfinanzierungen,** etwa unter der Feder-führung der IFC (Internationale Finanz-Corporation, einer Gesellschaft der Weltbankgruppe), sowie das sogenannte **Onlending** (Neukredite an den Staat, mit der Verpflichtung der Weiterleitung an private Unternehmen) und **Relending** (Verpflichtung, zurückgezahlte Mittel wieder an private Unternehmen im Entwicklungsland auszuleihen) mit zu diesen Instrumenten. Darüber hinaus haben sogenannte **Debt/ Equity-Swaps** als Finanzinnovation insbesondere im Rahmen der Schuldenrestrukturierungen der lateinamerikanischen Entwicklungs-länder eine gewisse Bedeutung erlangt. Letztlich handelt es sich bei allen hier genannten Instrumenten um Maßnahmen, die der aktiven Risikosteuerung des Länderrisikos zuzurechnen sind.

Da eine ausführliche Darstellung dieser Instrumente aus Platzgründen nicht erfolgen kann, werden im folgenden die **Debt/Equity-Swaps** aufgrund ihrer interessanten Konstruktion und Wirkungsweise exemplarisch herausgegriffen und näher erläutert. Die positiven Effekte von Debt/Equity-Swaps werden von zahlreichen Autoren hervorgehoben.

Der Grundgedanke dieser neuen Finanzierungsform besteht in der **Umwandlung von Schulden in Beteiligungskapital.** Die Finanzierung mit Eigenkapital ist immer dann geboten, wenn mit einer Investition hohe Risiken verbunden sind. Dies trifft insbesondere für Investitionsprojekte in der Dritten Welt zu. Für Debt/Equity-Swaps kommen vor allem solche Kredite in Frage, die in absehbarer Zeit weder eine Tilgung noch eine Zinszahlung erwarten lassen. Es handelt sich in der Regel um Verbindlichkeiten des Entwicklungslandes bzw. von staatlichen Unternehmen, wobei aber auch Verbindlichkeiten privater Unternehmen für Debt/Equity-Swaps genutzt werden können.

Beispiel Debt/Equity-Swap

Der grundsätzliche Ablauf eines Debt/Equity-Swaps ist in der Abbildung 34 in Anlehnung an die Transaktion der Nissan Motor Corp. und der mexikanischen Regierung dargestellt, die im Rahmen eines seit 1986 laufenden Debt/Equity-Swap-Programms durchgeführt wurde.

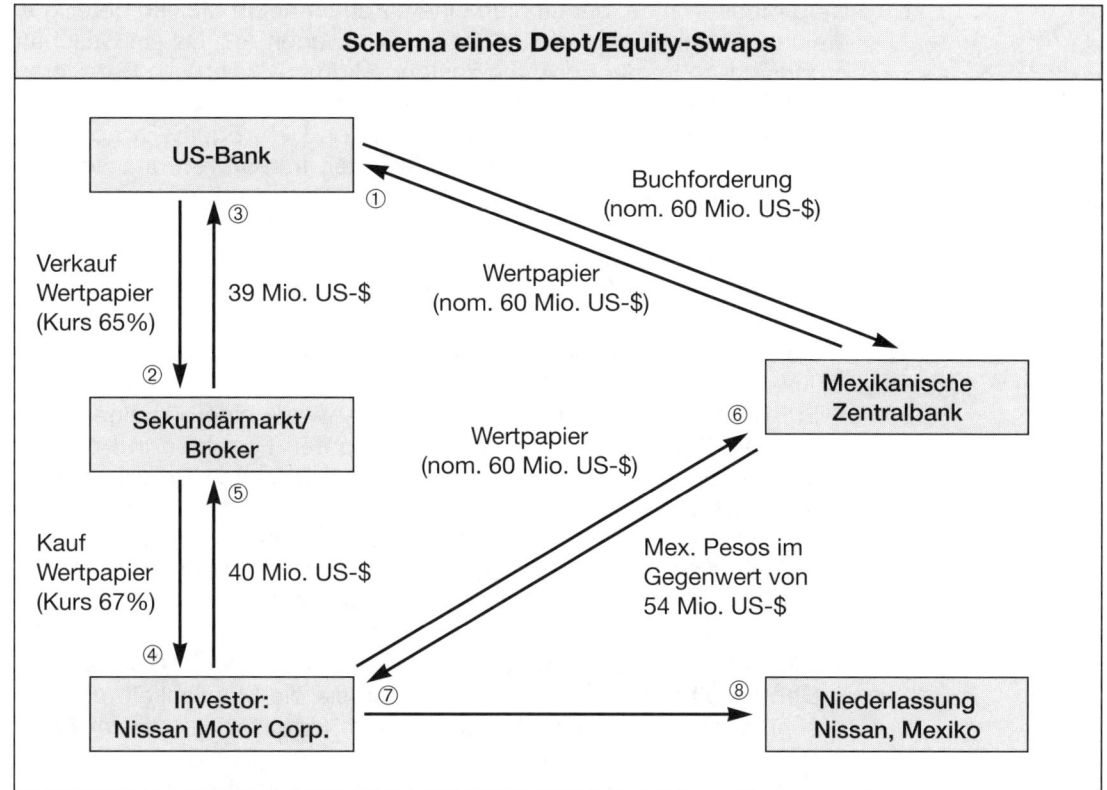

(Quelle: Dombret/Vossenberg, 1987; Maier, 1987; Moser, 1993)   *Abbildung 34*

Vgl. Abbildung 34 auf
Seite 109

Über die **Verbriefung** und wertpapiermäßige Unterlegung **(Securitization)** der Buchforderung eines amerikanischen Kreditinstituts ① kann deren Handelbarkeit auf dem Sekundärmarkt erreicht werden. Die Forderung mit einem Nominalwert von 60 Mio. US-$ kann zum aktuellen Kurs von 65% **(Bonitätsabschlag 35%)** über einen Broker am Sekundärmarkt veräußert werden ②, und die Bank erhält im Gegenzug den Verkaufserlös in Höhe von 39 Mio. US-$ ③. Die Nissan Motor Corp. tritt in diesem Markt als Käufer auf und erwirbt die Forderung zum Kurs von 67% ④ bzw. 40 Mio. US-$ ⑤. Anschließend dient sie diese Forderung der mexikanischen Zentralbank gegen Zahlung des Gegenwertes in mexikanischen Pesos im Rahmen des bestehenden **Debt/Equity-Swap-Programms** zum Ankauf an ⑥. Innerhalb des Programms wird z.B. der Ankaufskurs durch die Notenbank (90%) und die Verpflichtung des Investors, die Gelder unmittelbar in Form von Eigenkapital in Mexiko wieder zu investieren, festgelegt. Die Nissan Motor Corp. erhält schließlich von der mexikanischen Zentralbank Pesos im Gegenwert von 54 Mio. US-$ ⑦, die sie für eine Erweiterung ihrer mittelamerikanischen Niederlassung einsetzt ⑧.

Vorteile aus Sicht
der Beteiligten

Solche oder ähnliche Transaktionen wurden mittlerweile von zahlreichen Investoren durchgeführt. Dazu gehörten beispielsweise auch der Club Mediterranée, der sich an einem Ferienpark in Mexiko beteiligte, die Japan Airlines und die deutsche Volkswagen AG. Da ein Geschäft grundsätzlich immer nur dann zustande kommt, wenn alle Beteiligten durch dieses Geschäft ihre jeweilige Situation verbessern können, stellt sich die Frage nach den Vorteilen von Debt/Equity-Swaps. Folgende Vorteile für die beteiligten **Gläubiger, Investoren** und **Schuldner** können angeführt werden:

• Aus Sicht der **Gläubiger** ergeben sich die schon weiter oben genannten Motive für einen Forderungsverkauf. Neben der Vermeidung weiterer Abschreibungserfordernisse können insbesondere Portefeuille-Struktur-Entscheidungen für eine Veräußerung sprechen.

• Für die **Investoren** bieten Debt/Equity-Swaps eine günstige Form, sich als Eigenkapitalgeber an interessanten Projekten in Entwicklungsländern zu beteiligen. Im oben dargestellten Beispiel erhielt die Nissan Motor Corp. aus dem Forderungsverkauf mexikanische Pesos im Gegenwert von 54 Mio. US-$, mit denen sie ihre Niederlassung erweitern konnte. Da sie aber für die Forderung nur 40 Mio. US-$ bezahlt hatte, betrug die Ersparnis für Nissan 14 Mio. US-$.

• Die **Entwicklungsländer** profitieren über zwei Effekte von Debt/Equity-Swaps. Zum einen bieten sie die Möglichkeit, die Verschuldung abzubauen, ohne jedoch auf harte Devisen, die im Zweifel nicht zur Verfügung stehen, zurückgreifen zu müssen. Die Verschuldung kann also aus eigener Kraft zurückgeführt werden. Zum anderen bietet sich für das Entwicklungsland die Chance, ausländisches Kapital und Know-how langfristig an sich zu binden. Über die Beteiligung und den Know-how-Transfer ergeben sich positive wirtschaftliche Effekte, die zu einer Verbesserung der Beschäftigungssituation und Erhöhung des Wirtschaftswachstums beitragen und somit mittelfristig auch zu einer Anhebung des Lebensstandards führen können.

Obwohl das Volumen der bisher durchgeführten Debt/Equity-Swap-Programme beachtlich ist, ist der direkte Beitrag zur Entlastung der gesamten Schuldensituation der Entwicklungsländer eher begrenzt. Aufgrund ihrer positiven indirekten Effekte (Direktinvestitionen, Know-how-Transfer etc.), die in der Regel erst längerfristig ihre volle Wirkung entfalten, sind Debt/Equity-Swaps aber zu einem etablierten Instrument bei der Schuldenrestrukturierung geworden. Nachdem Debt/Equity-Swap-Programme bisher in erster Linie bei Schuldenrestrukturierungen in den klassischen Entwicklungsländern zum Einsatz kamen, bleibt abzuwarten, ob sie künftig auch eine entsprechende Bedeutung in den Umschuldungsprogrammen der osteuropäischen Reformstaaten erlangen.

Arbeitsaufgaben

1. Erläutern Sie die verschiedenen Einflußfaktoren des Länderrisikos, und zeigen Sie Parallelen zu den Einflußfaktoren des Ausfallrisikos bei Unternehmen auf.

2. Welche Arten des Länderrisikos können grundsätzlich unterschieden werden?

3. Bei der Beurteilung der Kreditwürdigkeit eines Landes wird häufig auf die Höhe der Schuldendienstquote (Debt-Service-Ratio) abgestellt. Erläutern Sie die Kennziffer, und nehmen Sie kritisch zu ihrem Aussagegehalt Stellung.

4. Erläutern Sie die verschiedenen Instrumente zur Steuerung des Länderrisikos. Nehmen Sie dabei auch eine Einordnung in Instrumente der aktiven und solche der passiven Risikosteuerung vor.

5. Im Rahmen der Bewältigung der Schuldenkrisen zahlreicher Entwicklungsländer wird immer wieder auf die positiven Effekte von Debt/Equity-Swaps hingewiesen.

   a) Erläutern Sie den Grundgedanken der Debt/Equity-Swaps, und nehmen Sie zu der oben genannten Vermutung Stellung.

   b) Welche Vorteile bieten Debt/Equity-Swaps für die Beteiligten?

5 Zinsänderungsrisiko

Neben dem Ausfallrisiko dürfte das Zinsänderungsrisiko wohl regelmäßig die größte Bedeutung für die Risikosituation von Kreditinstituten haben. Insbesondere zu Beginn von Zinssteigerungsphasen wurden immer wieder Kreditinstitute von stark rückläufigen Zinsspannen getroffen. Bei vergleichsweise stabilen Bedarfsspannen (Personal- und Sachkosten) führt der Einbruch der Zinsergebnisse zu entsprechend starken Gewinnrückgängen, die in Einzelfällen sogar bis zum Dividendenausfall führen können.

Im Gegensatz zu den bisher behandelten Risikoarten ist das Zinsänderungsrisiko den sogenannten Preisrisiken zuzuordnen. Die relevanten Preise sind in diesem Zusammenhang die Zinssätze bzw. Renditen an den Geld- und Kapitalmärkten. Ursachenbezogen resultieren Zinsänderungsrisiken aus der Unsicherheit zukünftiger Zinsentwicklungen an diesen Märkten und schlagen sich wirkungsbezogen in Veränderungen einer Erfolgsgröße, z. B. der Zinsspanne oder des Zinsüberschusses, nieder.

> **Allgemein versteht man unter dem Zinsänderungsrisiko daher einen aus Marktzinsänderungen resultierenden Rückgang der Zinsspanne oder des Zinsüberschusses bzw. eine marktzinsinduzierte negative Abweichung der realisierten von der erwarteten Erfolgsgröße.**

Definition
Zinsänderungsrisiko

Darüber hinaus sind auch die Kurswertrisiken festverzinslicher Wertpapiere dem Zinsänderungsrisiko zuzurechnen.

Die Marktzinsänderungen umfassen sowohl Veränderungen des **Zinsniveaus** (durchschnittliche Höhe der Zinsen) als auch Veränderungen der **Zinsstruktur** (Zinsdifferenzen zwischen unterschiedlichen Laufzeiten). Von einer **normalen Zinsstruktur** spricht man, wenn die Zinsen für kurzfristige Mittel, etwa für 3-Monatsgeld, unter den Sätzen für langfristige Mittel, z. B. 10-Jahres-Anlagen in festverzinslichen Wertpapieren, liegen. Sind die kurzfristigen Sätze jedoch höher als die jeweiligen langfristigen Sätze, spricht man dagegen von einer **inversen Zinsstruktur**. Die Abbildung 35 verdeutlicht den Zusammenhang.

Siehe Seite 114

Ausgehend von einer Hochzinsphase zu Anfang der neunziger Jahre bestand im Dezember 1992 noch eine inverse Zinsstruktur. Die Zinsdifferenz zwischen 10-Jahres-Anlagen und 3-Monatsgeld betrug −1,88%-Punkte. Ein deutlicher Zinsrückgang am kurzen Ende und ein gleichzeitiger Zinsanstieg am langen Ende führten in einem Zeitraum von zwei Jahren zu einer Normalisierung der Zinsstruktur mit einer Zinsdifferenz

Beispiel

zwischen kurzem und langem Ende von +2,48%-Punkten. Die gegenläufige Entwicklung der Zinssätze am kurzen und am langen Ende wird
als **Drehung der Zinsstruktur** bezeichnet. Neben der dargestellten
Drehung treten insbesondere mehr oder weniger ausgeprägte Parallelverschiebungen der Zinsstruktur auf. Dabei ist der Schwankungsbereich der kurzfristigen Sätze (z. B. von 3% bis 14%) in der Regel größer
als der der langfristigen Sätze (z. B. von 6% bis 11%).

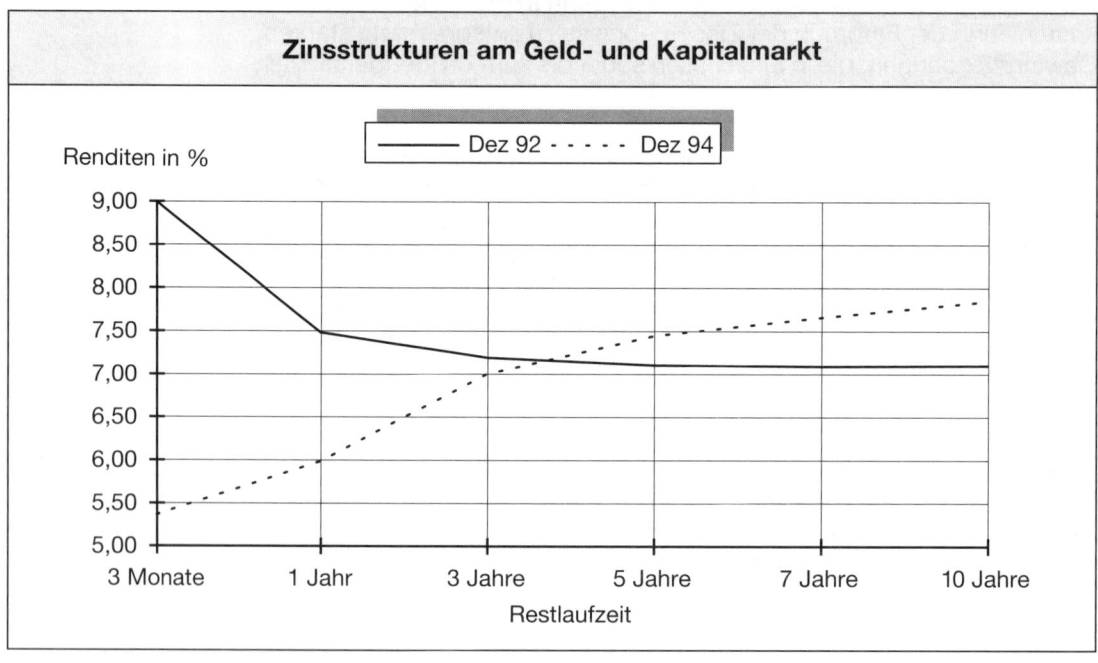

Abbildung 35   *(Quelle: Deutsche Bundesbank, Monatsberichte und Statistische Beihefte, Reihe 2*
Kapitalmarktstatistik; versch. Jg.; eigene Berechnungen)

Vgl. Abbildungen 36
und 37

Entwicklung der Zins-
spannen ausgewählter
Bankengruppen

Betrachtet man die langfristige Entwicklung der Zinsspannen der **Großbanken, Sparkassen** und **Genossenschaftsbanken** auf Basis der
Bundesbankstatistik, so stellt man im Zeitablauf stark schwankende
Zinsspannen fest. Im Zeitraum von 1970 bis 1993 betrug die durchschnittliche Zinsspanne der Sparkassen 3,09%, die der Genossenschaftsbanken 3,3%. Die Zinsspanne der Großbanken war mit durchschnittlich 2,56% deutlich niedriger. Die Relevanz des Zinsänderungsrisikos kommt vor allem in den starken Schwankungen der Zinsspannen zum Ausdruck. Während die Zinsspannen der Sparkassen und der
Genossenschaftsbanken in diesem Zeitraum eine Standardabweichung
von 0,25%-Punkten aufwiesen, betrug sie bei den Großbanken knapp
0,33%-Punkte. Offensichtlich war das Zinsänderungsrisiko bei den
Großbanken ausgeprägter als bei den beiden anderen Bankengruppen.

Zinsspannen ausgewählter Bankengruppen im Zeitraum 1970 bis 1993			
	Mittelwert	*Standard-abweichung*	*Variations-koeffizient**
Großbanken	2,56%	0,33%-Punkte	12,89%
Genossenschafts-banken	3,30%	0,25%-Punkte	7,58%
Sparkassen	3,09%	0,25%-Punkte	8.09%

$$* \text{ Variationskoeffizient} = \frac{\text{Standardabweichung}}{\text{Mittelwert}} \cdot 100$$

Abbildung 36

(Quelle: Deutsche Bundesbank, Monatsberichte und Statistische Beihefte, Reihe 2 Kapital-marktstatistik; versch. Jg.; eigene Berechnungen)

Eine Betrachtung des Variationskoeffizienten als relatives Streuungsmaß verstärkt diesen Eindruck noch. So beträgt die Standardabweichung bei den Großbanken knapp 13% der durchschnittlichen Zinsspanne, bei den Sparkassen und Genossenschaftsbanken dagegen nur etwa 8%.

Stellt man den langfristigen Entwicklungen der Zinsspannen die Zinsentwicklungen an den Geld- und Kapitalmärkten gegenüber (Abbildung 37 unten), so lassen sich erste Vermutungen über bestehende Wirkungszusammenhänge formulieren. In der Abbildung 37 werden die Phasen steigender Geldmarktzinsen (Diskontsätze) durch die eingezeichneten Umrandungen hervorgehoben.

Zusammenhang zur allgemeinen Zinsentwicklung

Siehe Seite 116

Mit den **Hochzinsphasen** zu Mitte der siebziger, Anfang der achtziger und Anfang der neunziger Jahre sind die Zinsspannen aller Bankengruppen zum Teil deutlich angestiegen. In den länger andauernden **Niedrigzinsphasen** (Mitte bis Ende der siebziger Jahre und über weite Strecken der achtziger Jahre) kam es dagegen überwiegend zu Rückgängen der Zinsspannen. Im großen und ganzen scheint es, als ob die Zinsspannen der Kreditinstitute den Zinsentwicklungen mit einem Time-lag von etwa ein bis zwei Jahren folgen. Die niedrigsten Zinsspannen sind jeweils ein bis zwei Jahre nach dem Ende der Niedrigzinsphase, die höchsten etwa ein bis zwei Jahre nach dem Ende der Hochzinsphase zu beobachten. Insofern kann der in Börsenkreisen oft zu hörenden Aussage, daß Banken generell von sinkenden Zinsen profitieren und bei steigenden Zinsen verlieren, offensichtlich nicht ohne weiteres zugestimmt werden. Unter Berücksichtigung des Time-lags scheint für weite Teile der deutschen Kreditwirtschaft eher das Gegenteil der Fall zu sein.

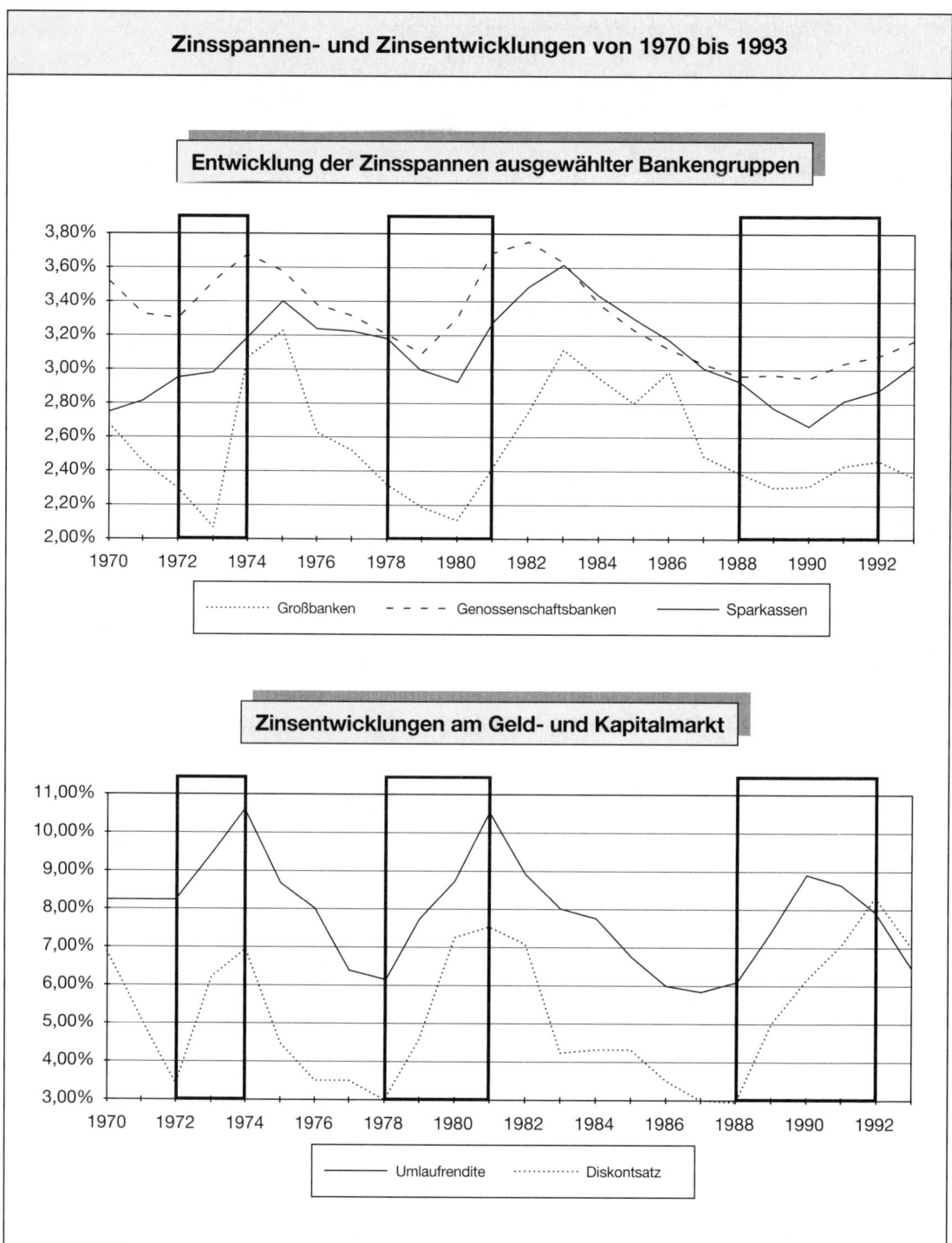

Abbildung 37   (Quelle: Deutsche Bundesbank, Monatsberichte und Statistische Beihefte, Reihe 2 Kapital-
marktstatistik; versch. Jg.; eigene Berechnungen)

5.1 Analyse des Zinsänderungsrisikos

Obwohl die in der Abbildung 37 dargestellten Zinsspannenentwicklungen der verschiedenen Institutsgruppen gewisse Gemeinsamkeiten aufweisen, unterscheiden sie sich im Detail doch erheblich. Dies ist darauf zurückzuführen, daß sich in der Zinsspanne eine Vielzahl von Einflußfaktoren niederschlagen, die in den einzelnen Instituten bzw. Institutsgruppen sehr unterschiedliche Bedeutung haben können.

Zahlreiche Einfluß-faktoren bestimmen die Zinsspanne

5.1.1 Einflußfaktoren und Formen des Zinsänderungs-risikos

Die wesentlichen **Wirkungszusammenhänge,** die dem Zinsänderungs-risiko zugrunde liegen, lassen sich mit Hilfe einer Bilanzbetrachtung verdeutlichen, wobei die Zusammenhänge in gleicher Weise auch für das außerbilanzielle Geschäft Gültigkeit besitzen.

Vgl. Abbildung 38

Wirkungszusammenhänge des Zinsänderungsrisikos	
Bilanz	
Aktiva	**Passiva**
Variables Geschäft (voll zinsreagibel)	
ZÄR bei Z ↓	
Variables Geschäft (teilweise zinsreagibel)	
Offene Festzinsposition	ZÄR bei Z ↑
Festzinsgeschäft (nicht zinsreagibel)	

Abbildung 38

Das gesamte Zinsgeschäft eines Kreditinstituts kann in drei Schichten unterteilt werden, die sich hinsichtlich ihrer Anpassungsfähigkeit an auftretende Marktzinsänderungen unterscheiden.

Das **Festzinsgeschäft** umfaßt sämtliche Positionen, die für einen bestimmten Zeitraum einen fest vereinbarten und in seiner Höhe konstanten Zinssatz aufweisen. Im variablen Geschäft werden zwar ebenfalls **Zinsbindungen** vereinbart, diese beinhalten aber entweder eine Koppelung an einen Marktzins (z. B. Libor oder Fibor), so daß sich die Höhe des Zinses während der Dauer der Kapitalüberlassung entsprechend der Marktzinsentwicklung verändert, oder aber es handelt sich um sehr kurzfristige Zinsbindungen. Im letzteren Fall ist die Unterscheidung zwischen Festzins- und variablem Geschäft offensichtlich nur davon abhängig, welche **zeitliche Bindung** als Abgrenzungskriterium zugrunde gelegt wird. Entsprechend der Festlegung des Bundesaufsichtsamtes für die Zwecke der **Zinsbindungsbilanz** wird üblicherweise auf einen Zeitraum von 180 Tagen abgestellt. Demnach sind alle Geschäfte, bei denen der Zeitraum für einen fest vereinbarten Zinssatz mehr als 180 Tage beträgt, dem Festzinsgeschäft zuzuordnen, alle Geschäfte mit kürzerer Zinsbindung stellen dagegen variables Geschäft dar. Innerhalb des variablen Geschäfts können die **voll zinsreagiblen** Geschäfte, bei denen sich der Zinssatz der Marktzinsentwicklung sowohl in **zeitlicher Hinsicht** als auch vom Umfang der Änderung her vollständig anpaßt, und die **teilweise zinsreagiblen** Geschäfte, bei denen sich die Marktzinsentwicklung nur teilweise in Veränderungen der jeweiligen Produktzinsen niederschlägt, unterschieden werden.

Abgrenzung Festzins- und variables Zinsgeschäft

Zinsänderungsrisiken entstehen immer dann, wenn zwischen den Aktiv- und Passivpositionen keine **Fristenkongruenz** bzw. genauer, keine **Zinsbindungskongruenz** besteht. Auftretende Inkongruenzen führen zu entsprechenden betraglich oder zeitlich **offenen Positionen**.

Klassisches Festzinsrisiko

Der klassische Fall des Zinsänderungsrisikos ist das sogenannte **Festzinsrisiko**. Aus dem unteren Teil der in der Abbildung 38 dargestellten Bilanz ist das Festzinsgeschäft ersichtlich. Der auf der Aktivseite herausgelegte Block mit fester Zinsbindung ist nur zum Teil durch Passivmittel mit entsprechender Zinsbindung refinanziert. In Höhe der dunkelgrauen Fläche wurden Festzinsgeschäfte herausgelegt, die mit variablen Mitteln refinanziert wurden. Dieser Teil des aktiven Festzinsgeschäfts wird, weil ihm keine entsprechenden Festzinspassiva gegenüberstehen, als **offene Festzinsposition** bezeichnet. Kommt es zu Zinssteigerungen am Markt, so führen diese zu Steigerungen des Zinsaufwands aus den variablen Refinanzierungsmitteln. Da die Zinserträge der Festzinsaktiva aufgrund der vereinbarten Zinsbindung nicht erhöht werden können, verringert sich somit die Zinsspanne bzw. der Zinsüberschuß aus diesen Positionen.

Siehe Seite 117

Festzinsrisiken entstehen immer dann, wenn die Festzinsblöcke auf der Aktiv- und Passivseite nicht übereinstimmen und entsprechende **offene Positionen** vorliegen. Ist der Festzinsblock auf der Aktivseite größer als auf der Passivseite, wird die Differenz als offene **aktivische** Festzinsposition bezeichnet. Im umgekehrten Fall liegt eine offene **passivische** Festzinsposition vor. Aus der in der Abbildung 38 dargestellten offenen aktivischen Festzinsposition ergibt sich ein Zinsänderungsrisiko bei steigenden Zinsen. Da die Zinssteigerungen die Passivseite betreffen, wird dieser Fall gleichzeitig auch als **passivisches Zinsänderungsrisiko** bezeichnet. Dem Zinsänderungsrisiko bei steigenden Zinsen steht aber umgekehrt offensichtlich auch eine Zinsänderungschance gleichen Umfangs bei sinkenden Zinsen gegenüber.

Über den dargestellten Fall des klassischen Festzinsrisikos hinaus beinhaltet das Festzinsgeschäft aber auch noch eine weitere Risikokomponente. Sie resultiert aus unterschiedlichen Zinssituationen zu Beginn und zum Ende der Laufzeit von Festzinsgeschäften und kann als **Fristenablaufrisiko** bezeichnet werden. Wurde beispielsweise eine Wertpapieranlage vor zehn Jahren zu einem Zinssatz von 11% getätigt und ergibt sich zum Zeitpunkt der Fälligkeit ein niedrigeres Zinsniveau (z. B. 8%), so hat dies unter der Annahme der Wiederanlage einen negativen Effekt auf die Zinsspanne bzw. den Zinsüberschuß. Werden gleichzeitig z. B. fünfjährige Refinanzierungsmittel fällig, die in einer Niedrigzinsphase zu 5% aufgenommen wurden und jetzt nur zu höheren Konditionen wiederbeschafft werden können (z. B. 6%), so verringert sich die Zinsspanne ein weiteres Mal. Insbesondere bei großen Festzinsblöcken auf Aktiv- und Passivseite mit unterschiedlichen zeitlichen Strukturen kann das Fristenablaufrisiko erhebliche Auswirkungen auf den Zinsüberschuß und die Zinsspanne haben.

Fristenablaufrisiko

Im oberen Teil der in der Abbildung 38 dargestellten Bilanz wird deutlich, daß auch im **variablen Geschäft** Inkongruenzen bestehen können. Dort wird ein Teil der voll zinsreagiblen Aktiva mit teilweise zinsreagiblen Mitteln refinanziert. Marktzinsänderungen schlagen sich aufgrund der differierenden Zinsreagibilitäten entsprechend unterschiedlich im Zinsaufwand und -ertrag nieder. Während auf der Aktivseite Marktzinsänderungen in vollem Umfang an die Kunden weitergegeben werden können, ist dies bei den teilweise zinsreagiblen Mitteln nur eingeschränkt möglich. Kommt es zu Marktzinssteigerungen, so erhöhen sich die Zinserträge stärker als die Zinsaufwendungen, was eine Ausweitung der Zinsspanne bzw. Erhöhung des Zinsüberschusses zur Folge hat. Der Zinsänderungschance bei steigenden Zinsen steht umgekehrt ein Zinsänderungsrisiko bei sinkenden Zinsen gegenüber. Da sich die Zinsänderungen stärker auf der Aktiv- als auf der Passivseite niederschlagen, spricht man in diesem Fall von einem **aktivischen Zinsänderungsrisiko**.

Variable Zinsänderungsrisiken

Die Zinsreagibilitäten werden regelmäßig in Form sogenannter **Zins(anpassungs)elastizitäten** dargestellt und quantifiziert. Sie geben an, um wieviel Prozent bzw. Prozentpunkte sich ein Produktzins (z. B. der Kontokorrentzins) verändert, wenn sich die Marktzinsen um einen Prozentpunkt ändern. Während die **voll zinsreagiblen Geschäfte eine Zinselastizität von 1** aufweisen, beträgt sie bei den **Festzinsgeschäften 0**. Die teilweise reagiblen Geschäfte weisen in der Regel Zinselastizitäten zwischen 0 und 1 auf. Voll variable Geschäfte und Festzinsgeschäfte sind in der Elastizitätenbetrachtung daher nicht etwas grundsätzlich anderes, sondern sie stellen lediglich die beiden Extremfälle der normalen Elastizitätsbandbreite dar.

Zinselastizitäten als Maß für die Zinsreagibilität

Weist ein Kreditinstitut auf der Aktivseite eine insgesamt höhere Zinselastizität als auf der Passivseite auf, so bedeutet dies, daß sich bei sinkenden (steigenden) Zinsen die Zinserträge stärker verringern (erhöhen) als die dagegenstehenden Zinsaufwendungen. Als Folge hiervon sinkt (steigt) die Zinsspanne, bzw. es kommt zu einer Verringerung (Erhöhung) des Zinsüberschusses. Ist die Zinselastizität dagegen auf der Passivseite größer als auf der Aktivseite, so besteht umgekehrt ein (passivisches) Zinsänderungsrisiko bei steigenden Zinsen.

Aus den dargestellten Zusammenhängen lassen sich vier verschiedene Kombinationsmöglichkeiten ableiten, die in der Abbildung 39 systematisiert werden.

Systematisierung von Zinsänderungsrisiken		
Zinsänderungs-risiko betrifft:	Festzinspositionen	variabel verzins-liche Positionen
Aktivseite	aktivische Festzinsrisiken*	aktivische variable Zinsänderungsrisiken
Passivseite	passivische Festzinsrisiken	passivische variable Zinsänderungsrisiken
* inklusive Kurswertrisiken festverzinslicher Wertpapiere		

Abbildung 39

Die bereits beschriebenen Fristenablaufrisiken sind in der Abbildung 39 den Festzinsrisiken zuzuordnen. Darüber hinaus kann das **Kurswertrisiko festverzinslicher Wertpapiere** als ein Sonderfall des Festzinsrisikos bezeichnet werden. Kommt es zu Marktzinssteigerungen, so führen diese zu Kursverlusten bei den im Eigenbestand befindlichen festverzinslichen Wertpapieren und gegebenenfalls zu Abschreibungen. Da hiervon die Aktivseite betroffen ist, kann das Kurswertrisiko festverzinslicher Wertpapiere den aktivischen Festzinsrisiken zugeordnet werden.

Einflußfaktoren des Zinsänderungsrisikos

In den bisherigen Ausführungen wurden bereits die wesentlichen Einflußfaktoren des Zinsänderungsrisikos kurz dargestellt. Insgesamt lassen sie sich zu zwei Oberbegriffen zusammenfassen, die gemeinsam das Zinsänderungsrisiko determinieren. Zum einen ist das Zinsänderungsrisiko vom **Zins-Exposure**, zum anderen von den **Marktzinsvolatilitäten** abhängig. Die **Marktzinsvolatilitäten** stellen die **externe**, das **Zins-Exposure** die **interne**, institutsspezifische Komponente des Zinsänderungsrisikos dar.

Ein Zinsänderungsrisiko kann nur vorliegen, wenn bezüglich der zukünftigen Zinsentwicklungen Unsicherheit besteht. Diese resultiert sowohl aus **Zinsniveauveränderungen** (Parallelverschiebungen) als auch aus **Drehungen der Zinsstruktur**. Je ausgeprägter diese Marktzinsvolatilitäten sind, um so höher ist unter sonst gleichen Bedingungen auch das Zinsänderungsrisiko.

Bei gegebenen Marktzinsvolatilitäten ist die Höhe des Zinsänderungsrisikos vom **Zins-Exposure** des jeweiligen Kreditinstitutes abhängig. Das **Zins-Exposure** ergibt sich aus **Art und Umfang der offenen (zinsbindungsinkongruenten) Positionen**, den **Fristenabläufen**
im Festzinsgeschäft und den **Zinsanpassungselastizitäten** der variablen Positionen. Neben den bilanziellen Zinsgeschäften beeinflussen
gerade auch die außerbilanziellen, derivativen Geschäfte die Höhe des
Zins-Exposures. Je höher das Zins-Exposure ist, um so höher ist auch
das institutsspezifische Zinsänderungsrisiko.

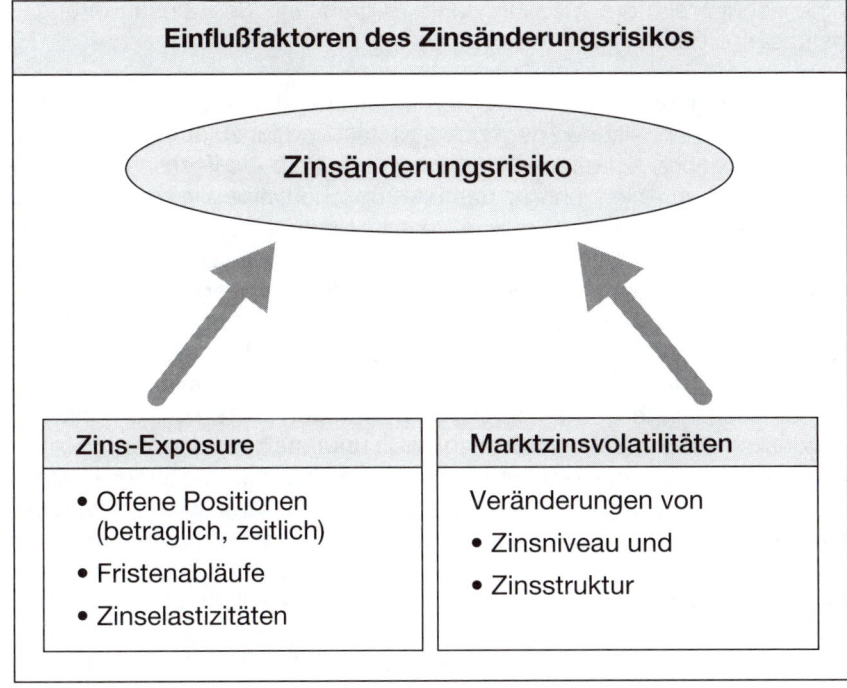

Abbildung 40

Zur Analyse der verschiedenen Risikowirkungen der Festzins- und variablen Zinsänderungsrisiken wurden vor allem in den achtziger Jahren
insbesondere die Instrumente der **Zinsbindungsbilanz**, das **Zinsela-
stizitätskonzept** und die **Durations-Analyse** entwickelt bzw. weiter
verfeinert.

5.1.2 Zinsbindungsbilanzen

Zinsbindungsbilanzen wurden in den siebziger Jahren und insbeson-
dere mit dem Zinsanstieg zu Anfang der achtziger Jahre zunehmend zur
Analyse des Zinsänderungsrisikos in Kreditinstituten eingesetzt. In der
Folge der aus der Hochzinsphase resultierenden Schieflagen einzelner
Institute hat das BAK für sämtliche Kreditinstitute die **Pflicht zur Auf-
stellung von Zinsbindungsbilanzen** eingeführt. Wenngleich auf eine

Pflicht zur Aufstellung
von Zinsbindungs-
bilanzen

betragsmäßige Beschränkung des Zinsänderungsrisikos – vergleichsweise etwa der Regelungen im Grundsatz I – bis heute verzichtet wurde, soll doch zumindest sichergestellt werden, daß in den Kreditinstituten eine Einschätzung des bestehenden Zinsänderungsrisikos möglich ist. Bei erheblichen Veränderungen des aus der Zinsbindungsbilanz signalisierten Zinsänderungsrisikos nehmen die Wirtschaftsprüfer dies in den Prüfungsbericht auf, und das BAK fordert daraufhin die Geschäftsleitung gegebenenfalls zu einer Stellungnahme auf. Mittlerweile stellt sich aber – insbesondere auch in Folge der Entwicklungen im Rahmen der **Kapitaladäquanzrichtlinie** – zunehmend die Frage, ob nicht eine sachgerechtere Messung und Begrenzung des Zinsänderungsrisikos erforderlich ist.

Aufbau und Inhalt der Zinsbindungsbilanz

In der **Zinsbindungsbilanz** werden sämtliche aktivischen und passivischen Festzinspositionen gegenübergestellt und für zukünftige Perioden die sich ergebenden offenen Positionen ermittelt. Als Festzinsgeschäfte sollten dabei in Anlehnung an das BAK üblicherweise alle die Geschäfte zugrunde gelegt werden, die eine Restzinsbindung von mehr als 180 Tagen aufweisen. Über das reine Kundengeschäft hinaus sollten in der Zinsbindungsbilanz aber auch die nicht zinsreagiblen **unverzinslichen Aktiva und Passiva** berücksichtigt werden. Neben Grundstücken und Gebäuden zählen hierzu auf der Aktivseite auch die Sachanlagen und auf der Passivseite beispielsweise das unverzinsliche Eigenkapital oder die Pensionsrückstellungen. Sofern für die **Sichteinlagen** auch in der Zukunft Unverzinslichkeit und damit Nichtreagibilität unterstellt werden kann, sollten auch die Sichteinlagen – zumindest mit dem als sicher geltenden Bodensatz – bei der Ermittlung der offenen Positionen berücksichtigt werden. Daß dies zumindest fraglich ist, zeigt die zunehmende Verbreitung von Kreditkartenkonten, deren Guthaben sich geldmarktabhängig verzinsen. *Siehe Seite 123* Ein Beispiel für eine Zinsbindungsbilanz ist in der Abbildung 41 dargestellt.

Beispiel

In der abgebildeten Zinsbindungsbilanz werden zum 31.12.00 2 300 Mio. DM Festzinsaktiva ausgewiesen, denen Festzinspassiva in Höhe von 1 500 Mio. DM gegenüberstehen. Zum 31.12.00 ergibt sich damit eine **offene aktivische Festzinsposition** in Höhe von **800 Mio.** DM. Ohne Berücksichtigung von Neugeschäften wird dieser aktivische Festzinsüberhang in den folgenden Jahren abgebaut, und in den Jahren 4 und 5 kommt es dann zu offenen passivischen Festzinsüberhängen. In den Jahren 1 bis 3 besteht daher ein passivisches Zinsänderungsrisiko (bei steigenden Zinsen), in den Jahren 4 und 5 dagegen ein aktivisches Zinsänderungsrisiko (bei sinkenden Zinsen).

Im Konzept der Zinsbindungsbilanz erfolgt die Quantifizierung des Zinsänderungsrisikos schließlich über die Annahme, daß der offene Festzinsblock jeweils voll variabel refinanziert bzw. – im umgekehrten Fall – angelegt wurde. Marktzinsänderungen führen damit zu Veränderungen der Zinsaufwendungen bzw. -erträge bei den variabel verzinslichen Gegenpositionen.

Beispiel einer Zinsbindungsbilanz

Zinsbindungsbilanz per 31.12.00 (in Mio. DM)									
	31.12.00		31.12.01		31.12.02		31.12.03		31.12.04
	Volumen	Ø-Zins	Volumen	Ø-Zins	Volumen	Ø-Zins	Volumen	Ø-Zins	Volumen Ø-Zins
Festzins-aktiva	2 300	8,0 %	2 000	8,0 %	1 500	7,5 %	1 000	7,5 %	900 7,6 %
Festzins-passiva	1 500	6,0 %	1 400	6,0 %	1 400	6,0 %	1 200	5,8 %	1 100 5,6 %
Geschlos-sene Pos.	1 500	2,0 %	1 400	2,0 %	1 400	1,5 %	1 000	1,7 %	900 2,0 %
ZUE daraus	30		28		21		17		18
Offene Position aktiv	800	8,0 %	600	8,0 %	100	7,5 %			
passiv							200	5,8 %	200 5,6 %

Veränderungen des Zinsüberschusses bei 1% Marktzinssteigerung				
	Jahr 1	Jahr 2	Jahr 3	Jahr 4	Jahr 5
Nominal	−8	−6	−1	+2	+2

Abbildung 41

Siehe Seite 121

Aus der Abbildung 40 wurde bereits deutlich, daß neben der Höhe der offenen Position auch das Ausmaß der möglichen Marktzinsänderung die Höhe des Zinsänderungsrisikos bestimmt. Bei der Zinsbindungsbilanz wird üblicherweise ein **Marktzinsanstieg von 1%** unterstellt. Erhöhen sich also die Refinanzierungskosten für die offene aktivische Festzinsposition von 800 Mio. DM zu Anfang des Jahres 1 um 1%, so führt dies zu einer Verringerung des Zinsüberschusses im Jahr 1 um 8 Mio. DM. In der üblichen Interpretation der Zinsbindungsbilanz ist dies die Höhe des bestehenden Zinsänderungsrisikos für das kommende Jahr.

Annahme:
1 % Marktzinsanstieg

Die Annahme eines einheitlichen Marktzinsanstiegs um 1% ist dabei jedoch weniger als Prognose einer erwarteten Zinsveränderung zu sehen, sondern eher als einheitlicher Maßstab, der dazu dient, **Zeit- und Betriebsvergleiche** zu ermöglichen. Zu diesem Zweck können auch **Kennziffern** gebildet werden, in denen beispielsweise die Höhe des Festzinsüberhangs ins Verhältnis zur Bilanzsumme oder das ermittelte Zinsänderungsrisiko in Beziehung zu dem aus dem geschlossenen Festzinsgeschäft resultierenden festen (sicheren) Zinsüberschuß gesetzt wird. Im Jahr 1 besteht beispielsweise eine geschlossene Festzinsposition in Höhe von 1 500 Mio. DM, in der eine Marge von 2% gebunden ist. Daraus resultiert ein (sicherer) Zinsüberschuß von 30 Mio. DM. Das ermittelte Zinsänderungsrisiko von 8 Mio. DM beträgt dementsprechend etwa 27% dieses festen Zinsüberschusses.

Über die unmittelbare Wirkung für das kommende Jahr hinaus ergeben sich aber auch langfristige Wirkungen in den Folgejahren, die mit –6, –1, +2 und +2 Mio. DM angegeben werden können. Fraglich ist nun, wie diese unterschiedlichen zeitlichen Wirkungen zu einer Größe für das Zinsänderungsrisiko zusammengefaßt werden sollen. Der einfachste Ansatz besteht in der Addition der Nominalwerte der durch den Zins-anstieg ausgelösten Veränderungen in den einzelnen Jahren. Im Beispiel ergibt sich ein Wert von –11 Mio. DM. Dabei bleibt jedoch die zeitliche Struktur der Veränderungen unberücksichtigt. Unter bestimmten restriktiven Annahmen läßt sich dieses Problem ansatzweise mit Hilfe der Berechnung von **Barwerten** lösen (vgl. auch Keine, 1986).

Probleme bei der Erfassung der länger-fristigen Wirkungen

Unterstellt man, daß die offenen Positionen vor der Zinserhöhung zu einem Satz von 6% und nach der Zinserhöhung zu 7% geschlossen werden können, so ergeben sich die in der Abbildung 42 dargestellten Zinsüberschüsse und Barwerte (Absicherung kursiv und grau hinterlegt dargestellt). Die Ermittlung der Summe der jeweiligen Barwerte erfolgt dabei nach der folgenden allgemeinen Formel:

$$C_0 = \sum \frac{C_t}{(1 + i)^t}$$

mit: C_0 = Summe der Barwerte
C_t = Zahlung in der Periode t
i = Diskontierungszinssatz

Zinsbindungsbilanz und Barwertüberlegungen

Barwertermittlung nach hypothetischer Absicherung (in Mio. DM)

	Jahr 1		Jahr 2		Jahr 3		Jahr 4		Jahr 5	
	Volumen	Ø-Zins	Volumen	Ø-Zins	Volumen	Ø-Zins	Volumen	Ø-Zins	Volumen	Ø-Zins
Vor Zins-erhöhung aktiv	800	8,0 %	600	8,0 %	100	7,5 %	*200*	*6,0 %*	*200*	*6,0 %*
passiv	*800*	*6,0 %*	*600*	*6,0 %*	*100*	*6,0 %*	200	5,8 %	200	5,6 %
ZUE daraus	16,00		12,00		1,50		0,40		0,80	
Barwerte zu 6 % abgezinst	15,09		10,68		1,26		0,32		0,60	
	Summe: <u>27,95</u>									
Nach Zins-erhöhung aktiv	800	8,0 %	600	8,0 %	100	7,5 %	*200*	*7,0 %*	*200*	*7,0 %*
passiv	*800*	*7,0 %*	*600*	*7,0 %*	*100*	*7,0 %*	200	5,8 %	200	5,6 %
ZUE daraus	8,00		6,00		0,50		2,40		2,80	
Barwerte zu 7 % abgezinst	7,48		5,24		0,44		1,83		2,00	
	Summe: <u>16,99</u>									

Abbildung 42

Der Vergleich der Barwerte zeigt, daß es durch die Zinserhöhung zu einem **Rückgang des Barwertes von 27,95 Mio. DM auf 16,99 Mio. DM** kommt. Die Höhe des Zinsänderungsrisikos aus den vordem offenen Positionen beträgt daher 10,96 Mio. DM.

Die hierbei unterstellte Absicherung ist im Konzept der Zinsbindungsbilanz grundsätzlich von hinten nach vorn, das heißt von den am weitesten in der Zukunft liegenden Perioden zur Gegenwart hin vorzunehmen. Im dargestellten Beispiel müßte daher zunächst eine Anlage in Höhe von 200 Mio. DM für fünf Jahre getätigt werden, die gleichzeitig die offene Position im Jahr 4 schließt. Dieses Geschäft führt jedoch dazu, daß die offene aktivische Position im Jahr 3 von 100 auf 300 Mio. DM ansteigt. In einem zweiten Schritt wäre daher diese Position durch Aufnahme von 300 Mio. DM für 3 Jahre zu schließen. Die dann im Jahr 2 bestehende offene Position kann durch Aufnahme von zweijährigen Mitteln in Höhe von 500 Mio. DM geschlossen werden. In einem letzten Schritt müßte die sich aus diesen Transaktionen ergebende offene Position des Jahres 1 geschlossen werden. Hierzu ist eine weitere Aufnahme von 200 Mio. DM für ein Jahr notwendig. Da unterstellt wird, daß die Aufnahmen und Anlagen der Mittel jeweils zum gleichen Zinssatz erfolgen, kompensieren sich die Erfolge der überschießenden Mittel, so daß in der Abbildung 42 auf ihre Einzeldarstellung verzichtet werden kann.

Absicherung im Konzept der Zinsbindungsbilanz

Über das bereits berechnete Zinsänderungsrisiko von 10,96 Mio. DM hinaus kann in der Barwertbetrachtung aber auch noch eine weitere Komponente des Zinsänderungsrisikos aufgezeigt werden. In der Nominalbetrachtung gelten die aus den ursprünglich geschlossenen Festzinspositionen resultierenden festen (sicheren) Zinsüberschüsse als risikofrei. Werden diese ebenfalls in die Barwertüberlegungen einbezogen, so zeigt sich, daß es durchaus ein **Zinsänderungsrisiko im geschlossenen Festzinsgeschäft** gibt. Dieses resultiert aus der Diskontierung des festen (sicheren) Zahlungsstroms mit unterschiedlichen Abzinsungssätzen:

Zinsänderungsrisiko aus dem geschlossenen Festzinsgeschäft

$$114 \text{ Mio. DM} = 30 + 28 + 21 + 17 + 18$$

Barwert zu 6%	= 97,77 Mio. DM
Barwert zu 7%	= 95,44 Mio. DM
Barwertdifferenz	= −2,33 Mio. DM

Nominal ergibt sich im dargestellten Beispiel ein **kumulierter Zinsüberschuß** aus den geschlossenen Festzinspositionen in Höhe von 114 Mio. DM. Wird der zugrunde liegende Zahlungsstrom mit 6% abgezinst, beträgt der Barwert 97,77 Mio. DM. Muß er dagegen nach der Marktzinssteigerung mit 7% abgezinst werden, sinkt der Barwert um 2,33 Mio. DM auf 95,44 Mio. DM. Das **Zinsänderungsrisiko aus der geschlossenen Festzinsposition** beträgt mithin **2,33 Mio. DM**.

Analogie zum Kurs-
wertrisiko festverzins-
licher Wertpapiere

Die zunächst als risikofrei angesehene geschlossene Festzinsposition weist also noch ein beachtliches Zinsänderungsrisiko auf. Diese Feststellung mag vordergründig überraschen, im ökonomischen Sinne beruht dieses Risiko letztlich jedoch auf den gleichen Ursachen wie die **Kursrisiken festverzinslicher Wertpapiere**, die mit größter Selbstverständlichkeit dem Zinsänderungsrisiko zugerechnet werden. Auch dort resultieren die Kursveränderungen (Barwertänderungen) aus der Abzinsung eines als sicher angenommenen Zahlungsstroms mit unterschiedlichen Diskontierungssätzen (Marktrenditen).

In der **Barwertbetrachtung der Zinsbindungsbilanz** setzt sich das gesamte Zinsänderungsrisiko also aus dem Zinsänderungsrisiko der offenen Positionen und dem der geschlossenen Positionen zusammen. Im dargestellten Beispiel beträgt es 10,96 + 2,33 = 13,29 Mio. DM.

Unter den gesetzten Annahmen ist mit der Barwertbetrachtung also durchaus ein Fortschritt verbunden, da so auch langfristige Wirkungen in der Höhe des ausgewiesenen Zinsänderungsrisikos berücksichtigt werden können. In der Praxis dürften an die Zinsbindungsbilanz knüpfende Barwertüberlegungen jedoch nur wenig verbreitet sein. Ausschließlich barwertbezogen ist dagegen die **Durations-Analyse**, auf die noch gesondert einzugehen ist.

Kritische Würdigung

Die Zinsbindungsbilanz als isoliertes Analyseinstrument für das Zinsänderungsrisiko weist jedoch einige gravierende Mängel auf, die eine darauf aufbauende Risikosteuerung fragwürdig erscheinen lassen. Die Hauptkritik richtet sich darauf, daß in der Zinsbindungsbilanz **nur ein Teil des gesamten Zinsgeschäfts** der Kreditinstitute erfaßt wird; die Betrachtung mithin **unvollständig** ist. Das variable Geschäft wird nur insofern berücksichtigt, als es implizit als Gegenposition zum offenen Festzinsüberhang benötigt wird. Der gesamte (erhebliche) Teil, in dem sich variable Aktiva und variable Passiva unmittelbar gegenüberstehen, wird nicht berücksichtigt. Oft ergeben sich aber gerade hier gegenläufige Risikowirkungen, die das ausgewiesene Festzinsrisiko kompensieren bzw. sogar überkompensieren können. Unter dem Stichwort Unvollständigkeit kann darüber hinaus angeführt werden, daß die Kursrisiken festverzinslicher Wertpapiere ebenfalls nicht berücksichtigt werden. Ein weiterer Kritikpunkt betrifft die **angenommene Marktzinsänderung von 1 %** und die unterstellte **gleichhohe** Veränderung des Satzes der variablen Gegenposition. Dies würde in der Praxis nur zutreffen, wenn die variablen Positionen eine **Zinselastizität von 1** aufweisen würden. In der Praxis liegen die Zinselastizitäten jedoch oft erheblich unter 1 und variieren zudem von Institut zu Institut. Die unterstellte Elastizität von 1 überzeichnet daher regelmäßig die Höhe des bestehenden Festzinsrisikos.

In der Regel wird – wie in dem obigen Beispiel – eine **flache Zinsstruktur** unterstellt, bei der es zu einer einprozentigen Parallelverschiebung kommt. Dies ist eine unrealistische Annahme, da die Zinssätze normalerweise mit der Länge der Laufzeit ansteigen und echte Parallelverschiebungen nur äußerst selten vorkommen dürften. Darüber hinaus handelt es sich bei der Zinsbindungsbilanz um eine rein **statische Betrachtung**, da nur das Festzinsgeschäft zu einem bestimmten Zeitpunkt erhoben wird und für die zukünftigen Perioden ein Auslaufen der Positionen angezeigt wird. Immerhin können jedoch gewisse Aussagen aus einem **zeitlichen Vergleich** der Ergebnisse der Zinsbindungsbilanz abgeleitet werden.

Aus dem letztgenannten Kritikpunkt ergibt sich die Forderung nach einer **Dynamisierung** der Zinsbindungsbilanz, indem entsprechende Annahmen über **Neugeschäftsentwicklungen** und gegebenenfalls **Strukturverschiebungen** getroffen und in das Modell integriert werden. Dies ist bereits ein erster Schritt in Richtung einer notwendigen strategischen **Bilanz- und Zinsrisikosimulation**, die computergestützt in der Lage ist, die komplexen Zusammenhänge rechentechnisch darzustellen. Für diese Simulation sind jedoch weniger die offenen Positionen der Zinsbindungsbilanz relevant als vielmehr die ihr zugrunde liegenden Festzinsabläufe.

Dynamisierung der Zinsbindungsbilanz

Aus der in der Abbildung 41 dargestellten Zinsbindungsbilanz kann die folgende **Fristenablaufbilanz** abgeleitet werden:

Ableitung der Fristenablaufbilanz

Fristenablaufbilanz							
Fristenablaufbilanz für die Jahre 1 bis 4 (in Mio. DM)							
	Jahr 1		Jahr 2		Jahr 3		Jahr 4	
	Volumen	Ø-Zins	Volumen	Ø-Zins	Volumen	Ø-Zins	Volumen	Ø-Zins
Festzins-ablauf								
aktiv	300	8,0 %	500	9,5%	500	7,5 %	100	6,6 %
passiv	100	6,0 %	0	–	200	7,2 %	100	8,0 %

Abbildung 43

Es zeigt sich, daß im Jahr 1 aus den Fristenabläufen eher ein **negativer Effekt** zu erwarten ist, da relativ hoch verzinsliche Aktiva und gleichzeitig relativ niedrig verzinsliche Passiva auslaufen. Umgekehrt ist im Jahr 4 eher mit einem **positiven Einfluß** auf den Zinsüberschuß zu rechnen, da Aktiva mit relativ niedrigen und Passiva mit relativ hohen Sätzen auslaufen. Unter der Annahme, daß die im Jahr 2 fälligen 500 Mio. DM Festzinsaktiva nur zu 7,5% wieder angelegt werden können, würde das daraus resultierende Fristenablaufrisiko 10 Mio. DM (500 Mio. DM · 2%) betragen.

Ermittlung des Fristenablaufrisikos

Da sich das Fristenablaufrisiko nur simultan aus den jeweils auslaufenden Volumina, den dazugehörigen Zinssätzen, den konkreten Anschlußgeschäften – z.B. Wiederanlagen (-aufnahmen) oder Strukturveränderungen – und den zukünftigen Zinsstrukturen ermitteln läßt, ist eine **Computersimulation** mit unterschiedlichen Szenarien und **Sensitivitätsuntersuchungen** zur Ermittlung des **Fristenablaufrisikos** unerläßlich.

Wenngleich der Zinsbindungsbilanz als isoliertem Analyseinstrument nur eine sehr begrenzte Aussagekraft beigemessen werden kann, ist sie doch für die zur Beurteilung des Zinsänderungsrisikos notwendigen **Zinsrisikosimulationen** eine zwingende Voraussetzung. In diese Simulationen müssen jedoch auch sämtliche variablen Geschäfte integriert werden. Das Konzept der **Zinselastizitäten** scheint hierfür in besonderer Weise geeignet.

5.1.3 Das Zinselastizitätskonzept

Dieses etwa Mitte der achtziger Jahre insbesondere durch Rolfes entwickelte Konzept (Rolfes, 1985) stellt auf die unterschiedlichen Zinsreagibilitäten im variablen Geschäft ab. Wie bereits in der Abbildung 37 dargestellt, stiegen die Zinsspannen vieler Kreditinstitute mit den steigenden Zinsen zu Anfang der achtziger Jahre ebenfalls an. Da die meisten Institute jedoch eine offene aktivische Festzinsposition aufwiesen, konnte die klassische Zinsbindungsbilanz keine Erklärung hierfür liefern. Die Ursache war also im variablen Geschäft zu suchen. Dem bestehenden **Festzinsrisiko** mußte bei diesen Kreditinstituten offensichtlich eine noch größere **Zinsänderungschance im variablen Geschäft** gegenüberstehen, so daß die gesamte durchschnittliche Zinselastizität der Aktivseite größer als die der Passivseite war.

Siehe Seite 116

Im Elastizitätskonzept lassen sich grundsätzlich drei theoretische Fälle unterscheiden, die in der Abbildung 44 dargestellt sind:

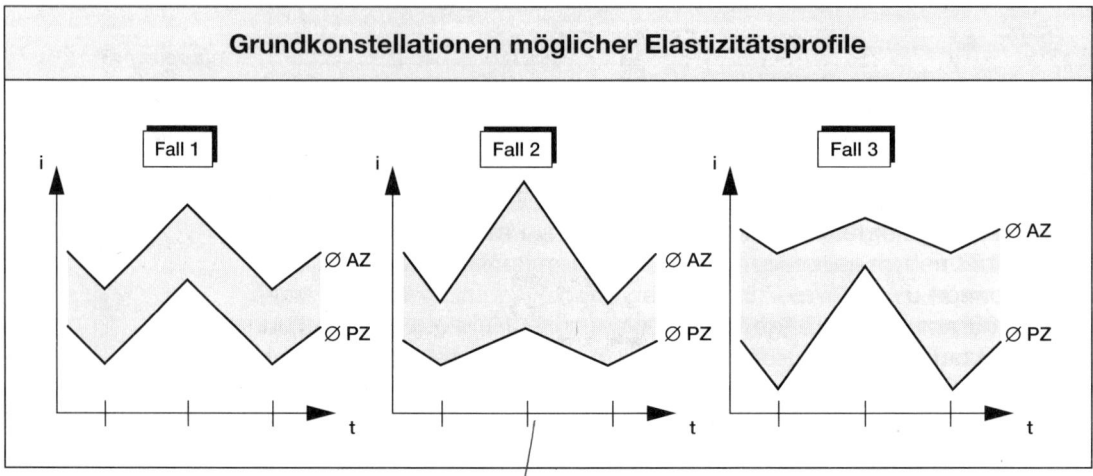

Abbildung 44   *(Quelle: Schierenbeck, 1994, S. 525)*

Im **Fall 1** zeigt der durchschnittliche Aktivzins die **gleiche Reagibilität** auf Marktzinsänderungen wie der durchschnittliche Passivzins. Die **Marge** als Differenz zwischen durchschnittlichem Aktiv- und Passivzins bleibt im Zeitablauf und bei unterschiedlichen Zinsniveaus konstant; ein Zinsänderungsrisiko besteht in diesem Fall nicht. Will man im Sinne des Zinselastizitätskonzepts das Zinsänderungsrisiko vollständig eliminieren, so sind demnach Aktiv- und Passivgeschäfte so zu strukturieren, daß die durchschnittliche Zinselastizität der Aktivseite der der Passivseite entspricht. Der **Fall 2** ist durch eine **größere Reagibilität der durchschnittlichen Aktivzinsen** im Vergleich zu den durchschnittlichen Passivzinsen gekennzeichnet **(aktivischer Elastizitätsüberhang)**. Da die Aktivzinsen bei steigendem Zinsniveau stärker steigen als die Passivzinsen, weitet sich die Zinsspanne aus. In diesem Fall weist das Kreditinstitut also eine **aktivische Zinsänderungschance** bei **steigenden** bzw. ein **aktivisches Zinsänderungsrisiko** bei **sinkenden** Zinsen auf. Im **Fall 3** schließlich ist die **durchschnittliche Zinselastizität der Passivseite größer** als die der Aktivseite **(passivischer Elastizitätsüberhang)**. Da bei steigenden Zinsen der Zinsaufwand nun stärker steigt als die Zinserträge, verringert sich die Zinsmarge entsprechend. In diesem Fall besteht also ein **passivisches Zinsänderungsrisiko** bei **steigenden** und umgekehrt eine **passivische Zinsänderungschance** bei **sinkenden** Zinsen.

Wie zahlreiche Untersuchungen verschiedener Unternehmensberatungsgesellschaften und kreditwirtschaftlicher Verbände zeigen, ist gerade der **Fall 2** prägend für viele Sparkassen und Genossenschaftsbanken. Die niedrige Zinselastizität der Passivseite ist bei diesen Instituten vor allem auf den hohen Anteil nicht reagibler (z. B. Sichteinlagen) und schwach reagibler Mittel, wie z. B. den großen Block der Spareinlagen, zurückzuführen. An dieser Stelle sei aber bereits darauf hingewiesen, daß die Geldmarktnähe der Spareinlagen – insbesondere wegen des wachsenden Anteils an Sondersparformen – in den letzten Jahren deutlich zugenommen hat und die Sichteinlagenverzinsung, die bereits mit dem Stichwort Kreditkartenkonto angedeutet wurde, ein wichtiges Thema für die Zukunft sein wird.

Die in Abbildung 44 vereinfacht dargestellten Zusammenhänge gelten streng genommen nur für das rein variable Geschäft, das geschlossene Festzinsgeschäft ohne Fristenabläufe und die offene Festzinsposition. Das bereits angesprochene **Fristenablaufrisiko** im Festzinsgeschäft hat einen hiervon unabhängigen Einfluß auf die Zinsspanne. Bei der Beobachtung von Zinsspannenentwicklungen in der Praxis muß ein Ansteigen der Zinsspanne bei steigenden Zinsen daher nicht unbedingt auf eine höhere Zinselastizität der Aktivseite zurückzuführen sein, sondern kann im Einzelfall auch aus Fristenablaufchancen resultieren. Aus einem kurzfristigen Anstieg der Zinsspanne bei sinkenden Zinsen kann daher auch umgekehrt noch nicht auf eine höhere Elastizität der Passivseite geschlossen werden. Insofern sind die in Abbildung 37 dargestellten Timelags zu einem wesentlichen Teil auf Fristenablaufeffekte zurückzuführen.

Fristenablaufrisiko muß zusätzlich berücksichtigt werden

5.1.3.1 Ermittlung von Zinselastizitäten

Die für die Elastizitätsanalyse benötigten Zinselastizitäten werden regelmäßig aus Vergangenheitsentwicklungen abgeleitet. Da es sich jedoch um eine zukunftsbezogene Analyse handelt, müssen die ermittelten Werte gegebenenfalls um Einflüsse korrigiert werden, die zu einer Veränderung der zukünftigen Elastizitäten führen können. Solche strukturellen Veränderungen können zum einen intern, beispielsweise aus einer veränderten Geschäfts- und Konditionenpolitik, zum anderen extern, etwa aus einer Veränderung der Konkurrenzintensität oder des Nachfrageverhaltens, resultieren.

Definition Zinselastizität Bei den Zinselastizitäten handelt es sich üblicherweise nicht um Elastizitäten im mathematisch definierten Sinne (Verhältnis zweier relativer Änderungen), sondern um **Differenzenquotienten** (Verhältnis zweier absoluter Änderungen), die die Relation der Änderung eines Produktzinses (z. B. Kontokorrentzins) im Verhältnis zur Änderung eines Bezugszinses (in der Regel ein kurzfristiger Geldmarktsatz wie Libor oder Fibor) angeben (vgl. Rolfes, 1994, S. 204). Sie können anhand der folgenden Formel einfach ermittelt werden:

$$\mathbf{ZEL} = \frac{PZ_t - PZ_0}{MZ_t - MZ_0}$$

mit: PZ = Produktzins
       MZ = Marktzins
        0   = Basiszeitpunkt
        t   = Zukunftszeitpunkt

Beispiel Steigen in einem bestimmten Zeitraum die Kontokorrentzinsen beispielsweise von 14% auf 17%, also um 3% an, und ist im gleichen Zeitraum der Referenzzins (z. B. 3-Monats-Fibor) von 6% auf 10%, also um 4% gestiegen, so ergibt sich eine Zinselastizität in Höhe von 3/4 = 0,75%. Abgeleitet aus dieser Zinselastizität würde für eine erwartete Änderung des Marktzinses um 1%(-Punkt) eine Erhöhung der Kontokorrentzinsen um 0,75%(-Punkte) unterstellt. Bei dieser Art der Ermittlung schlagen sich in den Zinsanpassungselastizitäten sowohl der Umfang der Anpassung als auch zeitliche Verzögerungen (Time-lags) bei der Weitergabe von Marktzinsänderungen nieder.

Ermittlung mit Hilfe von Regressionsanalysen Da die Höhe der so ermittelten Zinselastizitäten aber sehr stark von den beiden zugrunde gelegten **Beobachtungszeitpunkten** abhängt und insbesondere für sehr kleine Marktzinsänderungen unter Umständen recht hohe (verfälschte) Elastizitätswerte ermittelt werden, ist es sinnvoller, die Elastizitäten mit Hilfe von **Regressionsanalysen** zu berechnen. Der Vorteil der Regressionsanalyse ist, daß nicht nur zwei – mehr oder weniger zufällig ausgewählte – Zeitpunkte in die Ermittlung einfließen, sondern sämtliche Beobachtungswerte einer Zeitreihe. In einem Marktzins- (X-Achse) Produktzins- (Y-Achse) Diagramm werden für jeden Beobachtungszeitpunkt die jeweiligen **Markt- und Produktzinskombinationen** eingetragen. Die einzelnen Kombinationen sind entsprechend ihrer zeitlichen Abfolge durch eine Linie verbunden, um so Anpassungspfade sichtbar zu machen.

Vgl. Abbildung 45

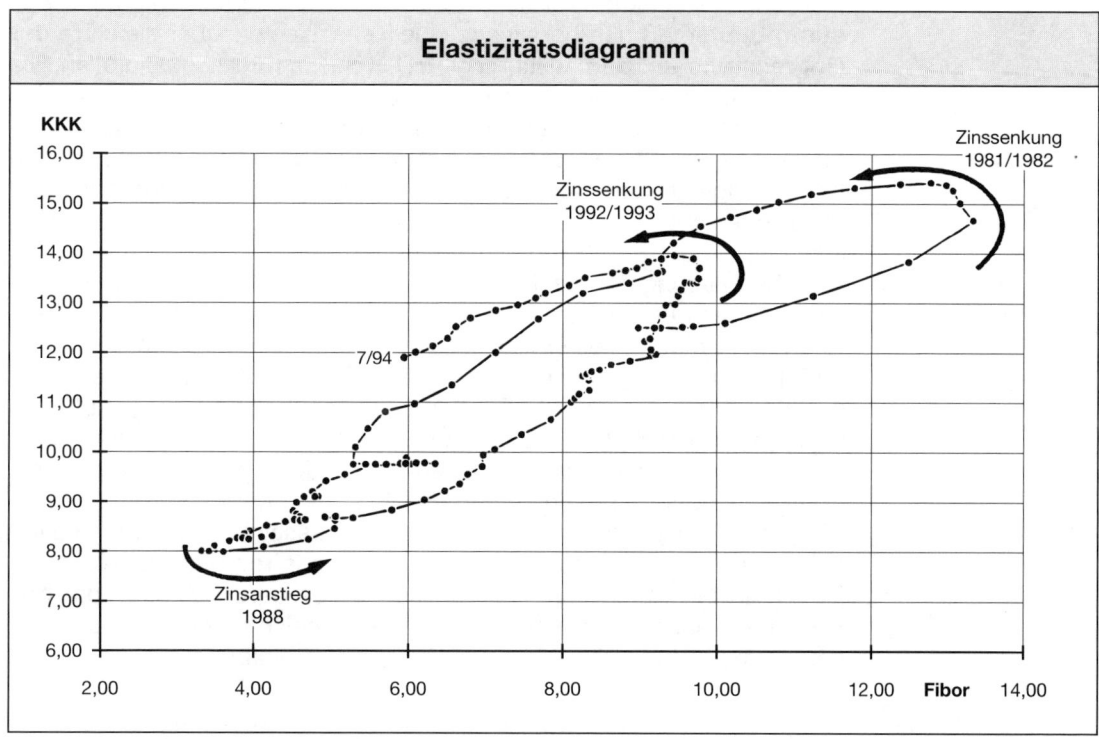

(Quelle: Schwanitz, 1995, S. 167)   *Abbildung 45*

Mit Hilfe der Methode der kleinsten Quadrate wird schließlich eine **Regressionsgerade** durch diese Punktwolke gelegt, die die Wertekombinationen bestmöglich beschreibt. Die zugrunde gelegte Regressionsgleichung hat dabei grundsätzlich folgende Form:

$$PZ = a + bMZ$$

mit:
PZ	=	Produktzins
MZ	=	Marktzins
a	=	fixe Komponente
b	=	Steigungskomponente bzw. Zinselastizität

Bei dem Parameter a handelt es sich um eine fixe Größe, die den Produktzins unabhängig vom jeweiligen Marktzinsniveau beeinflußt. **Der Parameter b gibt die Steigung der Regressionsgeraden an und entspricht der gesuchten Elastizität**. Da die heute gängigen Tabellenkalkulationsprogramme Regressionsanalysen auf sehr einfache Weise mit vorprogrammierten Standardfunktionen ermöglichen, kann auf die manuelle mathematische Ermittlung der beiden Parameter verzichtet werden. Diese standardisierten Funktionen ermitteln mit dem **Bestimmtheitsmaß** darüber hinaus eine Kennziffer, die über die **Güte der Regressionsfunktion** Auskunft gibt. Das Bestimmtheitsmaß gibt an, wie gut die Regressionsgerade in der Lage ist, die dargestellte Punktwolke zu beschreiben. Je enger die einzelnen Kombinationen um die Regressionsgerade verteilt sind, um so höher ist das Bestimmtheitsmaß. Bei Untersuchungen in der Praxis sollte das Bestimmtheitsmaß möglichst über 90% liegen.

Multifaktorale Elastizitätsanalyse

Die Abschätzung der Elastizitäten läßt sich darüber hinaus verbessern, wenn neben dem Marktzins zusätzlich noch weitere unabhängige Faktoren zur Erklärung des Produktzinses herangezogen werden. Dies kann im Rahmen sogenannter **multifaktoraler Elastizitätsanalysen** erfolgen (Rolfes, 1994; Schwanitz, 1995). Neben der **Zinsänderungsrichtung** und **-geschwindigkeit** berücksichtigen diese vor allem auch Timelags, die bei der Weitergabe von Marktzinsänderungen beobachtet werden können. Bei Kreditinstituten werden je nach Zinsphase Veränderungen der Marktzinsen auf Aktiv- und Passivseite unterschiedlich schnell an die Kundschaft weitergegeben. Diese Time-lags stellen in der Regel ein bewußtes konditionspolitisches Steuerungsinstrument dar. Besonders ausgeprägt war dieses Verhalten beispielsweise in den Zinssenkungsphasen 1981/82 und 1992/93 (vgl. Abbildung 45).

Siehe Seite 133

Bei dem in der Abbildung 46 dargestellten Elastizitätsdiagramm wurde bei der Zeitreihe des Produktzinses (KKK) ein Time-lag von drei Monaten berücksichtigt. Das heißt, daß die Kreditinstitute Veränderungen der Marktzinsen im Schnitt nach drei Monaten an ihre Kundschaft weitergegeben haben. Es zeigt sich, daß die Punktwolke im Vergleich zur Abbildung 45 nun sehr viel enger zusammenliegt und damit auch besser durch eine Regressionsgerade beschrieben werden kann (Bestimmtheitsmaß 98%). Zudem ist festzustellen, daß der Kontokorrentzins in der letzten Zinssteigerungsphase wesentlich stärker angestiegen ist, als es der langfristigen Elastizität entsprochen hätte. In der anschließenden Zinssenkungsphase ist diese Erhöhung jedoch noch nicht wieder in gleichem Umfang zurückgeführt worden. Sollten zukünftige Anpassungen des KKK-Zinses entsprechend der langfristigen Zinselastizität dauerhaft auf diesem höheren Niveau erfolgen, so käme hierin eine **strukturelle Margenausweitung** um 1,8%-Punkte zum Ausdruck. Eine mögliche Ursache hierfür könnte die zunehmende Verbreitung moderner Kalkulationsverfahren in der Kreditwirtschaft sein, die sowohl sachgerechtere **Risikokosten** als auch mögliche **Eigenkapitalkosten** berücksichtigen.

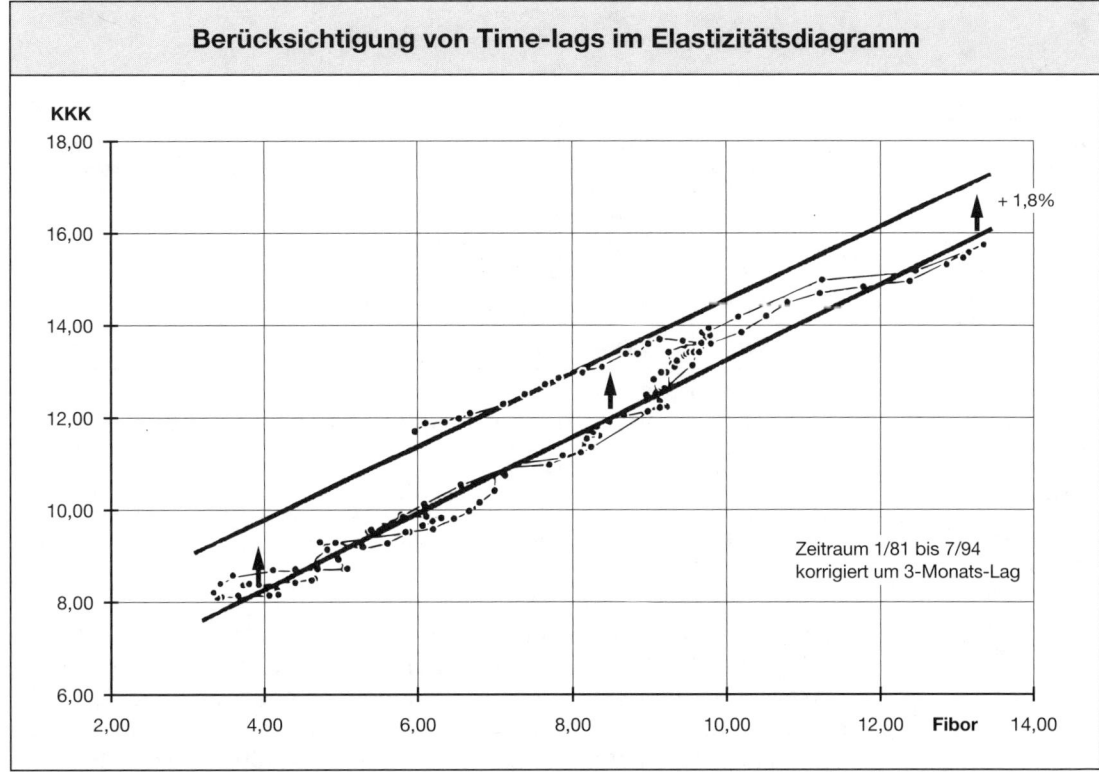

Berücksichtigung von Time-lags im Elastizitätsdiagramm

(Quelle: Schwanitz, 1995, S. 167) *Abbildung 46*

5.1.3.2 Statische Elastizitätsbilanz

Die Basis für Zinselastizitätsuntersuchungen bildet regelmäßig die **statische Elastizitätsbilanz**. In ihr werden sämtliche Aktiv- und Passivpositionen mit ihren Volumina und Zinselastizitäten einander gegenübergestellt. Die Grundstruktur einer vereinfachten Zinselastizitätsbilanz ist in der Abbildung 47 dargestellt.

Siehe Seite 134

Im Grundmodell der statischen Elastizitätsbilanz setzt sich das gesamte Zinsänderungsrisiko aus zwei Komponenten zusammen: dem **Festzinsrisiko** aus der offenen Festzinsposition und dem **variablen Zinsänderungsrisiko** aus dem variablen Geschäft. In dem gewählten fiktiven Beispiel (Abbildung 47) ergibt sich eine offene aktivische Festzinsposition (ohne unverzinsliche Barreserven und Sichteinlagen) in Höhe von 400 Mio. DM (1 400 – 1 000). Die Zinsbindungsbilanz würde hieraus ein Zinsänderungsrisiko in Höhe von 4 Mio. DM (400 Mio. DM · 1 %) ableiten. Da die variablen Mittel aber tatsächlich nur mit einer durchschnittlichen Elastizität von 0,50 % reagieren, beträgt das **Festzinsrisiko** in der Betrachtung der Elastizitätsbilanz nur **2 Mio. DM**.

Beispiel

Grundstruktur einer statischen Elastizitätsbilanz					
Elastizitätsbilanz (in Mio. DM)					
Aktiva	Volumen	Zins-elastizität	Passiva	Volumen	Zins-elastizität
Barreserve	200	0,00%	Interbankverbindlichkeiten	300	0,90%
Interbankforderungen	600	0,90%	Sichteinlagen	200	0,00%
Kontokorrentkredite	1 500	0,80%	Termineinlagen	1 100	0,70%
Kurzfristige Darlehen	1 300	0,60%	Spareinlagen	2 400	0,40%
variables Aktivgeschäft	3 600	0,70%	variables Passivgeschäft	4 000	0,50%
Anleihen u. Schuldverschr.	300	0,00%	Sparbriefe	500	0,00%
Kommunaldarlehen	400	0,00%	Schuldverschreibungen	300	0,00%
Hypothekendarlehen	700	0,00%	Eigenkapital	200	0,00%
Festzinsaktiva	1 400	0,00%	Festzinspassiva	1 000	0,00%
Aktiva gesamt	5 000	0,504%	Passiva gesamt	5 000	0,400%

Abbildung 47

In dem verbleibenden Block von 3 600 Mio. DM variablen Geschäfts auf der Aktivseite ergibt sich eine durchschnittliche Zinsanpassungselastizität in Höhe von 0,70%. Die dagegenstehenden variablen Passivmittel weisen jedoch nur eine durchschnittliche Zinselastizität von 0,50% auf. Bei einem Marktzinsanstieg um 1% würden die Zinserträge entsprechend der höheren Elastizität um 0,20% (0,70% – 0,50%) stärker steigen als die Zinsaufwendungen. Aus dem variablen Geschäft ergibt sich daher für das Institut eine **Zinsänderungschance** in Höhe von **7,2 Mio.** DM (3 600 Mio. DM · 0,20%) bei steigenden Zinsen.

Das **gesamte Zinsänderungsrisiko** des Kreditinstituts resultiert schließlich aus der Addition der beiden dargestellten Risikokomponenten. In dem gewählten Beispiel zeigt sich, daß die variable Zinsänderungschance das bestehende Festzinsrisiko überkompensiert und das Kreditinstitut letztlich von steigenden Zinsen profitiert:

$$\text{ZÄR}_{ges.} = \text{FZR} + \text{var ZÄR}$$

$$\underline{5,2 \text{ Mio. DM}} = -2 + 7,2$$

Die 5,2 Mio. DM gesamtes Zinsänderungsrisiko des Instituts lassen sich aber auch unmittelbar aus einem Vergleich der durchschnittlichen Zinselastizitäten der Aktiv- und der Passivseite ermitteln:

$$\text{ZÄR}_{ges.} = (\text{dZEL}_A - \text{dZEL}_P) \cdot \text{BS}$$

$$\underline{5,2 \text{ Mio. DM}} = (0,504 - 0,4) \cdot 5000$$

Das hier dargestellte Grundkonzept der statischen Zinselastizitätsbilanz weist jedoch einige Probleme auf, die seine Anwendung in der Praxis deutlich einschränken: **Kritische Würdigung**

1. Wie bei der Zinsbindungsbilanz handelt es sich um eine rein **statische Betrachtung** zu einem bestimmten Zeitpunkt. Künftige Entwicklungen bezüglich Volumina und/oder Strukturveränderungen werden nicht berücksichtigt.

2. Im Gegensatz zur Zinsbindungsbilanz werden jedoch **keine längerfristigen Effekte** dargestellt, da die statische Elastizitätsbilanz sich ausschließlich auf das kurzfristige Zinsänderungsrisiko der nächsten Rechnungsperiode bezieht.

3. Die Betrachtung ist **unvollständig,** da insbesondere das **Fristenablaufrisiko** nicht berücksichtigt wird. Bei Bilanzstrukturen, die im Sparkassen- und Genossenschaftssektor durchaus über 50% geschlossenes Festzinsgeschäft – mit jedoch unterschiedlichen zeitlichen Bindungen – beinhalten, kann dieses Risiko beachtliche Größenordnungen annehmen. Darüber hinaus fehlt auch hier eine Einbeziehung des **Kurswertrisikos festverzinslicher Wertpapiere.**

4. Bei der **Festlegung des Marktzinses** wird dabei in der Regel auf einen Geldmarktsatz, wie z. B. den Satz für Tagesgeld oder den 3-Monats-Fibor, zurückgegriffen. Da sich aber nicht sämtliche Produktzinsen an diesem Satz orientieren, können bestimmte Situationen nicht ohne weiteres sachgerecht abgebildet werden. Dies trifft beispielsweise für die Konditionen der variabel verzinslichen Hypothekendarlehen aber auch für den Teil des variablen Geschäfts zu, der ein auslaufendes (ursprünglich langfristiges) Festzinsgeschäft darstellt. In beiden Fällen orientieren sich die jeweiligen Produktzinsen eher am langfristigen Kapitalmarktzins als an kurzfristigen Geldmarktzinsen. Die Zinselastizitäten unterstellen in der Regel **gleichgerichtete Bewegungen** der Produktzinsen zum Marktzins. Kommt es jedoch zu **Drehungen** der Zinsstruktur (vgl. Abbildung 35), bei denen etwa die kurzfristigen Zinsen sinken und die langfristigen Zinsen steigen, so läßt sich dies im Regelfall nicht abbilden. *Siehe Seite 114*

5. Bezüglich der verwendeten Zinselastizitäten können zwar umfangreiche Vergangenheitsuntersuchungen angestellt werden, da es aber letztlich um die Einschätzung zukünftiger Elastizitäten geht, wird immer ein **Prognoseproblem** bestehen.

Während der letztgenannte Punkt wohl kaum zu lösen sein dürfte, seine Bedeutung für die Praxis aber auch nicht überschätzt werden sollte, können die anderen Problembereiche jedoch weitgehend gelöst werden. Erweiterungen der statischen Elastizitätsbilanz insbesondere um längerfristige zeitliche Effekte werden in Theorie und Praxis unter dem Stichwort der **dynamischen Elastizitätsbilanz** behandelt.

5.1.3.3 Dynamische Elastizitätsbilanz

Gegenstand der dynamischen Elastizitätsbilanz sind umfangreiche strategische Bilanz- und **Zinsrisikosimulationen**. Diese können heute bereits mit Hilfe von PC-Lösungen mit begrenztem Aufwand durchgeführt werden, wobei die entsprechenden Programme sowohl von Unternehmensberatungsgesellschaften als auch von einzelnen kreditwirtschaftlichen Verbänden angeboten werden.

Die Simulationsrechnungen bauen auf den Informationen der Zinsbindungsbilanz und der statischen Elastizitätsbilanz auf. Aus der **Zinsbindungsbilanz** werden neben den **aktuellen Festzinspositionen** vor allem die zukünftigen **Fristenabläufe** sowie die dazugehörigen Durchschnittszinssätze benötigt. Die **statische Elastizitätsbilanz** liefert die Eckwerte für das **variable Geschäft**; neben den Volumina und Zinssätzen insbesondere die Zinselastizitäten. Auf der Basis genau formulierter **Umwelt- und Unternehmensszenarien** werden dann die Auswirkungen auf die Zinsüberschüsse zukünftiger Perioden simuliert und deren langfristige Entwicklung dargestellt (vgl. Abbildung 48).

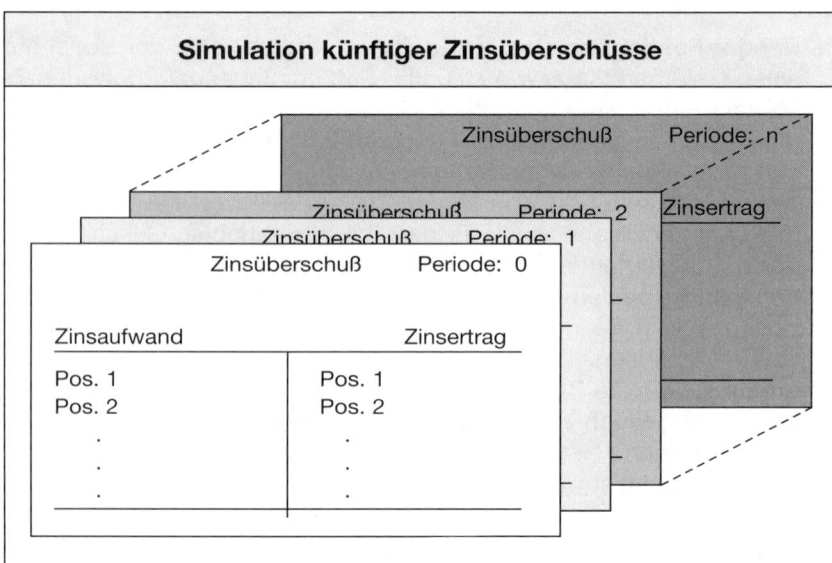

Abbildung 48

In diesen Szenarien müssen beispielsweise **Annahmen** über

- zukünftige Zinsentwicklungen,
- das künftige Wachstum in den einzelnen Produktbereichen,
- strukturelle Verschiebungen zwischen den Bilanzpositionen,
- Anschlußgeschäfte für auslaufende Festzinsgeschäfte und
- gegebenenfalls Veränderungen der Zinselastizitäten

getroffen werden.

Formulierung von Basisszenarien zur Risikosimulation

Szenario	Zinsniveau	Wachstum	Aktivstruktur	Passivstruktur	Elastizitäten
1	konstant	5 %	konstant	konstant	konstant
2	steigend	5 %	konstant	konstant	konstant
3	fallend	5 %	konstant	konstant	konstant
4	konstant	5 %	konstant	Umschichtung	konstant
.	.	.	.	.	.
.	.	.	.	.	.
.	.	.	.	.	.

Abbildung 49

Formulierung von
Basisszenarien

Da sich hierbei eine Vielzahl von **Prognoseproblemen** ergibt, ist es sinnvoll, zunächst einige wenige **Basisszenarien** zu formulieren, die Aufschluß über die **grundlegenden Zusammenhänge** liefern können (vgl. Abbildung 49). Dabei sollten innerhalb eines Szenarios möglichst wenige Parameter verändert werden, um so die bestehenden **Ursache-Wirkungs-Zusammenhänge** eindeutig zuordnen zu können. So geht es beispielsweise darum festzustellen, ob grundsätzlich ein Zinsänderungsrisiko bei steigenden oder bei sinkenden Zinsen zu erwarten ist. Erst in einem zweiten Schritt, wenn Klarheit über die wesentlichen bestimmenden Faktoren besteht, sollten weitergehende **Simulationsrechnungen** und **Sensitivitätsanalysen** durchgeführt werden, die dann zur Ermittlung kritischer Schwellenwerte oder auch zur Bilanzstrukturoptimierung eingesetzt werden können.

Darüber hinaus sollten die Modelle auch Steuerungsmaßnahmen – etwa im außerbilanziellen Bereich – abbilden können, um so Steuerungswirkungen unmittelbar quantifizieren zu können.

Für die Risikoanalyse besonders wichtig ist eine **differenzierte Ergebnisdarstellung**, die die einzelnen **Komponenten des Zinsänderungsrisikos** isoliert berechnet und ihren Einfluß auf die Höhe des gesamten Zinsänderungsrisikos quantifiziert. Neben dem variablen Zinsänderungsrisiko und dem Festzinsrisiko aus der offenen Festzinsposition sind auch die Ergebniswirkungen von Fristenablaufrisiken gesondert darzustellen.

Berücksichtigung des
auslaufenden Fest-
zinsgeschäftes

Das in einer Planperiode **auslaufende Festzinsgeschäft** wird in der dynamischen Elastizitätsbilanz regelmäßig dem **variablen Geschäft** zugeordnet, da neben einer Prolongation in einem gleichwertigen Anschlußgeschäft auch eine Umschichtung in andere Bilanzpositionen möglich ist. Ausgehend von den aktuellen Produktzinssätzen im Ausgangsjahr ergeben sich die konkreten Konditionen für die Anschlußgeschäfte im Planjahr in Abhängigkeit von der Art der Geschäfte, den jeweiligen Zinselastizitäten und den eintretenden Marktzinsänderungen. Über die Elastizitäten und die mit ihnen verbundenen Ergebniswirkungen ist auslaufendes Festzinsgeschäft somit auch Teil des variablen Zinsänderungsrisikos. Das eigentliche **Fristenablaufrisiko** besteht dann in den Unterschieden zwischen der auslaufenden Kondition und der aktuellen Kondition dieser Geschäfte im Ausgangsjahr. Insofern dokumentiert das Fristenablaufrisiko lediglich das bei diesen Geschäften bis zur Ausgangsperiode bereits eingetretene Zinsänderungsrisiko. Erst im Anschluß daran wird die zukünftige (unsichere) Komponente, die aus der Art des Gegengeschäfts und der Entwicklung der Zinssätze im Planjahr resultiert, in der Simulation berücksichtigt (vgl. Abbildung 50).

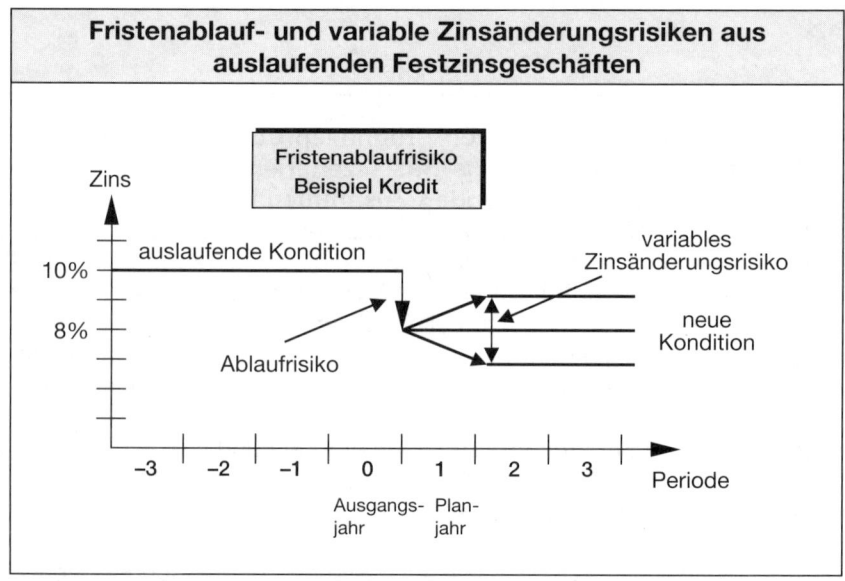

Abbildung 50

(Quelle: In Anlehnung an Rolfes, 1994, S. 212)

Wenn die einzelnen grundlegenden Ergebniswirkungen in ihren Bestandteilen herausgearbeitet wurden, können darauf aufbauend auch die Effekte aus **Bilanzstrukturveränderungen** oder **Wachstumseffekte** näher analysiert werden. So können beispielsweise strukturelle Umschichtungen aus niedrigverzinslichen Passivpositionen in höherverzinsliche Passiva oder ein struktureller Rückgang der Termineinlagen, etwa aufgrund der zunehmenden Verbreitung von Geldmarktfonds, untersucht werden. Darüber hinaus lassen sich auch Einflüsse aus einem geänderten Nachfrageverhalten, das sich beispielsweise in Änderungen der Zinselastizitäten niederschlagen könnte, in ihren Ergebniswirkungen analysieren.

Das in der Grundform der **statischen Elastizitätsbilanz** bestehende **Problem eines einheitlichen Marktzinses** für alle Produkte besteht in der dynamischen Elastizitätsbilanz nicht, da mit Hilfe der komplexen Simulationsmodelle im **Extremfall jedem Produkt ein eigener Referenzzins** – ähnlich wie in der Marktzinsmethode – zugeordnet werden kann. Dies setzt jedoch eine detaillierte Schätzung zukünftiger Zinsstrukturen voraus. Aus Vereinfachungsgründen und zur besseren Interpretation erscheint eine Beschränkung auf zwei Marktzinssätze sinnvoll: einen kurzfristigen Geldmarktsatz für alle kurzfristigen Produkte und beispielsweise die Umlaufrendite festverzinslicher Wertpapiere für die langfristigen Produkte. Damit können tendenziell auch Drehungen der Zinsstruktur abgebildet und in die Simulationen integriert werden, was bei einem einheitlichen Marktzins nicht ohne weiteres möglich ist.

Mit der dynamischen Elastizitätsbilanz verfügen die Kreditinstitute heute über ein in der Praxis einsetzbares und recht leistungsfähiges Analyseinstrument, mit dem strategische Bilanz- und Zinsrisikosimulationen möglich sind. Darauf aufbauend können dann gezielte Steuerungsmaßnahmen ergriffen werden, die eine sachgerechte Steuerung des Zinsänderungsrisikos ermöglichen. Die Abbildung 51 faßt die einzelnen Risikokomponenten der dynamischen Elastizitätsbilanz noch einmal zusammen.

Kritische Würdigung

Komponenten des Zinsänderungsrisikos in der dynamischen Elastizitätsbilanz

Festzinsrisiko	Variables Zinsänderungrisiko	Fristenablaufrisiko
Risiko aus offenen Festzinspositionen	Risiko aus unterschiedlichen Zinsreagibilitäten im geschlossenen variablen Block	Risiko aus veränderten Konditionen bei auslaufenden Festzinsgeschäften
• Volumen der offenen Festzinsposition • Zinselastizität der Gegenposition • Marktzinsänderung	• Volumen geschlossener variabler Block • Zinselastizität aktiv Zinselastizität passiv • Marktzinsänderung	• Volumina der auslaufenden Festzinsgeschäfte • Konditionen im Ausgangsjahr • auslaufende Konditionen
off. FP $\cdot$ ZEL$_{Geg.Pos.}$ $\cdot$ MZÄ	Var. G $\cdot$ (ZEL$_A$ – ZEL$_P$) $\cdot$ MZÄ	ausl. FG $\cdot$ (Z$_{Ausg.J.}$ – Z$_{auslfd.}$)

Abbildung 51

Das Konzept ist jedoch insofern **unvollständig**, als **Kurswertrisiken festverzinslicher Wertpapiere** auch in der dynamischen Elastizitätsbilanz nicht berücksichtigt werden. Für die Analyse dieser Form des Zinsänderungsrisikos eignet sich insbesondere die im folgenden zu behandelnde Durations-Analyse.

5.1.4 Durations-Analyse

Marktwertbezogener Ansatz

Während die Zinsbindungsbilanz und das Elastizitätskonzept **GuV-orientiert** und damit **periodenbezogen** das Zinsänderungsrisiko analysieren, stellt die **Durations-Analyse** auf **Bar- bzw. Marktwerte** ab. Das Konzept wurde etwa zeitgleich von Macaulay und Hicks bereits Ende der dreißiger Jahre entwickelt (Eller, 1991). Unabhängig voneinander untersuchten sie die Einflüsse von Renditeänderungen am Kapitalmarkt auf die Kurse festverzinslicher Wertpapiere. Der grundsätzliche Zusammenhang ist in der Abbildung 52 dargestellt:

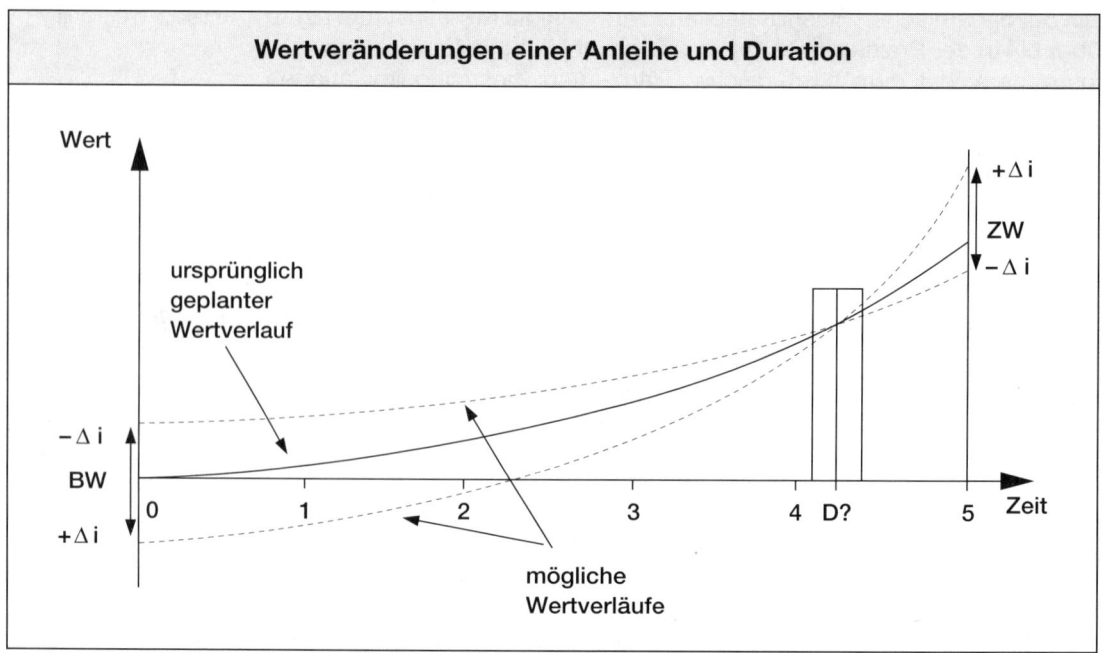

Abbildung 52   *(Quelle: Modifiziert entnommen aus: Süchting, 1989, S. 358)*

Zu einem bestimmten Zeitpunkt beträgt der **Markt- bzw. Barwert** einer Anleihe den Wert **BW**. Unter Berücksichtigung der Rendite dieser Anleihe ergibt sich aus **Zins und Zinseszins** ein zukünftiger **Wert am Ende der Laufzeit** in Höhe von **ZW**. Unterstellt ist dabei, daß die zwischenzeitlich gezahlten Zinsen jeweils wieder zu der ursprünglichen Rendite angelegt werden können. Kommt es nun zu einer einmaligen **Zinserhöhung** um + Δ i, so treten Kursverluste auf, und der heutige Wert der

Anleihe sinkt. Da aber die während der Laufzeit anfallenden Zinsen nun zu einer höheren Rendite wieder angelegt werden können und die Anleihe am Ende zu 100% zurückgezahlt wird, ergibt sich im Vergleich zur Situation vor der Zinserhöhung ein **höherer Zukunftswert**. Umgekehrt verhält es sich bei einer einmaligen **Marktzinssenkung**. Kursgewinne führen hier zu einem steigenden Barwert. Da die Zinsen jetzt aber nur zu niedrigeren Renditen wieder angelegt werden können, ergibt sich ein insgesamt **niedrigerer zukünftiger Wert**. Die Höhe des Zukunftswertes ZW ist also offensichtlich von der Höhe der eintretenden Marktzinsänderungen abhängig. Bezüglich dieses Wertes besteht daher ein Zinsänderungsrisiko.

Aus der Abbildung 52 ist jedoch ersichtlich, daß es innerhalb der Laufzeit des Wertpapiers einen **Zeitpunkt D** gibt, bei dem sich die **Kurs- und Zinseszinseffekte gerade ausgleichen**. Der Zeitraum zwischen dem heutigen Barwert und diesem Zeitpunkt D gibt die **Duration** des Wertpapiers an.

> **Die Duration ist eine Zeitgröße in Jahren, die den Zeitraum angibt, der bei einem festverzinslichen Wertpapier benötigt wird, damit sich die aus einer Zinsänderung ergebenden Kurs- und Zinseszinseffekte gerade wieder ausgleichen und damit die Ursprungsrendite sichert.**

Definition Duration

Da sich zum Zeitpunkt der Duration ein bestimmter feststehender Wert unabhängig von der eintretenden Marktzinsänderung ergibt, kann mit Hilfe der Duration eine **Immunisierung gegen Zinsänderungsrisiken** erfolgen. Der Wert zum Zeitpunkt D entspricht dem Barwert zuzüglich der Rendite i bis zu diesem Zeitpunkt. Er läßt sich wie folgt berechnen:

Immunisierung gegen das Zinsänderungsrisiko

$$\text{Wert zum Zeitpunkt der Duration} = BW\,(1 + i)^D$$

Will ein Investor zu einem bestimmten Zeitpunkt inklusive Zins- und Zinseszins über einen feststehenden Wert verfügen, so sollte er bei der Auswahl des hierfür notwendigen festverzinslichen Wertpapiers daher nicht auf die Laufzeit, sondern auf die Duration des Wertpapiers abstellen.

Die Duration wird oft auch als **barwertgewichtete mittlere Bindungsdauer** des Kapitals bezeichnet. Sie gibt den Zeitraum an, in dem ein Anleger sein Kapital zu einem festen Zinssatz durchschnittlich gebunden hat (Schierenbeck, 1994, S. 534). In der von Macaulay entwickelten Form wird deutlich, daß es sich mathematisch um die Berechnung eines **gewichteten arithmetischen Mittels** handelt, bei dem die einzelnen **Zahlungszeitpunkte mit den Barwerten der jeweiligen Zahlungen gewichtet** werden:

$$D = \frac{1}{BW} \sum \left(t \cdot \frac{C_t}{(1+i)^t} \right)$$

mit: D = Duration
      BW = Barwert des Wertpapiers
      t = Zeitpunkt einer Zins- oder Tilgungszahlung
      C_t = Zahlung in der Periode t
      i = Diskontierungszinssatz

Der **Bar- oder Marktwert BW** eines festverzinslichen Wertpapiers ergibt sich aus der Summe der Barwerte der einzelnen Zins- und Tilgungszahlungen und setzt sich aus dem **Kurswert zuzüglich aufgelaufener Stückzinsen** zusammen:

$$BW = \sum \frac{C_t}{(1+i)^t}$$

Aus der dargestellten Formel zur Berechnung der Marktwerte von festverzinslichen Wertpapieren wird auch deutlich, daß bei größerem i (Marktzinsanstieg) der Marktwert des Wertpapiers sinken muß. Der Nenner des Bruches wird dadurch größer, womit der Wert des Bruches insgesamt abnimmt. Da die Stückzinsen im Moment der Zinsänderung konstant bleiben, schlägt sich die Marktwertänderung unmittelbar in einer gleichgerichteten Kursänderung nieder.

Beispiel   Die Berechnung der Duration soll beispielhaft für eine Anleihe mit 8% Nominalzins und einer Restlaufzeit von 5 Jahren vorgenommen werden:

Beispiel zur Berechnung der Duration

Zeitpunkt	Zahlung	Barwerte	gewichteter Zeitpunkt
t	C_t	$\frac{C_t}{(1+i)^t}$	$t \cdot \frac{C_t}{(1+i)^t}$
1	8	7,27	7,27
2	8	6,61	13,22
3	8	6,01	18,03
4	8	5,46	21,86
5	108	67,06	335,30
Summen:	140	92,42	395,68

Duration: $D = \frac{395,68}{92,42} = 4,28$ Jahre

Abbildung 53

Bei einem Marktzinsniveau von 10% für vergleichbare Anleihen und einem Nominalbetrag von 100 DM ergeben sich die in der Tabelle angegebenen Barwerte der einzelnen Zahlungen (Angaben in DM). Die Summe dieser Barwerte ist der heutige **Marktwert** der Anleihe (Kurswert zuzüglich aufgelaufener Stückzinsen). Im Beispiel beträgt er **92,42 DM** oder bezogen auf den Nominalbetrag **92,42%**. Wird die Summe der mit den Barwerten der Zahlungen gewichteten Zahlungszeitpunkte durch den Marktwert der Anleihe dividiert, so erhält man mit **4,28 Jahren die Duration** der Anleihe.

Der **Cash-flow** dieser Anleihe und die ermittelten Barwerte sind in der Abbildung 54 dargestellt. Dort wird auch die Interpretation der Duration als mittlere barwertgewichtete Kapitalbindung deutlich.

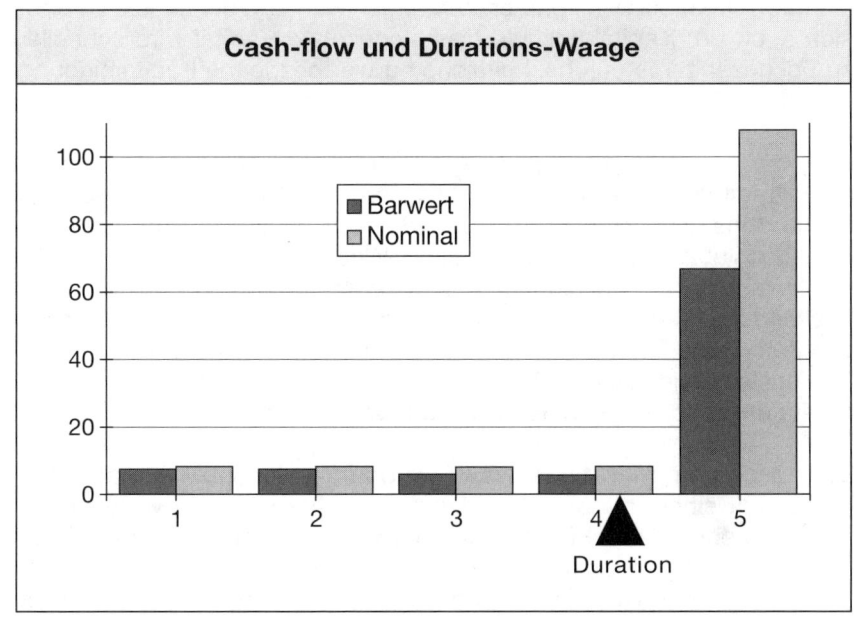

Abbildung 54

Bis zum Durations-Zeitpunkt wird aus heutiger Sicht die Hälfte des eingesetzten Kapitals in Form von Barwerten zukünftiger Zins- und Tilgungszahlungen zurückgeflossen sein. Faßt man die einzelnen Barwerte als Gewichte auf, die sich auf einer Waage (X-Achse) befinden, so gibt die Duration den Punkt an, an dem die Waage zum Ausgleich gebracht wird. Mit Hilfe des Bildes der Durations-Waage lassen sich auch die **Einflußfaktoren der Duration** veranschaulichen.

Die drei wichtigsten Einflußfaktoren, die die Höhe der Duration beeinflussen, sind

Einflußfaktoren der Duration

• die Länge der **Restlaufzeit**,
• die Höhe des **Nominalzinses** und
• die Höhe des zur Abzinsung verwendeten **Marktzinses**.

Einfluß der Restlaufzeit | Mit zunehmender Länge der **Restlaufzeit** verschiebt sich in der Abbildung 54 die – wegen der Tilgung – „gewichtige" Abschlußzahlung weiter nach rechts. Damit die Waage wieder zum Ausgleich kommen kann, muß deren Drehpunkt ebenfalls nach rechts verschoben werden; die Duration steigt. Zwischen der Restlaufzeit und der Duration besteht daher ein gleichgerichteter Zusammenhang. **Je länger die Restlaufzeit, um so höher ist unter sonst gleichen Bedingungen die Duration.**

Einfluß des Kupons | Der **Nominalzins** der Anleihe bestimmt insbesondere die Höhe der Gewichte, die links von der Abschlußzahlung liegen. Je höher der Nominalzins, um so größer ist die Bedeutung der vor der Abschlußzahlung liegenden Gewichte. Um die Waage wieder zum Ausgleich zu bringen, muß der Drehpunkt entsprechend nach links verschoben werden; die Duration sinkt. Mit den höheren Zahlungen während der Laufzeit erhöht sich auch der Kapitalrückfluß. Das eingesetzte Kapital wird schneller zurückgezahlt, die durchschnittliche barwertbezogene Kapitalbindung nimmt ab.

Die Wirkungsweise im umgekehrten Fall niedrigerer Nominalzinsen wird am Extrembeispiel des **Zero-Bonds** besonders deutlich. Bei Zero-Bonds ist die Höhe des Nominalzinses 0, und es fallen keinerlei Zahlungen vor der Abschlußzahlung an. Die Durations-Waage müßte daher bis zur Abschlußzahlung nach rechts verschoben werden. Die durchschnittliche Kapitalbindungsdauer und damit die Duration entspricht somit der Laufzeit des Zero-Bonds. Der Zusammenhang zwischen Nominalzins und Duration ist also gegenläufiger Natur. **Je höher der Nominalzins, um so kürzer ist unter sonst gleichen Bedingungen die Duration.**

Einfluß des Marktzinses | Bei steigendem **Marktzinsniveau** werden die Nominalwerte der Zahlungen mit einem höheren Marktzins diskontiert. Die Barwerte sinken entsprechend. Dieser Effekt wirkt sich bei den weiter in der Zukunft liegenden Zahlungen relativ stärker aus als bei den in der nahen Zukunft fälligen Zahlungen. Damit nimmt das Gewicht der am Ende der Laufzeit liegenden Abschlußzahlung in Relation zu den zeitlich vorher anfallenden Zinszahlungen stärker ab. Soll die Waage wieder zum Ausgleich gebracht werden, so muß der Drehpunkt nach links verschoben werden; die Duration verkürzt sich. Mit steigendem Marktzins steigt die Bedeutung früher Zahlungen im Vergleich zu zeitlich späteren Zahlungen an. Gleichzeitig können höhere Wiederanlageerträge erzielt werden. Barwertbezogen verkürzt sich damit die mittlere Kapitalbindungsdauer. **Je höher das Marktzinsniveau, um so kürzer ist die Duration.**

Wie die Abhängigkeit vom Marktzinsniveau zeigt, ist die Duration einer Anleihe nicht nur von deren Ausstattungsmerkmalen abhängig, sondern auch von externen Einflüssen. Damit kann die **Duration** auch **keine** für eine Anleihe **konstante Größe** sein. Vielmehr ändert sie sich im Zeitablauf mit Änderungen des Marktzinsniveaus und mit der Verkürzung der Restlaufzeit. Darüber hinaus treten Veränderungen der Duration unmittelbar zu den **Zahlungszeitpunkten** auf, da – im Bild der Waage – mit der Zahlung jeweils ein Gewicht links von der Waage fällt. Die Duration springt damit kurzfristig auf ein höheres Niveau.

Hat ein Investor die Duration seiner Anlage auf einen festen Planungszeitpunkt abgestellt, um sich so gegen Zinsänderungsrisiken abzusichern, so führt eine entsprechend **große Marktzinsänderung** dazu, daß **Durations-Zeitpunkt und Planungszeitpunkt nicht mehr übereinstimmen**. Will er seine ursprüngliche Rendite weiter sichern, so muß er in solche Wertpapiere umschichten, deren Duration dem verbleibenden Zeitraum bis zum Planungszeitpunkt entspricht.

Bisher wurde die Duration in erster Linie unter dem Gesichtspunkt der Immunisierung gegen Zinsänderungsrisiken diskutiert. Hierzu müssen Anlagedauer und Duration in Einklang gebracht und gegebenenfalls zwischenzeitliche Anpassungen vorgenommen werden. Eine weitere wesentliche Bedeutung der Duration für die Praxis liegt in ihrer Eignung zur **Schätzung des Kurs- bzw. Marktwertrisikos** festverzinslicher Wertpapiere. Mit Hilfe der Duration kann der Einfluß von Marktzinsänderungen auf den Marktwert relativ einfach näherungsweise geschätzt werden. Es gilt:

Schätzung des Kurswertrisikos mit Hilfe der Duration

$$\Delta BW = -\frac{1}{1+i} \cdot D \cdot BW \cdot \Delta i$$

Die Änderung des Marktwertes und damit auch die Änderung des Kurswertes einer Anleihe ergibt sich aus der Multiplikation des aktuellen Marktwertes mit der Duration, der Zinsänderung und dem Term $-1/(1+i)$. Wird der Term $1/(1+i)$ mit der Macaulay Duration zusammengefaßt, erhält man die Duration nach Hicks, die allgemein als **Modified Duration** bezeichnet wird.

$$MD = \frac{1}{1+i} \cdot D$$

Mit Hilfe der Modified Duration vereinfacht sich die oben genannte Schätzgleichung wie folgt:

$$\Delta BW = -MD \cdot BW \cdot \Delta i$$

Die Barwertänderung ergibt sich nun aus der Multiplikation der negativen Modified Duration mit dem Barwert (absolut) und der eingetretenen Zinsänderung. Bei einem Kurs von 100% und einer einprozentigen Zinserhöhung ergibt sich ein Kursrisiko, das der Höhe der Modified Duration entspricht. Bei einer Modified Duration von 5,6% würde der Kurs des Papiers also von 100% auf 94,4% sinken bzw. im umgekehrten Fall einer einprozentigen **Marktzinssenkung** auf 105,6% ansteigen.

Beispiel   Bei einem festverzinslichen Wertpapier mit einem Marktwert von z. B.
103,27 DM und einer Modified Duration von 6,45 würde eine Renditeänderung von 0,5% zu einer Kursveränderung von

$$- 6{,}45 \cdot 103{,}27 \text{ DM} \cdot 0{,}5\% = 3{,}33 \text{ DM}$$

führen. Der Marktwert würde also auf 106,60 DM ansteigen bzw. auf
99,94 DM sinken. Bei konstanten Stückzinsen führt dies zu einer Kursveränderung um 3,33% auf 106,6% bzw. 99,94%.

Zwischen der Duration und dem Zinsänderungsrisiko besteht also ein
positiver Zusammenhang.

**Je höher die Duration eines festverzinslichen Wertpapiers ist,
um so höher ist unter sonst gleichen Bedingungen auch sein
Kurs- bzw. Zinsänderungsrisiko.**

Die mit Hilfe der Modified Duration geschätzten Kursveränderungen
stellen jedoch nur **Näherungswerte** für die tatsächlich eintretenden
Kursänderungen dar. Der tatsächliche Kursverlauf bei Renditeänderungen weist einen gekrümmten Verlauf auf. Mit Hilfe der Modified Duration wird jedoch eine **lineare Schätzung** entlang einer Geraden vorgenommen, die als Tangente an den tatsächlichen Kursverlauf eine
Steigung in Höhe der Duration aufweist (vgl. Abbildung 55). Mathematisch entspricht die Modified Duration der 1. Ableitung der Barwertformel nach der Rendite.

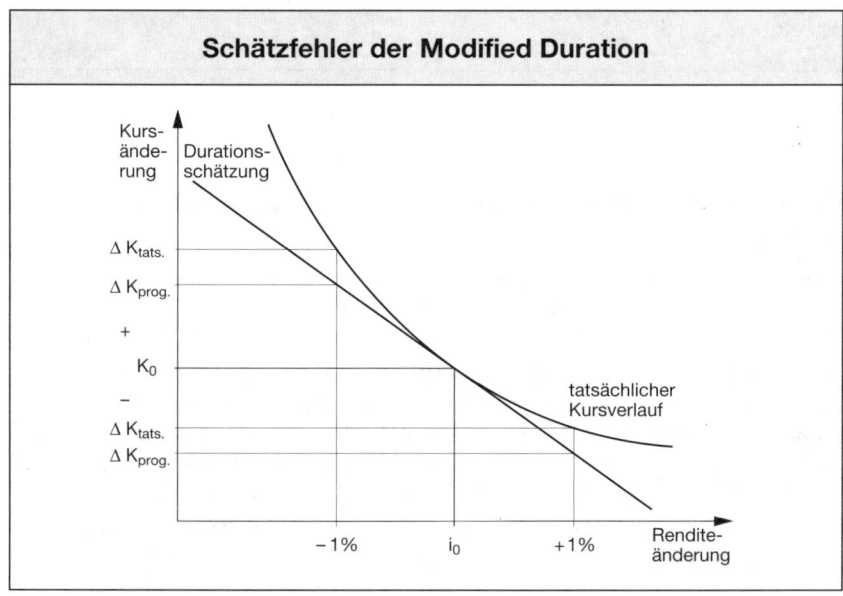

Abbildung 55

Bei einem gegebenen Renditeniveau i_0 weist ein festverzinsliches Wertpapier den Kurs K_0 auf. Kommt es nun zu einer Renditeänderung, so verändert sich der Kurs des Papiers entsprechend dem gekrümmten Linienverlauf. Bei einem Renditeanstieg um 1% sinkt der Kurs auf $K_0 - \Delta K_{tats.}$, bei einer Renditesenkung steigt er auf $K_0 + \Delta K_{tats.}$. Die entsprechend der eingezeichneten Geraden sich ergebenden Schätzwerte aus der Durations-Analyse weichen von diesen Ergebnissen ab. Sowohl bei Renditesenkungen als auch bei Erhöhungen liegt der prognostizierte Kurs unter dem tatsächlichen Kurs. Das bedeutet, daß bei Zinserhöhungen das eintretende Kursrisiko überschätzt und bei Zinssenkungen die Kurschance unterschätzt wird. Da somit die tatsächliche Wertänderung für den Investor immer positiver als die mit Hilfe der Duration geschätzte Wertänderung ist, wird die Durations-Schätzung auch als **Vorsichtsschätzung** bezeichnet.

Schätzfehler der Duration

Die dargestellte Abweichung ist dabei um so höher, je stärker die Krümmung des tatsächlichen Kursverlaufs ist. Mathematisch entspricht die Krümmung der Linie der zweiten Ableitung der Barwertformel nach der Rendite. Sie wird als **Konvexität** eines festverzinslichen Wertpapiers bezeichnet. Die Konvexität gibt an, um wieviel sich die Modified Duration eines festverzinslichen Wertpapiers verändert, wenn sich die Marktrendite um 1%-Punkt ändert (Eller, 1991).

Konvexität eines festverzinslichen Wertpapiers

In der Abbildung 55 ist auch erkennbar, daß die Abweichungen zwischen der Durations-Schätzung und dem tatsächlichen Kursverlauf mit der Höhe der Renditeänderung zunehmen. Darüber hinaus sind die Schätzfehler im positiven und im negativen Bereich nicht gleich hoch. Für kleine Renditeänderungen liefert die Durations-Schätzung jedoch durchaus brauchbare Werte. Bei Renditeänderungen bis +/–0,5% kann die Schätzung in der Regel als sehr gut und bei Renditeänderungen bis +/–1% immerhin noch als gut bezeichnet werden.

Siehe Seite 146

Beispiele für den Schätzfehler der Modified Duration						
Rendite-änderung in Basis-punkten	Bundesanleihe A (8,75%, f. 10.09.2000) • Ausgangsrendite 6,3% • Marktwert 114,22 DM • Modified Duration 5,378%			Bundesanleihe B (8%, f. 22.07.2002) • Ausgangsrendite 6,52% • Marktwert 110,05 DM • Modified Duration 6,346%		
am 10.03.93	$MW_{tats.}$	$MW_{prog.}$	Schätzfehler	$MW_{tats.}$	$MW_{prog.}$	Schätzfehler
+ 10	113,61	113,61	0,00	109,35	109,35	0,00
+ 100	108,08	108,07	0,01	103,08	103,07	0,01
+ 200	102,35	101,93	0,42	96,66	96,08	0,58
+ 300	97,02	95,79	1,23	90,76	89,10	1,66

(Quelle: Modifiziert entnommen aus Schierenbeck, 1994, S. 537)   *Abbildung 56*

Siehe Seite 147

Die dargestellten Abweichungen schränken die Anwendbarkeit des Konzepts in der Praxis daher auch nur in begrenztem Umfang ein. Die Abbildung 56 zeigt die Schätzfehler bei zwei konkreten Anleihen mit unterschiedlicher Duration beispielhaft auf.

Ermittlung einer
Portefeuille-Duration

Über die Anwendung für ein einzelnes Wertpapier hinaus kann die Duration auch für **Wertpapier-Portefeuilles** berechnet werden. Ein Wertpapier-Portefeuille kann letztlich wie ein einzelnes Wertpapier durch einen **feststehenden Cash-flow** beschrieben werden. Der Cash-flow des Portefeuilles entspricht den addierten Cash-flows der einzelnen Wertpapiere. Die Duration eines Portefeuilles festverzinslicher Wertpapiere ergibt sich dann als barwertgewichtetes Mittel der Durations der einzelnen Anleihen:

$$D_{Port.} = \sum D_i \cdot G_i$$

mit: $D_{Port.}$ = Duration des Portefeuilles
       D_i = Duration des Wertpapiers i
       G_i = Marktwertanteil des Wertpapiers i im Portefeuille

Mit der Duration steht daher eine einfache Kennziffer zur Verfügung, die Auskunft über das **Kurswertrisiko** eines festverzinslichen Wertpapier-Portefeuilles geben kann. Ein Ansteigen der Portefeuille-Duration signalisiert ein Ansteigen des Kurswertrisikos. Die Modified Duration des Portefeuilles gibt an, um wieviel Prozent sich der Marktwert des Portefeuilles bei einer einprozentigen Änderung der durchschnittlichen Portefeuille-Rendite verändert. Sie ist insofern auch als Zinselastizität des Marktwertes des Portefeuilles zu interpretieren.

Insbesondere im Portefeuille-Zusammenhang ergibt sich jedoch ein weiteres **Problem** bei der Anwendung der Duration. Die Duration berücksichtigt nur eine **einheitliche (Portefeuille-)Rendite** für sämtliche Wertpapiere des Portefeuilles, unabhängig von deren konkreten Laufzeiten. Darüber hinaus wird auch für sämtliche Wiederanlagen diese durchschnittliche Rendite unterstellt. Dies wäre jedoch nur für den Fall einer **flachen Zinsstruktur** richtig, bei der die kurzfristigen Zinsen die gleiche Höhe wie die langfristigen Zinsen aufweisen. Geht man von einer solchen flachen Zinsstruktur aus, so lassen sich mit der Duration auch nur **Parallelverschiebungen** berücksichtigen. Da in der Realität aber überwiegend nicht flache Zinsstrukturen und nur in seltenen Fällen echte Parallelverschiebungen vorkommen, kann die Duration in ihrer Grundform diese Wirkungen nicht erfassen. Die Duration kann daher in ihrer allgemeinen Form nur als **grober Schätzwert** für das Kursänderungsrisiko

eines Wertpapier-Portefeuilles dienen. Darüber hinaus sind bei Prognosen über das Kursrisiko künftiger Perioden die aus den eintretenden
Änderungen der Restlaufzeit resultierenden Kurswirkungen **(Laufzeit-
effekt)** zu berücksichtigen.

*Für Wertpapier-Porte-
feuilles ist die Duration
allein problematisch*

Erweiterungen des Grundmodells um laufzeitabhängige Diskontie-
rungsfaktoren oder die Ermittlung sogenannter **Key-Rate Durations**
(vgl. Bühler/Hies, 1995) können die Ergebnisse verbessern. Um jedoch
exakte Werte für eintretende Marktwertänderungen prognostizieren und
insbesondere auch um flexibel die unterschiedlichsten Zinsstrukturen
und deren Änderungen abbilden zu können, ist in jedem Fall aber die
genaue **Barwertberechnung und -simulation** vorzuziehen. Dies um so
mehr, da die Ermittlung der Cash-flows und Barwertberechnungen ohnehin schon für die Berechnung der Duration durchgeführt werden müssen. Insofern kann das konkrete Kursrisiko besser direkt als über den
Umweg der Duration ermittelt werden. Immerhin bietet die Duration als
Kennziffer jedoch die Möglichkeit, zumindest grundlegende Aussagen
zum Kursänderungsrisiko zu treffen, ohne jeweils konkrete Simulationen
durchführen zu müssen.

Die Durations-Analyse wurde von einigen Autoren auch auf ihre Eignung
zur Analyse des gesamten Zinsänderungsrisikos von Kreditinstituten
untersucht (Schmidt, 1981; Bühler/Herzog, 1989). Im Durations-Konzept ergibt sich das Zinsänderungsrisiko jedoch nicht wie im Elastizitätskonzept als Zinsspannenrisiko, sondern wegen der Barwertbetrachtung als **umfassendes Marktwertrisiko (MWR)**. Dieses Risiko resultiert aus unterschiedlichen Durations der Aktiva und Passiva:

*Überlegungen zur
Gesamtbankanalyse*

$$MWR = -(MW_A \cdot D_A - MW_P \cdot D_P) \cdot \text{Renditeänderung}$$

Stimmen der Marktwert der Aktiva multipliziert mit der durchschnittlichen Duration der Aktiva und der Marktwert der Passiva multipliziert
mit der durchschnittlichen Duration der Passiva überein (der Klammer-
ausdruck oben wird dann 0), so besteht offensichtlich kein Marktwert-
änderungsrisiko. Das Kreditinstitut wäre gegenüber Zinsänderungen
am Markt immun. Ist die durchschnittliche Duration der Aktiva jedoch
länger (kürzer) als die der Passiva, hat das Institut ein Marktwertrisiko
bei steigenden (sinkenden) Zinsen. **Je größer die als Duration Gap bezeichnete Differenz ist, um so höher ist das Marktwertrisiko des
Kreditinstituts.** Der bestechende Vorteil dieses Ansatzes ist, daß sämtliche Zinsänderungsrisiken eines Instituts in einer Größe komprimiert
zum Ausdruck gebracht werden können und die auch die zeitliche Verteilung dieser Effekte berücksichtigt.

Die Eignung des Konzepts für die über das Wertpapiergeschäft hin-
ausgehende Gesamtbankanalyse ist in der Praxis jedoch aus verschiedenen Gründen problematisch. Neben den bereits beschriebenen Pro-

Kritische Würdigung

blemen der Duration allgemein sind hier insbesondere zwei Bereiche zu nennen.

Zum einen bestehen zwischen der **buchwertorientierten** deutschen **Rechnungslegung** und den **Marktwerten** erhebliche Differenzen, die dazu führen, daß eine **GuV-Kompatibilität** der Steuerung nicht bzw. nur unter bestimmten Voraussetzungen darstellbar ist. Während Kurswertabschreibungen erfolgswirksam die GuV belasten, können mögliche dagegenstehende Erfolgswirkungen (ökonomisch sinnvolle Abschreibungen) bei Passivmitteln gleicher Fristigkeit nach deutschem Recht jedoch nicht zur Kompensation herangezogen werden. Darüber hinaus werden auch sämtliche Buchforderungen zu Buch- und nicht zu Marktwerten bilanziert. Obwohl eine Vielzahl von Ökonomen eine stärker marktwertorientierte Rechnungslegung und Unternehmenssteuerung fordern, ist zumindest fraglich, ob durch die Zunahme der Zinsvolatilitäten an den Märkten nicht zu viele und zu kurzfristige Steuerungsimpulse eine eher längerfristig orientierte Geschäftspolitik negativ beeinflussen könnten.

Zum anderen setzen die Bar- bzw. Marktwertbetrachtungen **fest determinierte Cash-flows** als Berechnungsgrundlage voraus. Diese finden sich jedoch **fast ausschließlich im Festzinsgeschäft**. Bei dem größten Teil des variablen Geschäfts der Kreditinstitute sind die Cashflows dagegen unsicher. Dies trifft insbesondere für den großen Block der Spareinlagen und der Sichteinlagen zu. Hier müßten zahlreiche Annahmen und Prognosen über zukünftige Entwicklungen angestellt werden, um eine sinnvolle Integration in das Konzept zu ermöglichen (vgl. Brammertz/Jäk, 1993). Da hiermit aber wiederum eine Vielzahl von möglichen **Prognosefehlern** verbunden ist, scheint die Einsetzbarkeit zur Gesamtbankanalyse und darauf aufbauender Gesamtbanksteuerung in einer typischen Universalbank stark eingeschränkt.

Während sich Prognosefehler in den anderen Konzepten über verschiedene Perioden verteilen und damit auch entsprechend zeitlich versetzte Anpassungen vorgenommen werden können, konzentrieren sich die Fehlerwirkungen im Barwertkonzept im heutigen Marktwert und lösen so gegebenenfalls unmittelbar Steuerungsimpulse aus.

Das **Barwertkonzept** und damit auch die **Duration** scheinen daher lediglich für solche Kreditinstitute ein geeignetes Analyseinstrument für die Gesamtbanksteuerung zu sein, die – wie z. B. die Hypothekenbanken – zum weitaus überwiegenden Teil fest determinierte Cashflows aufweisen. Ansonsten dürfte sich der Einsatz des Durations-Konzepts auf das **Wertpapiergeschäft**, insbesondere zur Abschätzung des Kurswertrisikos, beschränken. Für die überwiegende Zahl der deutschen Kreditinstitute dürften die im vorigen Kapitel dargestellten **strategischen Bilanz- und Zinsrisikosimulationen** daher besser für die Gesamtbankanalyse geeignet sein.

Werden die Durations-Analyse für den Wertpapiereigenbestand und die periodenbezogene Zinsrisikosimulation für die Gesamtbankanalyse verwendet, so resultieren aus der parallelen Verwendung der beiden Konzepte **Abstimmungserfordernisse**, damit nicht barwertorientierte Steuerungsmaßnahmen im Wertpapiergeschäft die langfristig orientierten Ergebnisse der Simulationsrechnungen konterkarieren. Wird mit Hilfe der dargestellten Analyseverfahren ein Handlungsbedarf bezüglich des Zinsänderungsrisikos aufgedeckt, so müssen im Anschluß daran gezielte Steuerungsmaßnahmen ergriffen werden.

5.2 Steuerung des Zinsänderungsrisikos

Die Einteilung der Risikosteuerung in Maßnahmen der **aktiven** (Beeinflussung der Risiken) und der **passiven** (Beeinflussung der Risikoträger) Risikosteuerung läßt sich grundsätzlich auch auf die Steuerung des Zinsänderungsrisikos übertragen. Die **passiven Steuerungsmaßnahmen** müssen sich jedoch im wesentlichen auf die **Bildung pauschaler Risikovorsorgen** beschränken, da eine Zurechnung von Zinsrisikokosten auf Einzelgeschäfte in der Regel nicht möglich und auch nicht sinnvoll erscheint. Dies soll am Beispiel des Festzinsgeschäfts verdeutlicht werden.

Das tatsächlich für ein Kreditinstitut in diesem Bereich bestehende Zinsänderungsrisiko resultiert letztlich nur aus den sich aus der Gesamtheit aller Geschäfte ergebenden **offenen Positionen**. Ein neues aktivisches Festzinsgeschäft kann je nach Situation zu einer weiteren Erhöhung eines bereits bestehenden Zinsänderungsrisikos führen oder aber eine offene passivische Festzinsposition schließen. Im ersten Fall wäre das Geschäft wegen der Erhöhung des Zinsrisikos mit zusätzlichen Risikokosten zu belasten. Sollte dagegen situationsbedingt der zweite Fall zutreffen, wäre dann konsequenterweise eine Gutschrift vorzunehmen. Darüber hinaus dürften für sämtliche Geschäfte innerhalb der geschlossenen Position keinerlei Zinsrisikokosten angesetzt werden. Diese Vorgehensweise würde zu einer **dezentral kaum noch nachvollziehbaren und verantwortbaren Konditionsgestaltung** führen.

Einzelgeschäftsbezogene Kalkulation von Zinsrisikokosten ist nicht sinnvoll

Würden Festzinsgeschäfte nicht situationsabhängig, sondern **grundsätzlich mit Zinsrisikokosten belastet**, so würde dies zu einer Erhöhung der Preise im Festzinsgeschäft führen. Da das Zinsänderungsrisiko aber nur aus dem (relativ kleinen) offenen Saldo der Festzinsgeschäfte resultiert, würden deutlich mehr Risikokosten kalkuliert, als an Risiko tatsächlich besteht. Angesichts des **Wettbewerbs** in der Kreditwirtschaft ist aber davon auszugehen, daß solche **unnötigen Kostenelemente in den Marktpreisen nicht durchsetzbar** sind.

Mit wenigen Ausnahmen ist daher eine Steuerung des Zinsänderungsrisikos mit passiven Steuerungsmaßnahmen nur über die Bildung

Maßnahmen der
aktiven Steuerung
stehen im Vordergrund

pauschaler Vorsorgereserven möglich. Die folgende Darstellung der Steuerung des Zinsänderungsrisikos beschränkt sich daher auf Maßnahmen der **aktiven Steuerung**.

5.2.1 Risikovermeidung mit Risikolimiten

Im Rahmen der aktiven Risikosteuerung ist zunächst wiederum die **Risikovermeidung** auf der Basis von **Limitsystemen** anzuführen. Neben der Begrenzung des gesamtbankbezogenen Zinsänderungsrisikos mit Hilfe eines Gesamtbanklimits eignen sich Limitsysteme zur Steuerung und Begrenzung des Zinsänderungsrisikos insbesondere in Teilbereichen wie den Handelsabteilungen, bei denen in bestimmtem Umfang Risikoverantwortung bezüglich des Zinsänderungsrisikos delegiert wird.

Volumenslimite vs.
Risikolimite

Wie bereits im Kapitel zu den organisatorischen Aspekten des Risk Managements angedeutet, sollten diese Limite jedoch nicht als traditionelle **Volumenslimite**, sondern als echte **Risikolimite** definiert werden. Die Begründung ist darin zu sehen, daß eine offene Position eines Händlers A in Höhe von 10 Mio. DM in zweijährigen festverzinslichen Wertpapieren ein anderes Zinsänderungsrisiko beinhaltet als eine offene Position in Höhe von 10 Mio. DM eines Händlers B in zehnjährigen festverzinslichen Wertpapieren.

Value-at-Risk-Konzept

Die Quantifizierung der Risikolimite erfolgt in der Praxis über das sogenannte **Money-** bzw. **Value-at-Risk-Konzept**, das sich auf die weiter oben bereits dargestellten wahrscheinlichkeitstheoretischen Zusammenhänge stützt (vgl. Abbildung 57). Aus den innerhalb eines bestimmten Zeitraums aufgetretenen Preisschwankungen wird das bestehende aktuelle Risiko geschätzt. Dabei wird aus den beobachteten vergangenen Schwankungen zunächst die **Standardabweichung** berechnet. Unter der **Annahme einer Normalverteilung** künftiger Preisschwankungen lassen sich dann bestimmten Schwankungsbereichen Wahrscheinlichkeiten zuordnen. Wird beispielsweise ausgehend vom heutigen Niveau die zweifache Standardabweichung nach oben und unten zugrunde gelegt, so deckt dieser Bereich allein 95,44 % der für möglich gehaltenen Schwankungen ab. Die Wahrscheinlichkeit dafür, daß sich Preise ergeben, die niedriger sind als die durch diesen Bereich festgelegte Untergrenze, beträgt demnach nur noch 2,28 % und kann deshalb vernachlässigt bzw. in gesonderten Crash-Szenarien berücksichtigt werden. Der Differenzbetrag zwischen dem heutigen Preis und der unteren Grenze des Schwankungsbereichs ist das **Money at Risk**, also der mit Risiko behaftete Geldbetrag. In der Abbildung 57 beträgt das Money at Risk 20 Mio. DM.

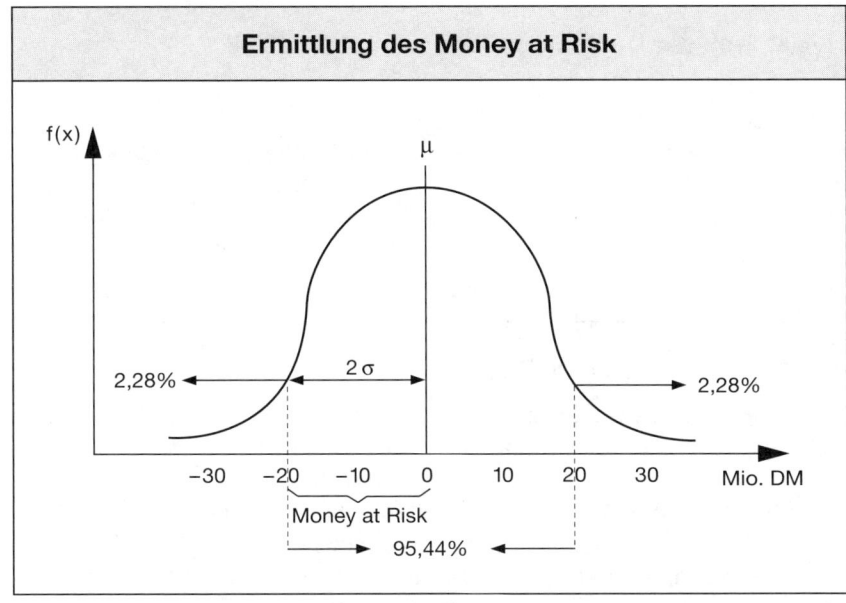

Abbildung 57

Die Deutsche Bank gibt in ihrem Geschäftsbericht 1994 beispielsweise an, daß ihr Money at Risk im Rentenhandel am 31.12.1994 56,8 Mio. DM betrug (Deutsche Bank, 1995, S. 42). Dabei wurde für die Berechnung der historischen Standardabweichung ein Zeitraum von 90 Tagen zugrunde gelegt und der **Schwankungsbereich** mit dem **1,65fachen** der so ermittelten Standardabweichung festgelegt. Die Wahrscheinlichkeit dafür, daß ein Verlust eintritt, der die 56,8 Mio. DM übersteigt, beträgt in diesem Modell noch 4,95%. In diesem Zusammenhang ist auch auf den **Zeitbezug der Verlust- bzw. Risikogröße Money at Risk** hinzuweisen. Da für die Ermittlung ein 90-Tage-Zeitraum herangezogen wurde, kann sich die Verlustschätzung auch nur auf einen in die Zukunft gerichteten 90-Tage-Zeithorizont beziehen. Insofern handelt es sich also um eine vergleichsweise kurzfristige Betrachtung.

Das hier dargestellte Money- bzw. Value-at-Risk-Konzept läßt sich grundsätzlich auch auf die **anderen Bereiche der Preisrisiken übertragen**. Es erlaubt somit auch eine Quantifizierung und Limitierung z. B. des **Aktienkursrisikos** und des **Wechselkursrisikos**. Das gesamte im Handelsbereich der Deutschen Bank bestehende Money at Risk gibt diese zum 31.12.1994 mit 130,8 Mio. DM an. Es setzt sich wie folgt zusammen:

Anwendung bei allen Preisrisiken möglich

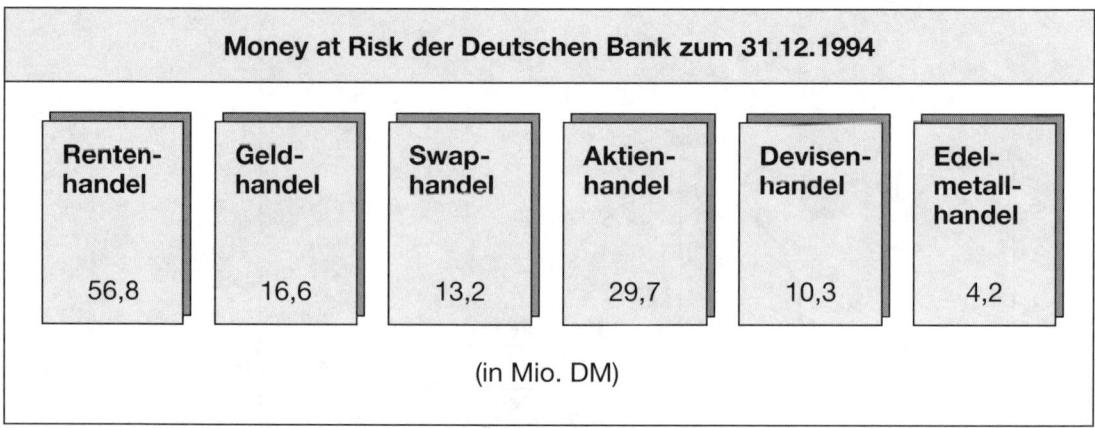

Money at Risk der Deutschen Bank zum 31.12.1994

Renten-handel	Geld-handel	Swap-handel	Aktien-handel	Devisen-handel	Edel-metall-handel
56,8	16,6	13,2	29,7	10,3	4,2

(in Mio. DM)

Abbildung 58   (Quelle: Deutsche Bank, 1995, S. 42)

Beim Einsatz eines Systems mit Risikolimiten – etwa in einer Handels-abteilung – wird jedem Händler bzw. jeder organisatorischen Einheit ein fester Risikokapitalbetrag auf Basis des Money at Risk zugeordnet. In-nerhalb dieses Risikorahmens können dann die mit Risiken behafteten Einzelgeschäfte durch die Verantwortlichen frei gewählt werden.

5.2.2 Risikoverminderung und Risikoüberwälzung

Für die Beeinflussung des Zinsänderungsrisikos im Rahmen der **Risi-koverminderung** und **Risikoüberwälzung** stehen eine Vielzahl von Steuerungsinstrumenten zur Verfügung. Neben **bilanziellen** Instru-menten sind hier insbesondere die **außerbilanziellen, derivativen** Fi-nanzinstrumente zu nennen.

Möglichkeiten der Steuerung im bilanziellen Geschäft

Eine **bilanzielle Steuerung** kann sowohl im **Kunden-** als auch im **In-terbankengeschäft** ansetzen. Beim **Kundengeschäft** ist jedoch zu berücksichtigen, daß eine gezielte Steuerung die Mitwirkung des Kun-den voraussetzt. Da sich bei der Kundennachfrage aber auch zins- und konjunkturphasenbedingt unterschiedliche Nachfrageschwerpunkte er-geben, ist eine aus internen Zinsrisikoüberlegungen gegebenenfalls ab-geleitete notwendige Verlagerung dieser Schwerpunkte in Produktbe-reiche mit anderen Zinsbindungen wohl **kaum oder nur zu unverhält-nismäßig hohen Kosten** möglich. Das Kundengeschäft ist daher für eine Steuerung des Zinsänderungsrisikos nur **sehr beschränkt geeig-net**. Dies gilt besonders für eine kurzfristige Steuerung.

Für die Steuerung des Zinsänderungsrisikos mit bilanziellen Instru-menten kommt somit vor allem das **Interbankengeschäft** und das Ge-schäft mit **institutionellen Kunden** (z. B. Versicherungen) in Frage. Durch gezielte Aufnahmen und Anlagen kurz- oder langfristiger Mittel am Interbankenmarkt läßt sich das Zinsänderungsrisiko beeinflussen.

Werden darüber hinaus verschiedene solcher Kassageschäfte miteinander kombiniert, so lassen sich auch zeitliche Verlagerungen darstellen, deren Wirkungen denen von echten Termingeschäften entsprechen.
Ein wesentlicher **Nachteil**, der sich vor allem bei umfangreichem Steuerungsbedarf einstellt, ist jedoch in der **Ausweitung der Bilanzsumme**
zu sehen. Da Kreditinstitute häufig mit Hilfe von auf die Bilanzsumme
bezogenen Kennziffern (z. B. Zinsspanne) Zeit- und Quervergleiche an-
stellen, führen umfangreiche Interbankengeschäfte unter Umständen
dazu, daß die Relationen nicht mehr vergleichbar sind. Unter rein opti-
schen Gesichtspunkten würde zwar ein höheres Wachstum ausgewiesen, gleichzeitig dürfte aber im Regelfall die Zinsspanne und damit
auch die Betriebsergebnis- und die Reingewinnspanne zurückgehen. Je
nachdem, in welchen Bereichen die Geschäfte getätigt werden, kann
darüber hinaus auch eine **Belastung in den Grundsätzen der Bankenaufsicht** resultieren. Ein weiterer Nachteil ist schließlich darin zu sehen, daß bilanzielle Geschäfte immer auch liquiditätswirksam sind und
somit eine Abstimmung mit der Liquiditätsdisposition erfordern. Für die
Steuerung des Zinsänderungsrisikos erscheinen daher insbesondere
außerbilanzielle, derivative Geschäfte geeignet.

*Nachteile der bilanziel-
len Steuerung*

5.2.2.1 Derivative Steuerungsinstrumente im Überblick

Seit Beginn der achtziger Jahre wurden zahlreiche bilanzneutrale
Finanzinnovationen entwickelt, die für eine Steuerung des Zinsänderungsrisikos in Frage kommen. Neben den mittlerweile etablierten
Grundformen gibt es eine Vielzahl von Kombinationsmöglichkeiten. Aus
der Fülle der vorhandenen Instrumente werden im folgenden aus Platzgründen nur einige ausgewählte Instrumente näher behandelt.

Grundsätzlich kann zwischen Instrumenten mit **symmetrischem** und
asymmetrischem Risikoprofil unterschieden werden. Ein symmetri-
sches Risikoprofil liegt vor, wenn sich Chancen und Risiken weitgehend
proportional zu den zugrunde liegenden Preisbewegungen nach oben
oder unten entwickeln. Für beide Vertragspartner sind die Gewinn- und
Verlustmöglichkeiten bei eintretenden Zinsveränderungen gleich groß.

*Symmetrische und
asymmetrische Risiko-
profile*

Zu den Instrumenten mit **symmetrischem** Risikoprofil zählen z. B. **Zins-
Swaps, Forward Rate Agreements (FRAs)** und **Zins-Futures**. Steigen
die Zinsen, so führt dies z. B. bei einem Zins-Future zu Kursverlusten, die
der Käufer zu tragen hat. Dem stehen jedoch in gleicher Höhe Gewinne
beim Verkäufer gegenüber. Im Falle sinkender Zinsen profitiert umgekehrt der Käufer von den sich ergebenden Kursgewinnen, und der Verkäufer erleidet entsprechende Verluste. Die Gewinne des Käufers entsprechen daher den Verlusten des Verkäufers und umgekehrt. Aufgrund
der feststehenden und für beide Seiten verbindlichen Zusammenhänge
werden diese Instrumente auch als **deterministische Instrumente** bezeichnet.

Optionale Produkte, wie z. B. **Caps** oder **Floors**, weisen dagegen ein **asymmetrisches Risikoprofil** auf. Die Chancen und Risiken, die sich aus Preisbewegungen nach oben oder unten ergeben, sind nicht gleich. Während das **Risiko des Käufers einer Option** nach unten auf die Höhe der Optionsprämie begrenzt ist, ist sein Gewinnpotential theoretisch unbegrenzt. Für den Verkäufer einer Option ist dagegen die Chance auf die Höhe der Optionsprämie begrenzt, sein Risiko als Stillhalter (ohne Deckung) ist aber nahezu unbegrenzt.

Ausgewählte Instrumente zur außerbilanziellen Zinsrisikosteuerung

Risikoprofil	Symmetrisch		Asymmetrisch	
Handel	Außerbörslich	Börsenmäßig	Außerbörslich	Börsenmäßig
Grundformen	Zins-Swaps Forward Rate Agreements (FRAs)	Zins-Futures z. B. BUND-Future Fibor-Future	Caps, Floors	
Kombinations-formen	Forward-Swaps		Collars Swaptions	Optionen auf Zins-Futures

Abbildung 59

Darüber hinaus kann unterschieden werden, ob die Instrumente **börsenmäßig** – etwa an der DTB in Frankfurt oder der Liffe in London – oder aber nur **außerbörslich** in Form sogenannter **OTC-Produkte** (over the counter) gehandelt werden.

5.2.2.2 Zins-Swaps

Zins-Swaps beinhalten den **Austausch** von zwei unterschiedlichen **Zinszahlungsverpflichtungen**, die sich auf einen einheitlichen zugrunde liegenden Nominalbetrag beziehen. Da nur die Zinszahlungsverpflichtungen und nicht der zugrunde liegende Nominalbetrag getauscht werden, entstehen keine gegenseitigen Kapitalforderungen. Der Swap ist deshalb bezüglich der zugrunde liegenden Nominalbeträge nicht bilanzwirksam. Der verwendete Begriff „Zins" weicht rechtlich und wirtschaftlich von dem im Zusammenhang mit Darlehen benutzten Zinsbegriff ab, da er in diesem Zusammenhang kein Entgelt für die Kapitalnutzung darstellt. Ist ausschließlich eine Währung involviert, handelt es sich um einen reinen **Zins-Swap**, sind dagegen zwei Währungen mit unterschiedlichen Zinsverpflichtungen Gegenstand des Swaps, spricht man von einem kombinierten **Zins-/Währungs-Swap** (Cross Currency Interest Rate Swap). Darüber hinaus sind eine Vielzahl von Variationsformen wie z. B. Amortizing Swaps, Callable Swaps usw. möglich.

Beim reinen Zins-Swap wird in der Grundform eine feste gegen eine variable Zinszahlungsverpflichtung getauscht. Die variable Zinsverpflichtung orientiert sich üblicherweise an einem **Referenzzins** wie Libor oder Fibor. Die feste Zinsverpflichtung ergibt sich aus den restlaufzeitabhängigen Zinssätzen der aktuellen Zinsstruktur zuzüglich eines Zuschlags.

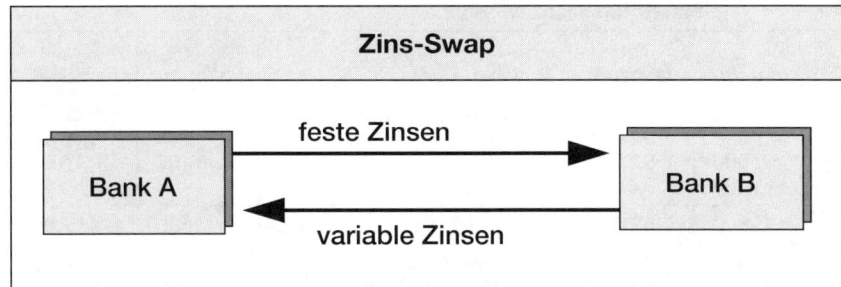

Zins-Swap

feste Zinsen

Bank A

Bank B

variable Zinsen

Abbildung 60

Einen Zins-Swap kann man entweder als **Festzinszahler** (Bank A) oder als **Festzinsempfänger** (Bank B) abschließen. Als **Festzinszahler** muß man zu den vereinbarten Terminen die in ihrer Höhe feste Zinszahlung leisten und erhält im Gegenzug die variable Zinszahlung, deren Höhe von der Entwicklung des Referenzzinses abhängig ist. Als **Festzinsempfänger** erhält man die festen Zinszahlungen und muß zu den vereinbarten Terminen die in ihrer Höhe unsicheren variablen Zinszahlungen leisten. Der **Festzinsempfänger profitiert von sinkenden Zinsen**, da er zukünftig niedrigere variable Zinszahlungen leisten muß, gleichzeitig aber die in ihrer Höhe fixierten festen Zahlungen erhält. Der **Festzinszahler profitiert umgekehrt von steigenden Zinsen**, da die variablen Zinszahlungen, die er erhält, im Zeitablauf ansteigen, seine zu leistenden Zahlungen aber konstant bleiben.

Im folgenden wird die **Sicherungswirkung von Zins-Swaps** im Konzept der **statischen Elastizitätsbilanz** verdeutlicht (in Anlehnung an Schierenbeck, 1994, S. 556 ff.). Ausgangsbasis ist die bereits in der Abbildung 47 dargestellte Elastizitätsbilanz. Dort wurde ein aktivisches Zinsänderungsrisiko in Höhe von 5,2 Mio. DM ermittelt, das aus einer um 0,104%-Punkte höheren durchschnittlichen Zinselastizität der Aktivseite resultiert. Zinsänderungsrisikofrei wäre das Beispielinstitut, wenn die durchschnittliche Zinselastizität der Aktivseite der der Passivseite entspräche. Im Rahmen eines **Makro-Hedges** wird nun also ein Sicherungsgeschäft gesucht, das die durchschnittlichen Elastizitäten nach Sicherung zum Ausgleich bringt und somit das Zinsänderungsrisiko eliminiert.

Beispiel: Steuerung des Zinsänderungsrisikos mit Zins-Swaps

Siehe Seite 134

Soll die Absicherung mit Hilfe eines Swap-Geschäfts erfolgen, ist zunächst zu entscheiden, ob man das Swap-Geschäft als **Festzinszahler** oder als **Festzinsempfänger** eingehen soll. Da im Beispiel ein aktivisches Zinsänderungsrisiko besteht, also ein Risiko bei sinkenden Zinsen, muß ein Swap-Geschäft abgeschlossen werden, bei dem man an sinkenden Zinsen profitiert. Wie oben gezeigt, ist dies der Fall, wenn man **Festzinsempfänger** ist und variable Zinsen zahlen muß.

Sicherungswirkung von Zins-Swaps in der statischen Elastizitätsbilanz					
Elastizitätsbilanz (in Mio. DM)					
Aktiva	*Volumen*	*Zins-elastizität*	**Passiva**	*Volumen*	*Zins-elastizität*
Barresere	200	0,00 %	Interbankverbindlichkeiten	300	0,90 %
Interbankforderungen	600	0,90 %	Sichteinlagen	200	0,00 %
Kontokorrentkredite	1 500	0,80 %	Termineinlagen	1 100	0,70 %
Kurzfristige Darlehen	1 300	0,60 %	Spareinlagen	2 400	0,40 %
variables Aktivgeschäft	3 600	0,70 %	variables Passivgeschäft	4 000	0,50 %
Anleihen u. Schuldverschr.	300	0,00 %	Sparbriefe	500	0,00 %
Kommunaldarlehen	400	0,00 %	Schuldverschreibungen	300	0,00 %
Hypothekendarlehen	700	0,00 %	Eigenkapital	200	0,00 %
Festzinsaktiva	1 400	0,00 %	Festzinspassiva	1 000	0,00 %
Aktiva gesamt	5 000	0,504 %	Passiva gesamt	5 000	0,400 %
Zins-Swap Festzinsseite	650	0,00 %	Zins-Swap variable Seite	650	0,80 %
Aktiva gesamt nach Swap	5 650	0,446 %	Passiva gesamt nach Swap	5 650	0,446 %

Abbildung 61   (Quelle: In Anlehnung an Schierenbeck, 1994, S. 556 ff.)

Unter der **Annahme, daß die variable Seite des Swaps eine Zinsela-stizität von 0,8 aufweist**, kann dann entsprechend dem Konzept der Ela-stizitätsbilanz eine Gleichung aufgestellt werden, in der das Swap-Volu-men gesucht wird, das die Elastizitäten auf Aktiv- und Passivseite zum Ausgleich bringt:

$$5000 \cdot 0,504\% + X \cdot 0,000\% = 5000 \cdot 0,400\% + X \cdot 0,800\%$$
$$5000 \cdot 0,504\% - 5000 \cdot 0,400\% = X \cdot 0,800$$
$$5,2 = X \cdot 0,800\%$$
$$5,2/0,800\% = X = \underline{650 \text{ Mio. DM}}$$

Zur vollständigen Eliminierung des Zinsänderungsrisikos ist somit ein Swap-Geschäft mit einem Volumen von 650 Mio. DM notwendig. Dies führt dazu, daß die durchschnittliche Elastizität der Aktivseite nach Sicherung auf 0,446 sinkt und die durchschnittliche Elastizität der Passivseite auf 0,446 ansteigt.

Will man nicht streng im Konzept der Elastizitätsbilanz argumentieren, so kann auch unmittelbar danach gefragt werden, welches Volumen ein Festzinsempfänger-Swap aufweisen muß, damit der bei einer Markt-zinssenkung um 1 % eintretende Verlust in Höhe von 5,2 Mio. DM gera-de ausgeglichen wird:

$$5,2 = X \cdot 0,800\%$$
$$5,2/0,800\% = X = \underline{650 \text{ Mio. DM}}$$

Die hier im Beispiel dargestellte Absicherung hat im Falle einer **normalen Zinsstruktur** sogar noch den Vorteil, daß der Zinsüberschuß ansteigt. Dieser Effekt resultiert aus den im Vergleich zu den variablen Zinsaufwendungen höher verzinslichen langfristigen Festzinszahlungen, die das Institut erhält. Soll die Absicherung dagegen wie normalerweise üblich auf einem hohen Niveau – etwa bei Vorliegen einer **inversen Zinsstruktur** – erfolgen, dann bedeutet der Abschluß des Swap-Geschäfts umgekehrt zunächst eine Verminderung des Zinsüberschusses. In diesem Fall wirkt der Swap insgesamt erst dann positiv, wenn die variablen Zinsen unter den vereinbarten Festzinssatz gesunken sind.

Ist die Ausgangssituation dagegen eine andere, und will man sich mit Hilfe eines Zins-Swaps als **Festzinszahler** beispielsweise gegen **steigende Zinsen** absichern, so sollte dies auf einem möglichst niedrigen Zinsniveau erfolgen. Da in diesem Fall regelmäßig eine normale Zinsstruktur vorliegt, führt der Abschluß des Sicherungsgeschäfts aus den oben angeführten Gründen (Zahlung hoher fester Zinsen und Erhalt niedriger variabler Zinsen) zunächst zu einer Reduzierung des Zinsüberschusses. Dieser Gewinnverzicht kann als **Versicherungsprämie** gegen steigende Zinsen aufgefaßt werden. Insgesamt positiv wirkt der Swap jedoch erst dann, wenn die variablen Zinsen über die Höhe des Festzinssatzes ansteigen.

Ob eine Sicherung mit Hilfe eines Zins-Swaps bei dieser Ausgangssituation erfolgen soll oder nicht, ist daher entscheidend von der erwarteten **Entwicklung der Zinsstruktur** abhängig. Würde die Absicherung beispielsweise zu Beginn einer länger andauernden Niedrigzinsphase erfolgen, bestünde kaum die Chance, während der Laufzeit des Swaps die in den ersten Jahren aufgelaufenen Verluste auszugleichen. Erfolgt die Absicherung dagegen erst kurz vor dem Wiederansteigen des Zinsniveaus, kann eine Absicherung sehr wirkungsvoll sein. Es genügt also nicht, nur das **richtige Absicherungsinstrument** auszuwählen, sondern entscheidend ist auch das **richtige Timing** der Absicherungsmaßnahmen.

Für die Absicherungsentscheidung ist auch die Zinserwartung relevant

Da diese längerfristigen Effekte von Sicherungsmaßnahmen in der **statischen Elastizitätsbilanz** nicht deutlich werden, sollten sie mit Hilfe der **dynamischen Elastizitätsbilanz** detailliert analysiert werden. Die Sicherungswirkung eines Zins-Swaps für die Zinsspanne verdeutlicht die Abbildung 62.

Siehe Seite 160

Während der Abschluß des Swap-Geschäfts in den ersten beiden Jahren noch zu einer niedrigeren Zinsspanne führt, ergibt sich ab 1994 ein Vorteil der Zinsspanne mit Swap gegenüber der Zinsspanne ohne Swap. Dieser Vorteil vergrößert sich in den folgenden Jahren mit der weiteren, unterstellten Entwicklung des Zinsniveaus. Bei der Entscheidung über die Sicherungsmaßnahme sind also die zunächst eintretenden Verluste den Vorteilen der Sicherung in den nachfolgenden Jahren gegenüberzustellen. Dabei sind auch die Wahrscheinlichkeiten für die unterstellte Zinsspannenentwicklung zu berücksichtigen.

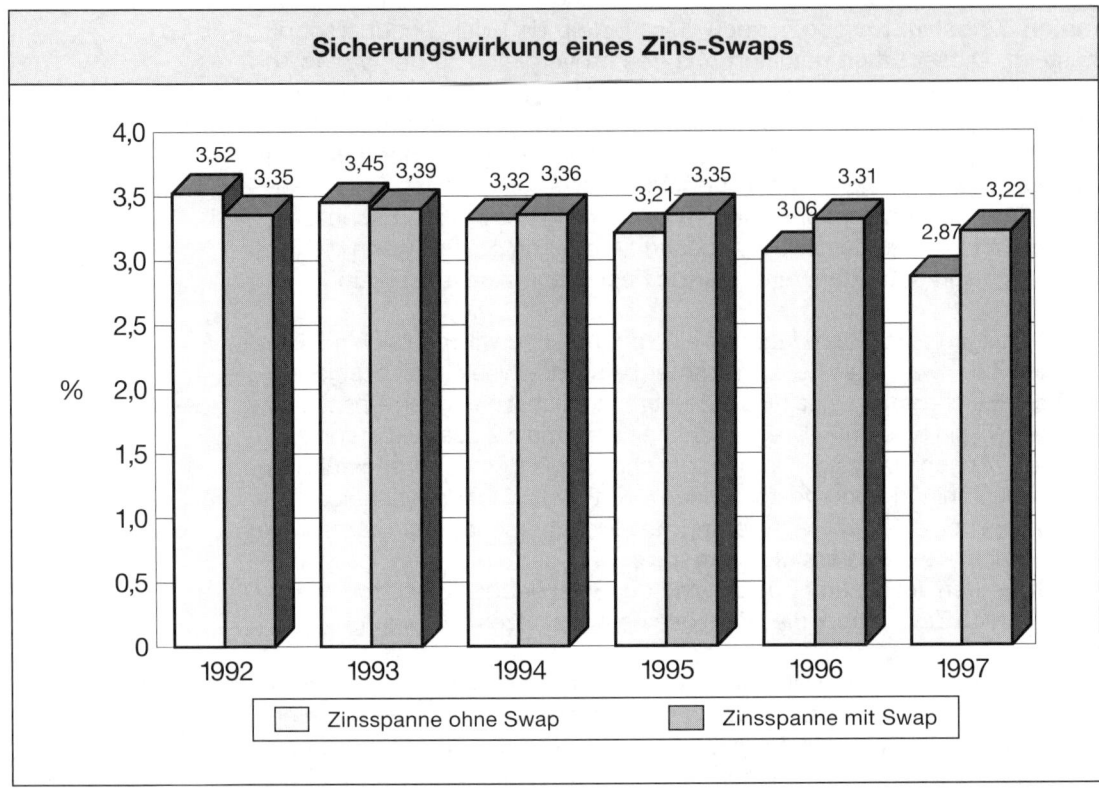

Sicherungswirkung eines Zins-Swaps

Abbildung 62   *(Quelle: Rolfes, 1994, S. 201)*

5.2.2.3 Forward Rate Agreements

Bei einem **Forward Rate Agreement (FRA)** vereinbaren zwei Vertragsparteien einen festen **Terminzinssatz (Forward Rate)** auf einen bestimmten Nominalbetrag für einen in der Zukunft liegenden Zeitraum und verpflichten sich, Ausgleichszahlungen zu leisten, sofern ein festgelegter Referenzzins zu Beginn des in der Zukunft liegenden Zeitraums über oder unter dem vereinbarten Terminzinssatz liegt. FRAs sind den echten, **unbedingten Termingeschäften** zuzuordnen, weil das beide Seiten bindende Verpflichtungsgeschäft heute, das Erfüllungsgeschäft jedoch erst zu Beginn der Sicherungsperiode erfolgt.

Quotierung von FRAs   Bei der **Quotierung** einer Forward Rate müssen die Länge der **Vorlaufperiode** und die **Gesamtlaufzeit** des Geschäfts angegeben werden. Bei einem 3/9 FRA beträgt die Dauer der Vorlaufzeit 3 Monate und die Gesamtlaufzeit 9 Monate. Die Länge der **Sicherungsperiode** ergibt sich mit 6 Monaten aus der Differenz der beiden Werte.

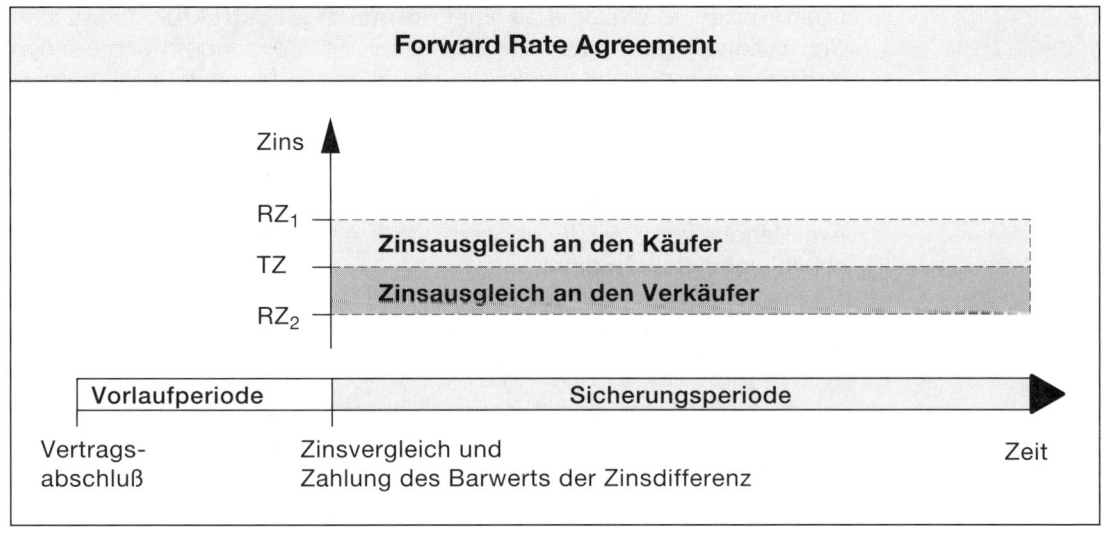

Abbildung 63

Liegt der **Referenzzins** – wie im Falle **RZ₁** in der Abbildung 63 – zu Beginn der Sicherungsperiode über dem vereinbarten **Terminzins TZ**, hat der Verkäufer dem Käufer den **Barwert** der auf die Sicherungsperiode berechneten **Zinsdifferenz** zu erstatten. Liegt der Referenzzins wie im Falle **RZ₂** jedoch unter dem vereinbarten Terminzins, muß umgekehrt der Käufer dem Verkäufer den Barwert der Zinsdifferenz auszahlen. Der **Käufer eines FRAs** kann sich somit gegen **Steigerungen des Referenzzinses** absichern, der **Verkäufer** entsprechend gegen **sinkende Zinsen**.

Wichtig dabei ist jedoch, daß der Refenzzins nicht auf seinem **aktuellen Niveau** bei Vertragsabschluß gesichert werden kann, sondern nur zu dem aus der **Zinsstruktur** abgeleiteten und für die Sicherungsperiode erwarteten Zinssatz. Dies ergibt sich aus der **Kalkulation des Terminzinssatzes.**

Terminzinsen sind wie Terminkurse im Devisengeschäft weniger eine Frage der individuellen und subjektiven Erwartung als vielmehr das Ergebnis konkreter **Arbitrage-Überlegungen und -Berechnungen**. Jedes **Zinstermingeschäft** kann durch die Kombination von zwei gegenläufigen Kassageschäften dargestellt werden.

Ableitung von Terminzinssätzen aus der aktuellen Zinsstruktur

Ein Investor beispielsweise, dem **in einem Jahr** ein Betrag von 10 Mio. DM zur Verfügung steht und den er **dann für weitere vier Jahre** anlegen möchte, kann sich gegenüber sinkenden Zinsen schützen, indem er den Betrag **bereits heute** entsprechend der aktuellen Zinsstruktur zum 5-Jahres-Zinssatz von 7% **anlegt**. Da ihm die hierfür notwendige Liquidität aber erst in einem Jahr zur Verfügung steht, muß er diesen Zeitraum mit einer **Kreditaufnahme** zum aktuellen Jahressatz von 5%

überbrücken. In diesem Fall einer **normalen Zinsstruktur** sichert sich der Investor jedoch nicht nur den Satz von 7%, sondern sogar einen darüber liegenden Satz, da er bereits im ersten Jahr aus der Kreditaufnahme und Geldanlage einen Überschuß von 2% (200 TDM) erzielt. Wird dieser Überschuß rechnerisch auf die vier anschließenden Jahre verteilt, ergibt sich näherungsweise eine **Rendite von 7,5%**. Mit den beiden gegenläufigen Kassageschäften sichert sich der Investor also eine Rendite von 7,5% für ein vierjähriges Anlagegeschäft, dessen Laufzeit in einem Jahr beginnt.

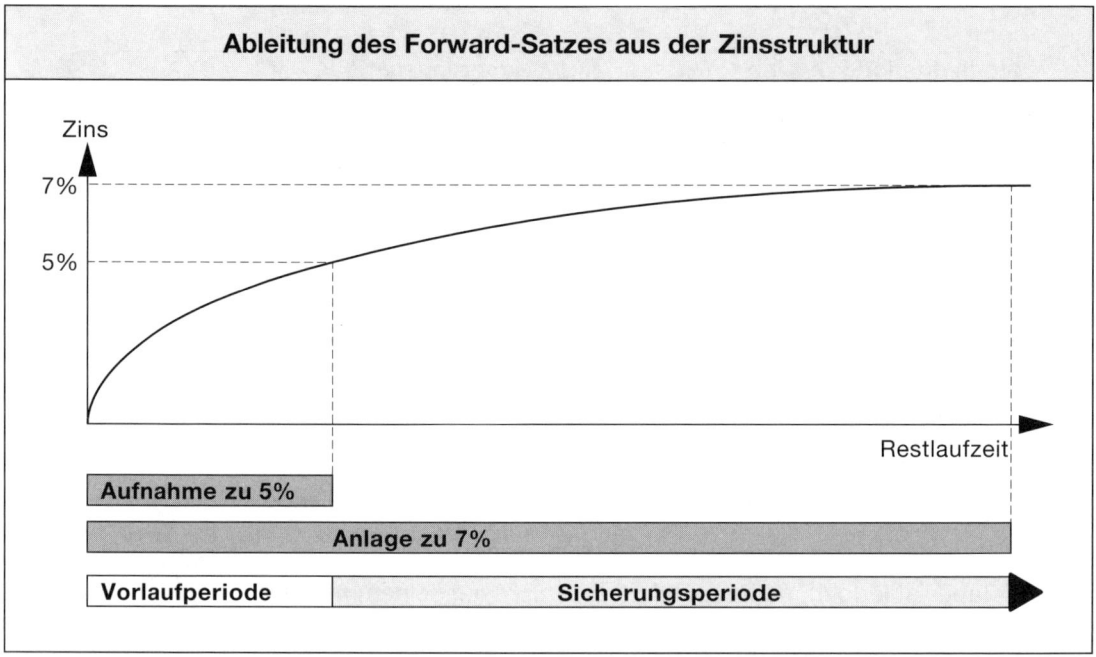

Abbildung 64

Diese Rendite entspricht näherungsweise der **implizit in der aktuellen Zinsstruktur zum Ausdruck kommenden Markterwartung** für den 4-Jahres-Satz in einem Jahr. Nur diese Rendite, nicht aber die aktuelle Rendite kann sich der Investor sichern. Während dies im gewählten Beispiel für den Investor positiv ist, braucht das Beispiel nur für einen Kreditnehmer umformuliert zu werden, und aus dem Vorteil wird ein Nachteil.

Würde der Investor von einem Geschäftspartner gebeten, ihm einen Terminzinssatz zu nennen, so könnte er aufgrund der **aktuellen Zinsstruktur** eine Forward Rate von ca. 7,5% anbieten, **ohne** dabei selbst ein **Risiko** zu übernehmen. Die finanzmathematisch exakte und **arbitragefreie Forward Rate** ergibt sich unter Rückgriff auf sogenannte **Zero-Bond-Renditen** wie folgt (Dresdner Bank, 1989, S. 9):

$$\textbf{Forward Rate} \ = \ \left[\frac{(1 + ZR_N)^N}{(1 + ZR_n)^n} \right]^{\frac{1}{t}} - 1$$

mit: ZR   =   Zero-Bond-Rendite
        N   =   lange Laufzeit
        n   =   kurze Laufzeit
        t   =   N − n

Betragen die aus der vollständigen Zinsstruktur abgeleiteten Zero-Bond-Renditen z. B. für 1 Jahr 5% und für 5 Jahre 7,0215%, so ergibt sich die exakte Forward Rate in Höhe von 7,5329%.

Wie an diesem Beispiel deutlich wird, lassen sich aus einer gegebenen Zinsstruktur **implizite Terminzinssätze** für beliebige, in der Zukunft liegende Sicherungsperioden ermitteln.

Eine Kombination aus einem Forward- und einem Swap-Geschäft ist der sogenannte **Forward-Swap**. Dieser Swap ist grundsätzlich identisch mit dem herkömmlichen Zins-Swap. Lediglich der Starttermin für den Swap wird auf einen zukünftigen Zeitpunkt verlegt. Diese Verzögerungsperiode kann einige Monate, aber auch einige Jahre betragen. *Forward-Swaps als Kombinationsform*

5.2.2.4 Zins-Futures

Zins-Futures entsprechen in ihrer grundsätzlichen Wirkungsweise den außerbörslichen Forward Rate Agreements. Sie sind daher ebenfalls den **echten Termingeschäften** zuzuordnen. Wie bei den FRAs steht wirtschaftlich die Absicherung des sich aus der Zinsstruktur ergebenden **Terminzinses** für eine bestimmte Sicherungsperiode im Vordergrund. Im Unterschied zu den FRAs wird jedoch nicht der Zins zwischen Käufer und Verkäufer, sondern der sich aus dem Zins ergebende **Kurs des Papiers** vereinbart. Es handelt sich damit letztlich um den standardisierten Kauf/Verkauf einer Anleihe per Termin. Da sich die Entwicklungen der Kurse von festverzinslichen Wertpapieren genau **gegenläufig** zu den Zinsentwicklungen verhalten (bei steigenden Zinsen sinken die Kurse), sind die **Sicherungswirkungen für Käufer und Verkäufer genau umgekehrt zu denen beim FRA**. Der **Verkäufer** eines Zins-Futures profitiert daher von **steigenden** Zinsen; der **Käufer** eines Zins-Futures profitiert dagegen – wie der Käufer eines festverzinslichen Wertpapiers – von **sinkenden** Zinsen. *Vergleich mit FRAs*

Zins-Futures werden als standardisierte Terminkontrakte an zahlreichen **Terminbörsen** auf der ganzen Welt gehandelt. Für den Handel in DM-Terminkontrakten sind insbesondere die **DTB** in Frankfurt und die **Liffe** in London zu nennen. Seit dem 23.11.1990 werden an der DTB Zins- *DM-Zins-Futures*

Futures gehandelt. Während dies zunächst ausschließlich Futures auf die langlaufenden **Bundesanleihen (BUND-Future)** waren, kamen später auch Kontrakte auf die mittelfristigen **Bundesobligationen (BOBL-Future)** und seit März 1994 auf die **15- bis 30jährigen Bundesanleihen (BUXL-Future)** sowie auf ein kurzfristiges **3-Monats-Fibor Interbanken-Termingeld (Fibor-Future)** hinzu. Damit waren die wesentlichen Teile der Zinsstruktur mit standardisierten Termingeschäften abgedeckt. Der Handel in BUXL-Futures wurde jedoch wegen mangelnder Nachfrage wieder eingestellt.

Merkmale eines
Future-Kontraktes Die wichtigsten Merkmale eines Future-Kontraktes sind:
- die **Spezifikation** des zugrunde liegenden Kassainstruments (**Underlying**, z. B. Bundesanleihe oder Bundesobligation),
- die **Kontraktgröße** (z. B. nominal 250 000,00 DM beim BUND-Future),
- die handelbaren **Fälligkeitstermine** (Serien, in der Regel ein bestimmter Stichtag im nächsten bzw. übernächsten März, Juni, September und Dezember) sowie
- Regelungen zu **Sicherheitsleistungen** und zur **Schlußabrechnung.**

Bei Eingehen einer Future-Position ist zunächst ein Mindesteinschuß **(Initial Margin)** als Sicherheitsleistung zu stellen. Beim BUND-Future wurden zeitweise als Risikogröße (maximales tägliches Verlustpotential) 200 Ticks (1 Tick = 0,01 %) zugrunde gelegt, so daß sich die Initial Margin für einen Kontrakt wie folgt ergibt:

$$250\,000,00 \text{ DM} \cdot 200 \cdot 0,01\% = 5\,000,00 \text{ DM}$$

Je nach Festlegung des maximalen täglichen Verlustpotentials kann sich die Höhe der notwendigen Initial Margin von Zeit zu Zeit ändern.

Während der Laufzeit sind dann gegebenenfalls weitere Sicherheitsleistungen **(Variation Margins)** zu stellen, wenn sich der börsentäglich ermittelte Wert **(Mark-to-Market-Bewertung)** nicht zugunsten des Marktteilnehmers entwickelt. Positive Wertveränderungen aus diesem „**Daily Settlement**" werden umgekehrt dem Konto des Marktteilnehmers gutgeschrieben.

Die Schlußabrechnung kann entweder die **effektive Lieferung** des zugrunde liegenden Basisinstruments (z. B. BUND- und BOBL-Future) oder einen **Barausgleich (Cash Settlement)**, wie beim Fibor-Future, vorsehen. Ist eine effektive Lieferung vorgesehen, so werden die Future-Positionen regelmäßig durch entsprechende Gegengeschäfte kurz vor dem Verfalltermin glattgestellt, um so die mit der Lieferung verbundenen Transaktionskosten zu vermeiden.

Bei der Ermittlung des „fairen" Preises von Future-Kontrakten ist zu unterscheiden, ob es sich um Kontrakte auf **kupontragende Titel** (BUND- und BOBL-Future) oder auf **nicht kupontragende Titel** (Fibor-Future) handelt.

Die **Preisermittlung für den Fibor-Future** kann mit folgendem Beispiel verdeutlicht werden:

Beispiel

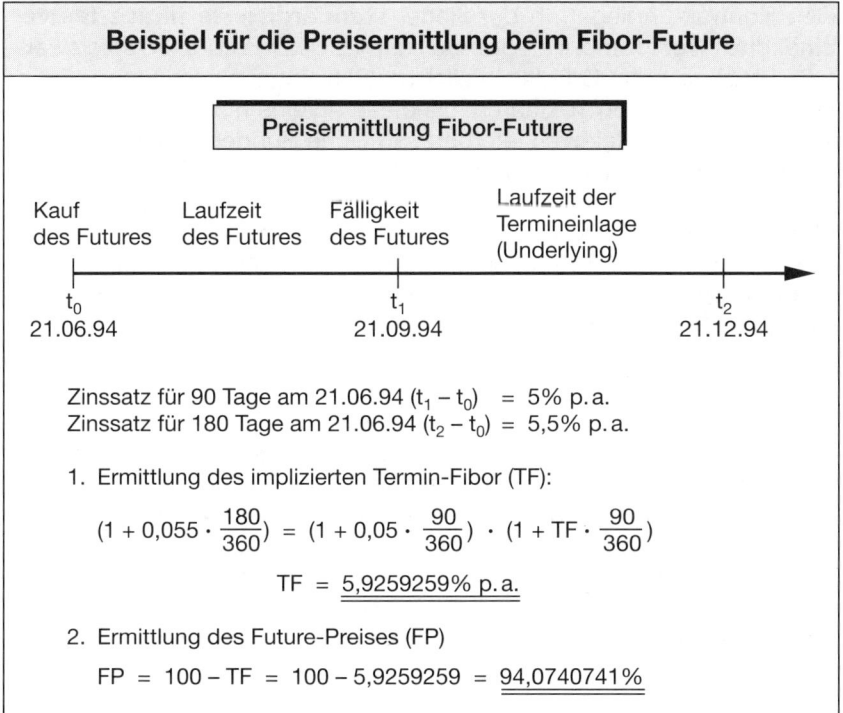

Beispiel für die Preisermittlung beim Fibor-Future

Preisermittlung Fibor-Future

Kauf des Futures — t_0 — 21.06.94

Laufzeit des Futures

Fälligkeit des Futures — t_1 — 21.09.94

Laufzeit der Termineinlage (Underlying) — t_2 — 21.12.94

Zinssatz für 90 Tage am 21.06.94 $(t_1 - t_0)$ = 5% p.a.
Zinssatz für 180 Tage am 21.06.94 $(t_2 - t_0)$ = 5,5% p.a.

1. Ermittlung des implizierten Termin-Fibor (TF):

$$(1 + 0,055 \cdot \frac{180}{360}) = (1 + 0,05 \cdot \frac{90}{360}) \cdot (1 + TF \cdot \frac{90}{360})$$

$$TF = \underline{5,9259259\% \text{ p.a.}}$$

2. Ermittlung des Future-Preises (FP)

$$FP = 100 - TF = 100 - 5,9259259 = \underline{94,0740741\%}$$

Abbildung 65

(Quelle: Meyer/Wittrock, 1994)

Aus der aktuellen Zinsstruktur per 21.06.1994 läßt sich ein 3-Monats-**Termin-Fibor** in Höhe von 5,926% berechnen. Aufgrund der Notierung des Future-Kontraktes ergibt sich daraus ein Kurs (Preis) des Futures von 94,074%. Dieser Kurs entspricht dem theoretischen Mittelkurs. Die tatsächlich gehandelten Kurse schwanken jedoch je nach Angebot und Nachfrage innerhalb einer engen Bandbreite, die durch die Transaktionskosten von **Arbitrage-Geschäften** und die Geld-/Brief-Spanne bestimmt wird.

Durch den **(Leer-) Verkauf** und späteren Rückkauf des Futures ist eine Sicherung des implizierten 3-Monats-Termin-Fibors möglich. Steigt der Fibor innerhalb der Laufzeit des Futures über den implizierten Termin-Fibor an, so erfolgt der spätere Rückkauf zu einem niedrigeren Kurs als der Verkauf. Die Kursdifferenz ist der Gewinn aus dem Future-Geschäft, der zur Abdeckung des abzusichernden Verlustes im Kassageschäft herangezogen werden kann. Hierin kommt auch die grundsätzliche Wirkungsweise des Hedging zum Ausdruck. Die Verluste, die in einer abzusichernden Kassaposition entstehen, werden durch die Gewinne im Hedge-Geschäft ausgeglichen.

Sicherungswirkung des Fibor-Futures

Die **Preisermittlung** für die Terminkontrakte auf **längerlaufende, kupontragende Kapitalmarktpapiere** umfaßt mehrere Faktoren.

Preisermittlung bei
Kupontiteln

Den Kontrakten liegen in der Regel **standardisierte fiktive festverzinsliche Wertpapiere** zugrunde; dem BUND-Future beispielsweise eine **idealtypische** Bundesanleihe mit 6% Nominalverzinsung und einer Restlaufzeit von 10 Jahren. Da diese Anleihe nicht gehandelt wird, können für eine effektive Lieferung sämtliche Bundesanleihen mit einer Restlaufzeit zwischen 8,5 und 10 Jahren verwendet werden. Aus den möglichen lieferbaren Anleihen ist diejenige auszuwählen, für die eine Lieferung am billigsten ist. Diese Anleihe wird als **Cheapest to Deliver (CTD)** bezeichnet und entspricht oftmals der zeitlich letzten Emission des Bundes (Landwehr, 1994, S. 147). Der Wert des Futures orientiert sich daher an der Kursentwicklung der Cheapest-to-Deliver-Anleihe.

Mit Hilfe sogenannter Preis- bzw. **Konversionsfaktoren (KF)** kann die idealtypische Anleihe in die tatsächlich lieferbaren Anleihen mit ihren unterschiedlichen Kupons und Restlaufzeiten umgerechnet werden. Der **Konversionsfaktor** gibt den **Marktwert** einer tatsächlich lieferbaren Anleihe für 1 DM Nennwert **bei einem Renditeniveau von 6%** an. Für Anleihen mit Kupons über 6% ist er daher größer 1, für Anleihen mit Kupons kleiner als 6% entsprechend kleiner 1. Ein Konversionsfaktor von z. B. 1,22 besagt, daß die tatsächlich lieferbare Anleihe einen verglichen mit dem Kontraktstandard (6% Kupon, 6% Rendite, Kurs 100%) um 22% (1,22 − 1) höheren Marktwert hat.

Bei Fälligkeit des Futures wird von der DTB der **Exchange Delivery Settlement Price (EDSP)** aus den letzten fünf Umsätzen ermittelt. Ist der Markt im Gleichgewicht, so entspricht der mit dem Konversionsfaktor der CTD-Anleihe gewichtete Abrechnungspreis des Futures (EDSP) dem Kassakurs (KK) der CTD-Anleihe (Schierenbeck, 1994, S. 567):

$$EDSP \cdot KF_{CTD} = KK_{CTD}$$

Der **„faire" Preis** des Futures läßt sich unter Arbitrage-Gesichtspunkten wieder aus zwei gegenläufigen Kassageschäften ermitteln. Eine zum Future vergleichbare Wirkungsweise kann auch erzielt werden, indem die fiktive Bundesanleihe bereits heute gekauft und die Laufzeit des Futures (also bis zur Lieferung der Anleihe) durch Aufnahme eines Kredites überbrückt würde. Für die fiktive Bundesanleihe ergäbe sich damit der **Marktwert F** des Futures aus dem **Kassakurs der Anleihe** zuzüglich der notwendigen **Finanzierungskosten (FK)** für den Kredit und abzüglich der seit dem letzten Kupontermin aufgelaufenen **Stückzinsen (SZ)**:

$$F = KK + FK - SZ$$

Die Differenz FK − SZ stellt die Kosten des Haltens des Kassatitels dar und wird als **Cost of Carry** bezeichnet.

Berücksichtigt man, daß sich der Preis des Futures an der CTD-Anleihe orientiert, so ergibt sich der Marktwert des BUND-Futures wie folgt:

$$F = (KK_{CTD} + FK - SZ) \cdot 1/KF_{CTD}$$

Wird diese Gleichung nach FK aufgelöst, so lassen sich für die tatsächlich gehandelten Futures die darin enthaltenen **(implizierten) Finanzierungskosten** ermitteln. Der sich daraus ergebende Geldmarktsatz wird als **Implied Repo Rate** (implizierter Refinanzierungssatz) bezeichnet. Die CTD-Anleihe weist die höchste Implied Repo Rate auf. Die professionellen Händler versuchen Arbitrage-Gewinne zu erzielen, indem sie die Anleihe kaufen und den Future-Kontrakt verkaufen (sogenannte **Cash-and-Carry-Arbitrage**). Die Differenz zwischen der Implied Repo Rate und den tatsächlichen Finanzierungskosten ist der Arbitrage-Gewinn (Landwehr, 1994, S. 147).

Aus der Gleichung oben ist ersichtlich, daß der **Wert des Futures** sich tendenziell **gleichlaufend** mit dem **Kassakurs der CTD-Anleihe** entwickelt. Da bei Zinssteigerungen der Kassakurs der CTD-Anleihe fällt, sinkt auch der Marktwert des Futures. Sinkende Zinsen führen umgekehrt zu Steigerungen des Future-Preises. Wie bereits erwähnt, kann sich der **Käufer eines Futures somit gegen sinkende Zinsen**, der **Verkäufer gegen steigende Zinsen** absichern.

Für die konkrete Absicherung ist entscheidend, welche Kassageschäfte (Basisgeschäfte) abgesichert werden sollen. Je nach **Basisgeschäft** ergeben sich unterschiedliche Größenordnungen für die notwendige Absicherung. Das sich ergebende **Absicherungsverhältnis** wird als **Hedge Ratio** bezeichnet.

Weitere Absicherungs-überlegungen

Sollte beispielsweise ein Bestand der fiktiven Bundesanleihe mit Hilfe des BUND-Futures abgesichert werden, so würde ein einfacher **Nominalwert-Hedge** genügen. Der Nominalwert des Future-Geschäfts müßte dem Nominalwert des abzusichernden Basisgeschäfts entsprechen; mithin würde die Hedge Ratio 1 betragen. Da diese Anleihe aber in der Realität nicht vorhanden ist und die Nominalwertgleichheit ansonsten regelmäßig keine genaue Absicherung gewährleistet, wird der einfache Nominalwert-Hedge auch als „naiver" Hedge bezeichnet.

Schon bezüglich der CTD-Anleihe müßte dieses Verhältnis daher um den Konversionsfaktor korrigiert werden. Da aber regelmäßig nicht die CTD-Anleihe, sondern eine Vielzahl anderer Anleihen oder gar ganze Wertpapier-Portefeuilles abgesichert werden sollen, muß die Hedge Ratio für diese Fälle anders berechnet werden. Entscheidend für die Erfolgswirkung des Hedgings ist dabei, daß die **Marktwertänderung des Basisgeschäfts der Marktwertänderung im Hedge-Geschäft entspricht.**

Werden lediglich kleinere Renditeänderungen erwartet und entspricht die Renditeänderung der abzusichernden Basisgeschäfte der Renditeänderung der CTD-Anleihe, so bietet sich der sogenannte **Duration Hedge** an. Dabei entspricht die Hedge Ratio dem Verhältnis der Kurswerte des Basisgeschäfts und der CTD-Anleihe korrigiert um das Verhältnis ihrer Modified Durations und den Konversionsfaktor (Schierenbeck, 1994, S. 566).

$$\textbf{Hedge Ratio} = \frac{\text{Kurswert Basisgeschäft}}{\text{Kurswert CTD-Anleihe}} \cdot \frac{\text{MD Basisgeschäft}}{\text{MD CTD-Anleihe}} \cdot KF_{CTD}$$

Da die Duration einen guten Schätzwert für die Marktwertänderung nur bei kleinen Renditeänderungen liefert, empfiehlt es sich, bei größeren erwarteten Renditeänderungen eine genaue Barwertsimulation vorzunehmen und die Sicherung darauf abzustimmen.

Probleme des
Duration Hedges

Darüber hinaus kann regelmäßig nicht von einer identischen Renditeänderung für das Basisgeschäft und die CTD-Anleihe ausgegangen werden. Soll beispielsweise ein Bestand kurzfristiger festverzinslicher Wertpapiere mit Hilfe des BUND-Futures abgesichert werden, so besteht im Extremfall das Risiko, daß bei einer **Drehung der Zinsstruktur** – mit gegenläufigen Entwicklungen am langen und am kurzen Ende – **zusätzlich zu den Verlusten im Basisgeschäft auch noch Verluste in der Future-Position auftreten**. Das Risiko unterschiedlicher Marktentwicklungen beim **Basisgeschäft** und beim **Underlying** des Futures wird als **Basisrisiko** bezeichnet. Je mehr das Basisgeschäft dem Underlying des Futures entspricht, um so geringer ist das Basisrisiko. Aber selbst wenn mit Hilfe des BUND-Futures ein Bestand von Pfandbriefen mit zur CTD-Anleihe identischer Restlaufzeit abgesichert werden soll, besteht das Risiko, daß aufgrund der Eigenarten des Pfandbriefmarktes zumindest kurzfristig die Renditeentwicklungen auseinanderlaufen können. Auch für diesen Fall würde somit ein Basisrisiko entstehen.

Für konkrete Sicherungsentscheidungen in der Praxis ist es daher wichtig, daß die Underlyings der Hedge-Geschäfte möglichst den abzusichernden Basisgeschäften entsprechen. Ist ein Bestand langlaufender festverzinslicher Wertpapiere abzusichern, so wäre der BUND-Future bzw. der BOBL-Future oder Kombinationen aus beiden zur Sicherung zu verwenden. Besteht dagegen das Risiko in einer Steigerung der Geldmarktsätze, so sollte die Sicherung eher über den Fibor-Future erfolgen.

5.2.2.5 Optionale Zinsprodukte

Optionale Zinsprodukte weisen im Gegensatz zu den bisher behandelten Instrumenten ein **asymmetrisches Risikoprofil** auf. Sie beinhalten für den Käufer das Recht, aber nicht die Pflicht zur Ausübung einer **Option**. Die grundsätzlichen Wirkungszusammenhänge bei optionalen Zinsprodukten entsprechen im wesentlichen denen der Aktienoptionen.

Die wohl weiteste Verbreitung unter den optionalen Zinsprodukten dürften die außerbörslich gehandelten **Caps** und **Floors** haben.

Der Zins-Cap ist eine vertragliche Vereinbarung zwischen Käufer und Verkäufer, in der sich der Cap-Verkäufer verpflichtet, innerhalb eines festgelegten Zeitraums die Differenz zwischen einer vereinbarten **Zinsobergrenze (Strike Rate)** und einem periodisch zu bestimmenden **Referenzzinssatz** (in der Regel Libor oder Fibor) zu zahlen, wenn der Referenzzins über der Strike Rate liegt. Im Gegenzug hat der Käufer dem Verkäufer die vereinbarte **Cap-Prämie** entweder zeitanteilig p. a. oder abdiskontiert zu Beginn der Laufzeit des Caps zu entrichten. *Sicherungswirkung eines Zins-Caps*

Da innerhalb der Laufzeit des Caps für jeden Bestimmungszeitpunkt des Referenzzinses ein eigenständiges Optionsrecht (Caplet) besteht, stellt der Cap technisch eine Aneinanderreihung mehrerer Einzel-Optionen mit zunehmend langer Vorlaufzeit dar. Jeder Bestimmungszeitpunkt für den Referenzzins wird als sogenannter Roll-over-Termin bezeichnet und muß in der Cap-Prämie gesondert kalkuliert werden. Der Gesamtpreis des Caps (Prämie) ergibt sich dann als Summe der Optionsprämien aller Einzel-Optionen.

Analog zur Optionspreisermittlung bei Aktienoptionen setzt sich der Wert einer Zinsoption aus dem **inneren Wert** und dem **Zeitwert** zusammen. Entsprechend der optionspreistheoretischen Modelle ergibt sich der **innere Wert** aus der **Differenz des (implizierten Termin-) Referenzzinses zur Strike Rate**, der **Zeitwert** ist vor allem von der verbleibenden **Laufzeit** der Option, der **Volatilität des Underlyings** (hier also des Referenzzinses) sowie des **Refinanzierungssatzes** (Cost-of-Carry-Überlegung) abhängig. *Preisbestandteile einer Zinsoption*

Zu einem bestimmten Roll-over-Termin ergibt sich der Wert der Einzel-Option aus der auf den Referenzzeitraum bezogenen Differenz zwischen dem Referenzzins und der Strike Rate (innerer Wert; Zeitwert = 0). Die Chancen und Risiken für den Käufer eines Caps zum Roll-over-Termin werden in der Abbildung 66 dargestellt. Dabei wurde eine **Strike Rate von 6%** und eine **Cap-Prämie von 1% p.a.** zugrunde gelegt. *Siehe Seite 170*

Bis zu einem Marktzins von 6% läßt der Käufer die Option verfallen und kann so an niedrigeren Zinsen profitieren. Da der Verkäufer keinerlei Zahlungen leisten muß, erleidet der Käufer im Vergleich zur ungesicherten Alternative einen Verlust in Form entgangener Gewinne in Höhe der Optionsprämie von 1%. Steigt der Referenzzins über 6% an, so wird die Option ausgeübt und der Verkäufer muß einen entsprechenden Differenzausgleich an den Käufer leisten. Da dieser Differenzausgleich bis zu einem Marktzinsniveau von 7% kleiner als 1% ist, erleidet der Käufer dennoch einen teilweisen Verlust der Optionsprämie. Erst ab einem Marktzinsniveau von 7% profitiert der Käufer von dem Cap, da jetzt die Refinanzierung unter Berücksichtigung der Kompen- *Beispiel* sation durch den Differenzausgleich des Verkäufers günstiger ist als die Refinanzierung ohne Cap. Der Käufer des Caps sichert sich daher wirtschaftlich eine **Zinsobergrenze von 7%** (Strike Rate + Prämie). Er kann sich somit gegen steigende Zinsen absichern, ohne jedoch auf die Chance aus sinkenden Zinsen verzichten zu müssen. Der Verkäufer kann im Falle sinkender Zinsen eine Zusatzrendite aus der vereinnahmten Cap-Prämie erzielen, der im Falle steigender Zinsen jedoch ein grundsätzlich unbegrenztes Risiko gegenübersteht.

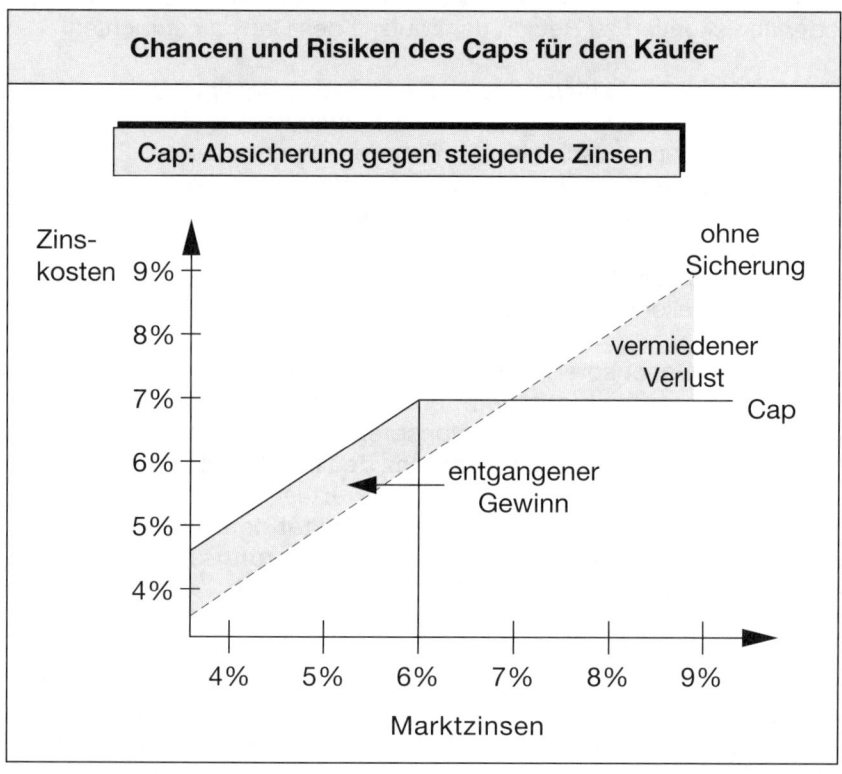

Abbildung 66

Sicherungswirkung eines Zins-Floors

Das Gegenstück zum Cap ist der Floor. Der **Zins-Floor** ist eine vertragliche Vereinbarung zwischen Käufer und Verkäufer, in der sich der Floor-Verkäufer verpflichtet, innerhalb eines festgelegten Zeitraums die Differenz zwischen einer vereinbarten **Zinsuntergrenze (Strike Rate)** und einem festgelegten Referenzzinssatz zu zahlen. Dafür hat der Käufer dem Verkäufer die vereinbarte Optionsprämie zu zahlen.

Ausgestaltung und Kalkulation von Floors entsprechen weitestgehend denen von Caps, wobei die Zusammenhänge spiegelbildlich zu sehen sind. Chancen und Risiken eines Floors zum Roll-over-Termin werden für den Käufer in der Abbildung 67 dargestellt. Dabei wurde eine **Strike Rate von 5%** und eine **Floor-Prämie von 1%** zugrunde gelegt.

Bei Marktzinsen über 5% läßt der Käufer die Option verfallen und kann so von den höheren Marktzinsen profitieren. Da er die Optionsprämie bereits gezahlt hat, steht er sich jedoch in Höhe der Optionsprämie schlechter als in der Alternative ohne Sicherung. Sinkt der Marktzins unter 5%, so übt er die Option aus, und der Verkäufer muß ihm die Differenz zur Strike Rate erstatten. Bis zu einem Marktzins von 4% stellt diese Differenz eine Kompensation für die gezahlte Prämie dar (Zone des verminderten Verlustes). Erst wenn der Marktzins unter 4% sinkt, ist der Floor für den Käufer in der Gewinnzone. Wirtschaftlich wird für den Anleger somit eine **Zinsuntergrenze von 4%** fixiert.

Beispiel

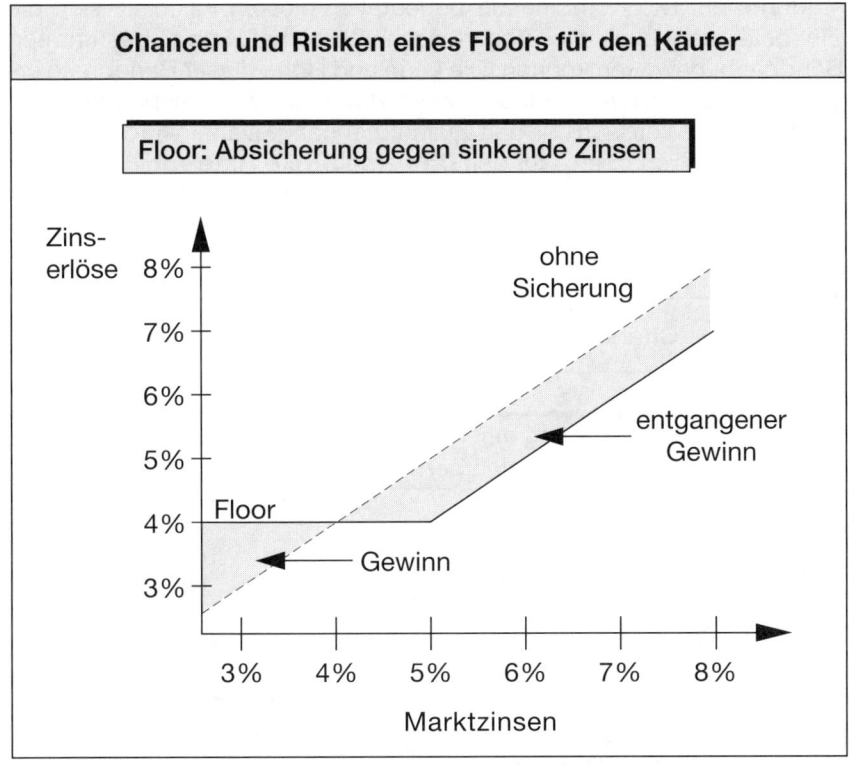

Abbildung 67

Der **Käufer** eines Floors sichert sich also gegen **sinkende Zinsen** ab, wobei er sich die Chance offenhält, an steigenden Zinsen zu partizipieren. Der Verkäufer kann bei steigenden Zinsen eine Zusatzrendite aus der vereinnahmten Floor-Prämie erzielen, der bei fallenden Zinsen jedoch ein grundsätzlich unbegrenztes Risiko gegenübersteht.

Für eine fundierte Beurteilung der Vorteilhaftigkeit eines Caps oder Floors ist neben der vereinbarten Strike Rate daher auch die periodisierte Prämie zu berücksichtigen. Darüber hinaus sind die (subjektiven) Wahrscheinlichkeiten für das Erreichen der jeweiligen Break-/Even-Zinssätze festzulegen und in die Entscheidung mit einzubeziehen.

Kombinationsform:
Collar

Eine **Kombination** aus einem **Cap-Kauf** und einem **Floor-Verkauf** wird als **Collar** bezeichnet. Der Floor wird dabei verkauft, um die zu zahlende Cap-Prämie ganz oder teilweise aus der vereinnahmten Floor-Prämie zu zahlen. Entspricht die vereinnahmte Floor-Prämie der zu zahlenden Cap-Prämie, so spricht man von einem **Zero-Cost-Collar.** Für den Käufer des Caps, der gleichzeitig der Verkäufer des Floors ist, ergibt sich damit sowohl eine **feste Zinsobergrenze** als auch eine **feste Zinsuntergrenze.** Die Obergrenze ergibt sich aus dem Cap, aus dem er bei höheren Zinsen die Differenz vom Verkäufer des Caps erstattet bekommt, die Untergrenze resultiert aus dem Floor, da er bei gegebenenfalls niedrigeren Zinsen die Differenz an den Käufer des Floors erstatten muß. Die Kombination bedeutet in diesem Fall, daß sich die Zinsbelastung bzw. die Zinserlöse nur innerhalb einer bestimmten Bandbreite bewegen können. Die Lage und Höhe dieser Bandbreite ergibt sich aus den vereinbarten Strike Rates und Optionsprämien. Die Abbildung 68 verdeutlicht den Zusammenhang. Dabei wurde – wie in den Abbildungen oben – für den **Cap eine Strike Rate von 6%** und für den **Floor von 5%** zugrunde gelegt. Die **Prämien** betragen in beiden Fällen **1%** und gleichen sich daher aus (Zero-Cost-Collar).

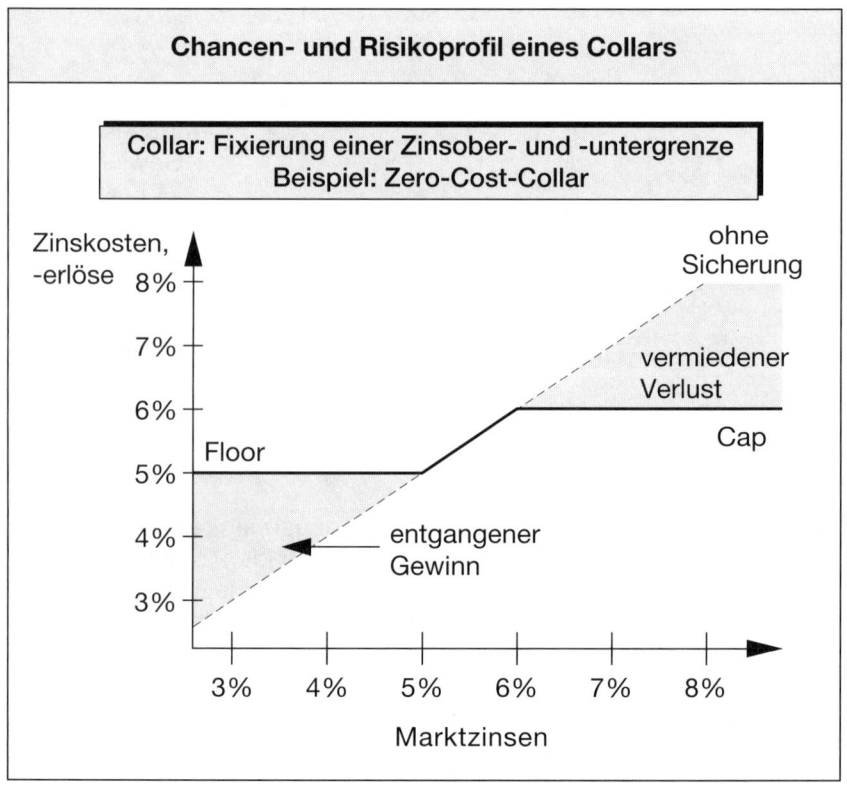

Abbildung 68

Auf diesem Wege kann beispielsweise eine **Absicherung gegen steigende Zinsen** erreicht werden. Als Zinsobergrenze ergibt sich – quasi ohne zusätzliche Kosten – im Beispiel ein Satz von 6%. Dafür können die Refinanzierungskosten aber auch nicht unter 5% sinken. Da hieraus eine relativ enge Bandbreite für die Refinanzierungskosten resultiert, müssen bei konkreten Sicherungsentscheidungen die Chancen und Risiken dieser Alternative den aktuellen (festen) Marktsätzen gegenübergestellt und bewertet werden.

Die Option auf ein in der Zukunft liegendes Swap-Geschäft wird als **Swaption** bezeichnet. Die wirtschaftliche Bedeutung von Swaptions liegt beispielsweise in der Bewertung von **vorfälligen Kündigungsrechten** bei festverzinslichen Anleihen bzw. in der Absicherung dieser Kündigungsrechte. Besitzt ein Anleiheschuldner ein solches Kündigungsrecht, so kann sich der Anleihegläubiger durch den Kauf einer Festzinsempfänger-Option den im Swap vereinbarten Festzins abzüglich der annualisierten Optionsprämie sichern. Insgesamt sind daher vier Kombinationen möglich, in denen man als Käufer oder als Verkäufer einer Option auf einen Festzinszahler- oder Festzinsempfänger-Swap auftreten kann. Aufgrund ihrer flexiblen Gestaltbarkeit eröffnen Swaptions zahlreiche weitere Steuerungsmöglichkeiten im Bereich des Zinsänderungsrisikos.

Swaption

Börsengehandelte optionale Zinsprodukte existieren ausschließlich in Form von **Optionen auf Zins-Futures**. An der DTB werden z. B. seit Anfang der 90er Jahre Optionen auf den BUND- und BOBL-Future gehandelt. An der Liffe darüber hinaus auch auf kurzfristige Euro-DM-Futures. Optionen auf Zins-Futures beinhalten das Recht, eine entsprechende Future-Position zum vereinbarten Strike Price zu erwerben. Dafür muß an den Verkäufer die Optionsprämie entrichtet werden. Bei einer BOBL-Future-Kaufoption zum Beispiel steigt der Käufer der Option bei Ausübung der Option ebenfalls als Käufer in den Future-Kontrakt ein. Insgesamt stellen die Optionen auf Futures eine weitere Abrundung der derivativen Produktpalette dar. So lassen sich auch im Bereich der börsengehandelten Instrumente die mit Optionen verbundenen besonderen Chancen-/Risikoprofile realisieren.

Börsengehandelte Optionen auf Zins-Futures

5.2.2.6 Überblick zum Einsatz ausgewählter derivativer Instrumente

Die hier behandelten ausgewählten derivativen Instrumente zur Steuerung des Zinsänderungsrisikos werden abschließend noch einmal in einer Übersicht (Abbildung 69) zusammengefaßt.

Überblick zum Einsatz ausgewählter derivativer Steuerungsinstrumente				
Bilanz	Aktiva		Passiva	
Zinsbindung	kurzfristig	langfristig	kurzfristig	langfristig
Betrachtung	GuV-orientiert	Barwert-orientiert	GuV-orientiert	Barwert-orientiert
Zinssatz	variabel	fest	variabel	fest
Zinsrisiko bei	sinkenden Zinsen	steigenden Zinsen	steigenden Zinsen	sinkenden Zinsen
Sicherungs-richtung	in Festsatz wechseln	in variablen Satz wechseln	in Festsatz wechseln	in variablen Satz wechseln
Duration	verlängern	verkürzen	verlängern	verkürzen
Ø Zins-elastizität	verringern	erhöhen	verringern	erhöhen
Instrumente:				
Zins-Swap Festzinsseite	Empfänger	Zahler	Zahler	Empfänger
FRA	verkaufen	kaufen	kaufen	verkaufen
Zins-Future	kaufen	verkaufen	verkaufen	kaufen
Cap	verkaufen	kaufen	kaufen	verkaufen
Floor	kaufen	verkaufen	verkaufen	kaufen

Abbildung 69   (Quelle: In Anlehnung an Dresdner Bank, 1989, S. 13)

Ausgangspunkt sind dabei die auf der Aktiv- oder Passivseite bestehenden Zinspositionen. Für die kurzfristigen **variablen Bestände** wird primär auf die **GuV-orientierte Betrachtungsweise** und für die längerfristigen **Festzinsbestände** primär auf die **Barwertbetrachtung** abgestellt. Für diese Positionen lassen sich dann die risikobehafteten Zinsänderungsrichtungen und die zur Absicherung erforderliche entgegengesetzte Sicherungsrichtung angeben. Die Zielrichtung der Sicherung wird anhand der Kriterien der Duration und der durchschnittlichen Zinselastizität konkretisiert. Für die sich ergebenden vier grundsätzlichen Fälle lassen sich dann die jeweiligen Handlungsempfehlungen zum Einsatz der derivativen Steuerungsinstrumente formulieren.

Beispiel So besteht beispielsweise bei **variablen Zinsen auf der Passivseite** ein **Zinsänderungsrisiko bei steigenden Zinsen**. Die grundsätzliche Sicherungsrichtung muß daher ein Wechseln in feste Zinsen vorsehen. Dies kann erreicht werden, indem die Duration der Passivseite verlängert bzw. die durchschnittliche Elastizität der Passivseite verringert wird. Tendenziell kann dieser Effekt mit sämtlichen Instrumenten erreicht werden. So z. B. durch Abschluß eines Zins-Swaps als Festzinszahler oder durch Kauf eines FRAs bzw. Verkauf eines Futures oder durch Kauf eines Caps bzw. Verkauf eines Floors.

Die genannten Instrumente sind jedoch – je nach Ausgangssituation und Risikolage – unterschiedlich gut zur Sicherung geeignet. Insbesondere wegen des oben bereits erläuterten **Basisrisikos** sollten sich das risikobehaftete **Basisgeschäft** und das **Underlying des Sicherungsgeschäfts** möglichst weitgehend in Art und Umfang entsprechen. Zur Absicherung eines Zinsänderungsrisikos bei den kurzfristigen Geldmarktzinsen ist daher ein BUND-Future vergleichsweise schlecht, der Fibor-Future oder ein Zins-Cap dagegen deutlich besser geeignet.

Darüber hinaus ist auch der **zeitliche Horizont** der Sicherungsentscheidung von Bedeutung, da für die einzelnen Instrumente zum Teil nur in bestimmten Laufzeitbereichen **liquide Märkte** existieren. Die Abbildung 70 gibt hierzu einen Überblick:

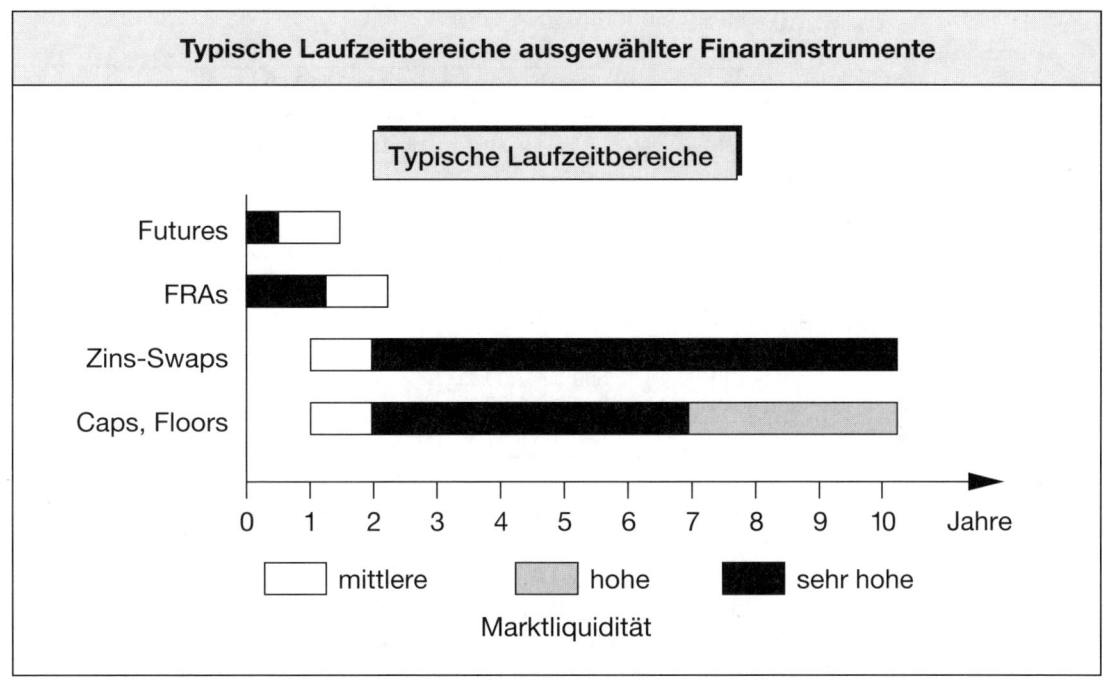

(Quelle: Dresdner Bank, 1989, S. 12)   *Abbildung 70*

Während Futures und FRAs eher kurzfristige Zeiträume abdecken, sind mit Swaps und den optionalen Caps und Floors durchaus auch Zeiträume bis zu 10 Jahren abzudecken. Wie im Rahmen der FRAs dargestellt, lassen sich darüber hinaus durch die Kombination von zwei gegenläufigen Kassageschäften Sicherungen für beliebige Zeiträume konstruieren, die in ihrer Wirkungsweise denen von FRAs entsprechen.

Arbeitsaufgaben

1. Insbesondere zu Anfang der achtziger Jahre hat das bis dahin weitgehend vernachlässigte Zinsänderungsrisiko stark an Bedeutung gewonnen.

   a) Worauf war diese Bedeutungszunahme zurückzuführen?

   b) Welche Formen des Zinsänderungsrisikos lassen sich unterscheiden?

   c) Erläutern Sie die Einflußfaktoren des Zinsänderungsrisikos.

   d) Stellen Sie die drei verschiedenen Ansätze zur Analyse des Zinsänderungsrisikos in ihren Grundzügen dar, und arbeiten Sie die jeweils bestehenden Gemeinsamkeiten und Unterschiede heraus.

2. Die FESTO-Bank AG weist zum 31.12.00 die nachstehend angegebenen Geschäftspositionen auf:

Geschäftspositionen per 31.12.00					
Geschäftspos. in Mio. DM	Volumen	Zinssatz	Restlaufzeit in Jahren	Tilgung p. a. per 31.12.	Zins-bindung
Aktiv Realkredite Festv. Wertp. Interbanken	1 200 1 200 400	8,00 % 10,00 % 9,00 %	5 3 0,25	200 endfällig endfällig	fest fest variabel
	2 800	9,00 %			
Passiv Sparbriefe Inhaber-SV Termineinl.	1 500 500 800	5,00 % 7,00 % 8,00 %	4 2 0,25	endfällig endfällig endfällig	fest fest variabel
	2 800	6,21 %			

   a) Erstellen Sie für das Institut eine Zinsbindungsbilanz.

   b) Ermitteln Sie die Auswirkungen auf die Zinsüberschüsse der einzelnen Jahre, wenn es aufgrund von Marktzinsänderungen zu dem bei Zinsbindungsbilanzen üblicherweise unterstellten Anstieg des Zinsniveaus um 1% kommt.

   c) Zeigen Sie, wie mit Hilfe von bilanziellen Sicherungsgeschäften das Zinsänderungsrisiko vollständig ausgeschaltet werden kann.

   d) Wieso ist eine Beurteilung des Zinsänderungsrisikos allein auf Basis der Informationen der Zinsbindungsbilanz problematisch?

3. Der Vorstand der ELASTI-Bank AG hat in den vergangenen Jahren eine starke Abhängigkeit der Erfolgslage des Instituts von der Zinsentwicklung auf den Geld- und Kapitalmärkten festgestellt. Im Anschluß an ein Seminar zum Thema „Zinsänderungsrisiken in Kreditinstituten" entschließt er sich, im Hause ein systematisches Risikomanagementkonzept zur Beurteilung und Steuerung des Zinsänderungsrisikos zu implementieren.

a) Erläutern Sie fallbezogen die verschiedenen grundsätzlichen Elemente (Phasen) eines planvollen, strukturierten Zinsrisiko-Managements.

b) Der Vorstand entscheidet sich, das Zinsänderungsrisiko mit Hilfe von Zins-(anpassungs-)elastizitäten zu analysieren. Erläutern Sie kurz die diesem Ansatz zugrunde liegenden Kernaussagen.

c) Die ELASTI-Bank weist zur Zeit die folgende statische Elastizitätsbilanz auf:

Elastizitätsbilanz (in Mio. DM)					
Aktiva	Volumen	Zinsela- stizität	Passiva	Volumen	Zinsela- stizität
Barreserve	300	0,00 %	Interbankverbindl.	500	0,88 %
Interbankforderungen	400	0,80 %	Sichteinlagen	700	0,00 %
Kontokorrentkredite	1 000		Termineinlagen	1 200	0,70 %
Kurzfristige Darlehen	1 300	0,60 %	Spareinlagen	1 600	0,45 %
variabl. Aktivgesch.	3 000	0,60 %	var. Passivgeschäft		
Anleihen u. Schuldv.	300	0,00 %	Sparbriefe	500	0,00 %
Kommunaldarlehen	800	0,00 %	Schuldverschreib.	300	0,00 %
Hypothekendarlehen	900	0,00 %	Eigenkapital	200	0,00 %
Festzinsaktiva	2 000	0,00 %	Festzinspassiva	1 000	0,00 %
Aktiva gesamt	5 000		Passiva gesamt	5 000	0,40 %

Berechnen Sie die noch fehlenden Werte in der Elastizitätsbilanz.

d) Ermitteln Sie die Höhe der offenen Festzinsposition und das damit verbundene Festzinsrisiko der ELASTI-Bank. Gehen Sie bei Ihrer Berechnung von einer 1%igen Marktzinsveränderung aus. Bei welcher Zinsentwicklung wird das Risiko schlagend?

e) Wie hoch ist unter diesen Umständen das gesamte Zinsänderungsrisiko der ELASTI-Bank?

f) Verdeutlichen Sie im Rahmen einer Berechnung den Einfluß des variablen Geschäfts auf das gesamte Zinsänderungsrisiko der ELASTI-Bank.

g) Da die oben genannte Zinsentwicklung für sehr wahrscheinlich gehalten wird, sollen Sie zur Absicherung gegen das Zinsänderungsrisiko ein Swap-Geschäft als Makro-Hedge abschließen. Sollte die Bank dabei als Festzinszahler oder als Festzinsempfänger auftreten?

h) Über welches Volumen muß das Swap-Geschäft abgeschlossen werden, wenn die variable Seite des Geschäfts eine Zinselastizität von 0,8 aufweist?

i) Welche Probleme sind mit der Beurteilung des Zinsänderungsrisikos auf Basis der statischen Elastizitätsbilanz verbunden?

4. Stellen Sie die Erweiterungen der dynamischen gegenüber der statischen Elastizitätsbilanz dar. Welche Ergebniskomponenten des Zinsänderungsrisikos sollten dabei ausgewiesen werden?

5. Zur Analyse des Zinsänderungsrisikos bei im Eigenbestand befindlichen festverzinslichen Wertpapieren verwenden Kreditinstitute häufig das Durations-Konzept.

a) Erläutern Sie, inwiefern mit einem Abstellen auf die Duration eine Immunisierung gegen Zinsänderungsrisiken erfolgen kann.

b) Verdeutlichen Sie die Einflußfaktoren der Duration unter Rückgriff auf das Bild der „Durations-Waage".

c) Weshalb wird bei der Ermittlung von Kurswertrisiken festverzinslicher Wertpapiere mit Hilfe der Durations-Methode auch von einer Vorsichtsschätzung gesprochen?

d) Ermitteln Sie den Marktwert einer Anleihe mit drei Jahren Restlaufzeit und einem Kupon von 5% bei einem aktuellen Renditeniveau von 7% für vergleichbare Anleihen.

e) Berechnen Sie einen Schätzwert für das Kursrisiko der Anleihe, wenn die Modified Duration 2,67 beträgt und ein Zinsanstieg auf 8,5% erwartet wird.

6. Die Durations-Methode kann auch auf Wertpapier-Portefeuilles übertragen werden.

a) Wie kann die Duration eines Wertpapier-Portefeuilles ermittelt werden?

b) Welche Probleme ergeben sich bei der Beurteilung des Kurswertrisikos des Portefeuilles auf Basis des Durations-Konzepts?

7. Zur Steuerung des Zinsänderungsrisikos eignen sich insbe-
    sondere außerbilanzielle derivative Steuerungsinstrumente.

    a) Erläutern Sie den Unterschied zwischen Instrumenten mit
        symmetrischem und asymmetrischem Risikoprofil, und ge-
        ben Sie je zwei Beispiele.

    b) Stellen Sie die dem Hedging zugrunde liegende Aus-
        gleichsüberlegung dar.

    c) Was versteht man in diesem Zusammenhang unter dem
        sogenannten Basisrisiko, und wie kann dieses Risiko be-
        einflußt werden?

8. Erläutern Sie, wie mit Hilfe zweier bilanzwirksamer Kassage-
    schäfte eine Sicherungswirkung erzielt werden kann, die der
    eines echten Zinstermingeschäfts entspricht.

9. Ein Kreditinstitut besitzt im Eigenbestand eine Position über
    nominal 10 Mio. DM einer Bundesanleihe mit 5,5% Nominal-
    zins, die sie mit Hilfe eines Future-Geschäfts gegen Kursrisi-
    ken absichern möchte.

    a) Zeigen Sie, wie sich das Institut mit Hilfe eines Future-
        Geschäfts gegen steigende Zinsen absichern kann.

    b) Welche Preisbestandteile werden im „fairen" Wert des
        Futures berücksichtigt?

    c) Was versteht man in diesem Zusammenhang unter der
        sogenannten Cash-and-Carry-Arbitrage?

    d) Ermitteln Sie das notwendige Absicherungsvolumen des
        Future-Geschäfts, wenn die Anleihe zu Kursen von 85,5%
        notiert und eine Modified Duration von 4,5 aufweist. Die
        CTD-Anleihe notiert zur Zeit zu 99,8% und hat eine Modi-
        fied Duration von 6,2. Der Konversionsfaktor der CTD-An-
        leihe beträgt 1,21.

10. Erläutern Sie anhand eines selbstgewählten Beispiels, wie mit
    Hilfe eines Zins-Floors eine Absicherung gegen sinkende Zin-
    sen erfolgen kann. Gehen Sie dabei auch auf die Preisbe-
    standteile der Prämie während der Laufzeit des Floors ein.

6 Wechselkursrisiko

Das Wechselkursrisiko zählt wie das Zinsänderungsrisiko zu den Markt-
preisrisiken. Die Wechselkurse stellen in diesem Zusammenhang die
Preise für eine, hundert oder tausend Einheiten einer ausländischen
Währung dar.

**Das Wechselkursrisiko resultiert aus der unsicheren zukünf-
tigen Entwicklung der Wechselkurse und schlägt sich wirkungsbezogen in einer negativen Abweichung von einer ge-
planten Zielgröße, z.B. dem Betriebsergebnis nach Risikovorsorge, nieder.**

Definition
Wechselkursrisiko

Wie stark diese Preisfluktuationen sein können, verdeutlicht der Blick
auf die langfristige Entwicklung des US-$ seit 1965 (Jahresdurch-
schnittswerte).

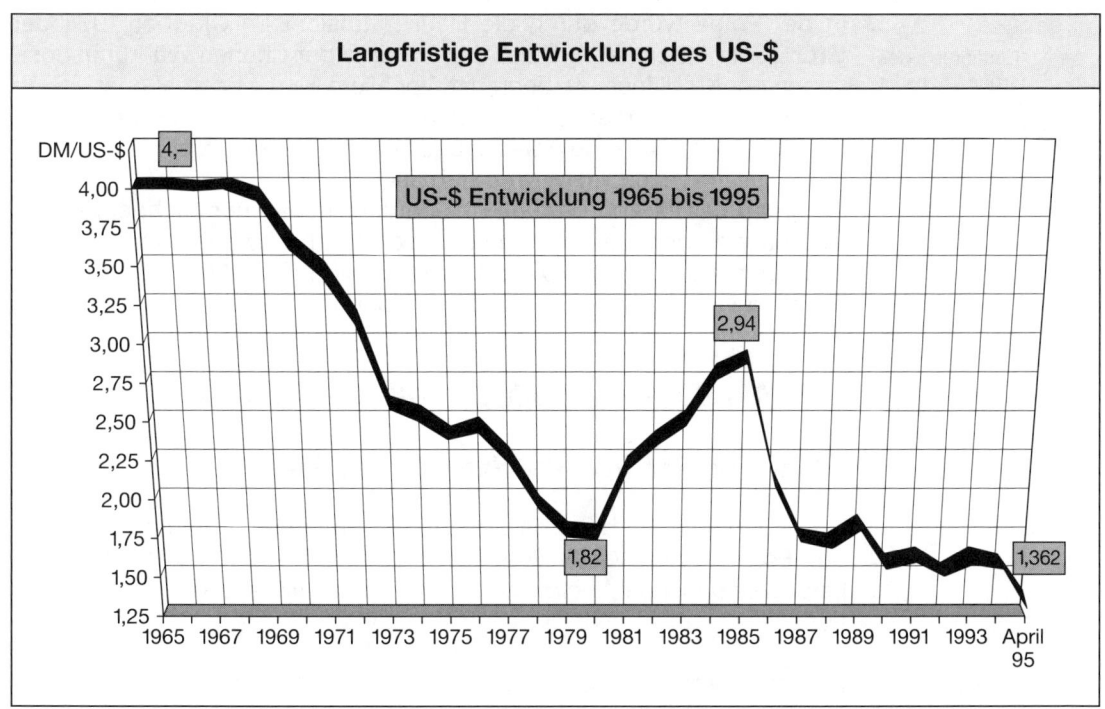

*(Quelle: Deutsche Bundesbank, Statistische Beihefte zu den Monatsberichten, Reihe 5,   Abbildung 71
Devisenkursstatistik, August 1995, S. 11)*

Mit dem endgültigen Auseinanderbrechen des Systems fester Wechselkurse im März 1973 fiel der US-$ von seiner im **Bretton-Woods-Abkommen** festgelegten Parität von etwa 4 DM/US-$ auf durchschnittlich 1,82 in 1980. Innerhalb eines Jahrzehnts verlor er damit mehr als die Hälfte seines Wertes. Mit dem Reagan-Effekt zu Anfang der achtziger Jahre stieg der US-$ dann bis Mitte der achtziger Jahre wieder auf durchschnittlich 2,94 DM/US-$ in 1985 an. Aufgrund des hohen Doppeldefizits der Vereinigten Staaten (Handelsdefizit und Haushaltsdefizit) und zeitweise hoher Inflationsraten verlor er dann in der Folge aber sehr schnell wieder an Wert. Der bisherige historische Tiefstpunkt wurde im April 1995 mit 1,3620 DM/US-$ erreicht.

Bedeutung des Wechselkursrisikos in der Praxis — Die Bedeutung des Wechselkursrisikos für die Kreditinstitute ist sehr unterschiedlich. Während dieses Risiko für eine große Zahl von Instituten, insbesondere Sparkassen und Genossenschaftsbanken, nur eine untergeordnete Bedeutung haben dürfte, kann es jedoch im Einzelfall durchaus eine für ein Institut kritische Dimension erreichen. Der wohl spektakulärste Fall von schlagend gewordenen Wechselkursrisiken führte 1974 zum Zusammenbruch der **Herstatt-Bank**, Köln. Ursache hierfür waren Verluste aus Fehlspekulationen mit Termingeschäften auf den US-Dollar. **Einführung des Grundsatzes I a in der Folge der Herstatt-Krise** — In der Folge wurde durch die Bankenaufsicht im Oktober 1974 der **Grundsatz I a** eingeführt, der den Umfang der offenen Währungspositionen der Kreditinstitute begrenzt. Vor allem für die international tätigen Institute stellt das Wechselkursrisiko ein erhebliches Risikopotential dar, das eine systematische Analyse und Steuerung erfordert.

Aufgrund der für eine Vielzahl von Kreditinstituten nur nachgeordneten Bedeutung und zahlreicher grundsätzlich ähnlicher Überlegungen wie beim Zinsänderungsrisiko kann die Darstellung des Wechselkursrisikos auf einige wesentliche Grundzüge beschränkt bleiben.

6.1 Analyse des Wechselkursrisikos

6.1.1 Formen von Wechselkursrisiken

In der allgemeinen betriebswirtschaftlichen Literatur werden vor allem drei Formen von Wechselkursrisiken unterschieden. Das strategische bzw. ökonomische Wechselkursrisiko, Translationsrisiken und Transaktionsrisiken.

Strategische Wechselkursrisiken — Das **strategische Wechselkursrisiko** stellt auf eine Gefährdung der zukünftigen **Wettbewerbsfähigkeit** einer Unternehmung aufgrund von fundamentalen Wechselkursveränderungen ab. Dieses häufig auch als ökonomisches Wechselkursrisiko bezeichnete Risiko berücksichtigt nicht nur bereits bestehende Fremdwährungspositionen, sondern schließt auch die in der Zukunft entstehenden Cash-flows in die Risikobetrachtung mit ein (Pausenberger/Glaum, 1993).

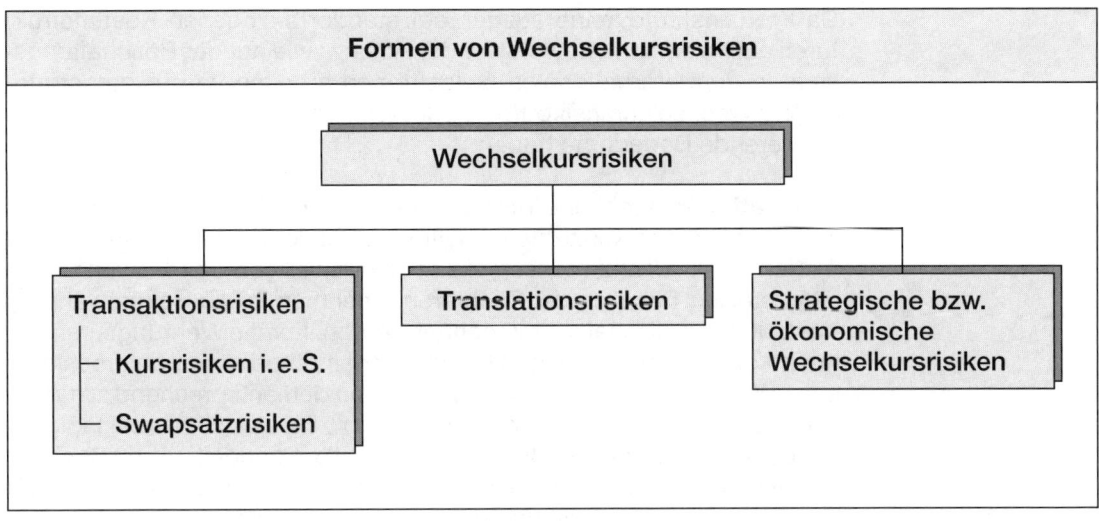

Abbildung 72

Fundamentale Wechselkursveränderungen beeinflussen die zukünftigen Cash-flows einer Unternehmung in zweierlei Hinsicht. Neben den **direkten** Wirkungen aus den bereits bestehenden Fremdwährungspositionen sind es vor allem die **indirekten** Wirkungen, die sich aus einer veränderten **Wettbewerbsposition** der Unternehmen auf den Weltmärkten ergeben. So werden insbesondere die Unternehmen, deren Heimatwährungen gegenüber den Währungen ihrer Konkurrenten stark aufwerten, auf den Weltmärkten in ihrer preislichen Konkurrenzfähigkeit eingeschränkt. Hieraus resultieren unmittelbar Rückwirkungen auf die Nachfrage und damit auf die Entwicklung der Umsatzerlöse. Selbst eine rein inlandsorientierte Unternehmung kann durch strategische Wechselkursrisiken getroffen werden, wenn ausländische Anbieter aufgrund der veränderten Wechselkurse zu sehr viel niedrigeren Preisen auf dem Inlandsmarkt anbieten und so heimische Nachfrager an sich binden können.

Für deutsche Unternehmen hat das strategische Wechselkursrisiko aufgrund der **fundamentalen Stärke der DM** eine hohe Bedeutung. War hiervon Ende der achtziger Jahre beispielsweise der deutsche Werkzeugmaschinenbau betroffen, so ist es aktuell die Luft- und Raumfahrtindustrie. Prominentes Beispiel ist die Daimler-Benz-Tochter DASA, die dem deutschen Blue Chip in 1995 Verluste in Milliardenhöhe aufgrund des schwachen Dollars bescherte und deren Existenzfähigkeit auf dem niedrigen Dollarniveau ernsthaft gefährdet scheint. Demgegenüber dürfte die traditionell starke Exportorientierung der deutschen Wirtschaft auch Ausdruck einer strategischen Wechselkurschance sein, die in den fünfziger und sechziger Jahren aus einer administrativ zu hohen Festlegung des DM/US-$-Wechselkurses innerhalb des Bretton-Woods-Systems resultierte und einer Exportförderung erheblichen Ausmaßes gleichkam.

Hohe Bedeutung des strategischen Wechselkursrisikos für deutsche Unternehmen

Da Kreditinstitute keine ausgeprägt standortbezogenen Kostenstrukturen aufweisen und sowohl auf der Absatz- wie auf der Beschaffungsseite in den internationalen Geldströmen arbeiten, dürfte das strategische Wechselkursrisiko für die deutsche Kreditwirtschaft kaum eine gravierende Bedeutung haben.

Translationsrisiken als Buchwertrisiken

Translationsrisiken sind Risiken, die aus der **Währungsumrechnung** in internationalen Konzernen resultieren. Bei der Erstellung der konsolidierten (Welt-)Bilanz müssen die in den jeweiligen Landeswährungen aufgestellten Bilanzen der Tochterunternehmen in die Heimatwährung der Muttergesellschaft umgerechnet werden. Für die Währungsumrechnung können verschiedene Umrechnungsmethoden mit unterschiedlichen Wahlrechten angewendet werden, die dementsprechend zu unterschiedlich hohen Translationsrisiken führen. Da es sich hierbei lediglich um **buchwertbezogene Umrechnungsrisiken** handelt, die maßgeblich von den bestehenden Buchhaltungskonventionen beeinflußt werden und denen keine realen Zahlungsströme zugrunde liegen, gibt das Translationsrisiko keine echten Erfolgs- und Liquiditätswirkungen von Wechselkursveränderungen an. So weist beispielsweise ein Konzern, der zu 50% in den USA und zu 50% in Deutschland beheimatet ist, bei einem Dollarkursverfall und einer Bilanzierung in DM hohe Verluste, bei Aufstellung der Weltbilanz in US-$ jedoch hohe Gewinne auf. Die tatsächlichen Erfolgs- und Liquiditätswirkungen von Wechselkursveränderungen resultieren dagegen vielmehr aus den sogenannten Transaktionsrisiken.

Transaktionsrisiken als Kern des Wechselkurs-Risikomanagements

Transaktionsrisiken entstehen beispielsweise, wenn bestehende Lieferverträge zu zukünftigen Fremdwährungseingängen führen, deren Wert in Heimatwährung jedoch aufgrund von möglichen Wechselkursveränderungen bis zum Zahlungseingang unsicher ist. Die Ursache von Transaktionsrisiken ist somit in der zeitlichen Differenz zwischen der Entstehung von Fremdwährungsforderungen und -verbindlichkeiten und den dazugehörigen Ein- und Auszahlungen zu sehen.

Die Analyse und Steuerung des Wechselkursrisikos in der Praxis bezieht sich vor allem auf diese Transaktionsrisiken. Der Unterschied zum strategischen Wechselkursrisiko ist lediglich darin zu sehen, daß nur die bereits heute fest determinierten, nicht aber die in der Zukunft noch entstehenden Cash-flows Gegenstand des Wechselkurs-Risikomanagements sind. Die Transaktionsrisiken können weiter in die eigentlichen **Wechselkursrisiken im engeren Sinne** und die **Swapsatzrisiken** unterschieden werden.

6.1.2 Kursrisiken im engeren Sinne und Swapsatzrisiken

Ähnlich wie bei den Zinsänderungsrisiken entstehen Transaktionsrisiken nur aus **betraglich oder zeitlich offenen Positionen**. Während die

Wechselkursrisiken im engeren Sinne (im folgenden nur noch Wechsel-kursrisiken genannt) aus – zum heutigen Zeitpunkt – **betraglich** offenen Devisenpositionen resultieren, ergeben sich die Swapsatzrisiken aus **zeitlichen Inkongruenzen** der Devisenpositionen.

Steht beispielsweise einer Forderung über 200 Mio. US-$ eine US-$-Verbindlichkeit in gleicher Höhe gegenüber, so liegt eine zum heutigen Zeitpunkt **betraglich geschlossene Devisenposition** vor. Änderungen des DM/US-$-Wechselkurses schlagen sich mit gleich hohen, aber gegenläufigen Effekten auf der Aktiv- und der Passivseite nieder. So würde etwa ein Anstieg des Dollarkurses von 1,50 DM/US-$ auf 2,00 DM/US-$ zwar dazu führen, daß die in DM umgerechnete Verbind-lichkeit um 100 Mio. DM ansteigt, dem stünde aber eine entsprechende Werterhöhung der Forderung gegenüber. Beide Effekte würden sich vollständig kompensieren, ein Wechselkursrisiko besteht mithin nicht.

Beispiele zu Wechselkursrisiken im engeren Sinne

Steht der Forderung von 200 Mio. US-$ dagegen eine Verbindlichkeit in Höhe von 300 Mio. US-$ mit gleicher Fristigkeit gegenüber, so ergibt sich eine **offene passivische Devisenposition** in Höhe von 100 Mio. US-$, mit der ein Wechselkursrisiko bei steigenden Dollarkursen ein-hergeht. Bei Fälligkeit beider Positionen führt ein um 0,50 DM/US-$ an-gestiegener Kurs zu einem Wechselkursrisiko von

$$100 \text{ Mio. US-\$} \cdot 0{,}50 \text{ DM/US-\$} = \underline{50 \text{ Mio. DM}}.$$

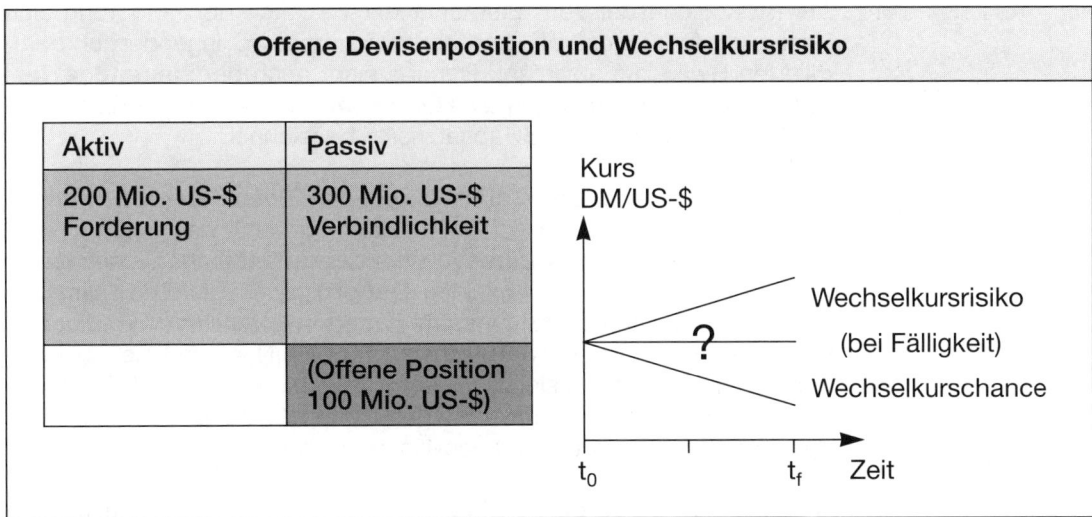

Offene Devisenposition und Wechselkursrisiko

Aktiv	Passiv
200 Mio. US-$ Forderung	300 Mio. US-$ Verbindlichkeit
	(Offene Position 100 Mio. US-$)

Kurs DM/US-$

? Wechselkursrisiko (bei Fälligkeit)

Wechselkurschance

t_0 t_f Zeit

Abbildung 73

Umgekehrt steht dem bei sinkenden Dollarkursen eine entsprechende Wechselkurschance gegenüber. Im Falle einer **offenen aktivischen De-visenposition** würde sich dagegen ein Wechselkursrisiko bei sinkenden und eine Wechselkurschance bei steigenden Dollarkursen ergeben.

Swapsatzrisiken
aus zeitlichen
Inkongruenzen

Zeitliche Inkongruenzen liegen vor, wenn die Forderungen und Verbindlichkeiten in Fremdwährung unterschiedliche Fristigkeiten aufweisen. Hat die oben genannte Forderung von 200 Mio. US-$ beispielsweise noch eine Restlaufzeit von 3 Jahren und wird eine dagegenstehende gleich hohe Verbindlichkeit erst in 4 Jahren fällig, so besteht zum heutigen Zeitpunkt kein Wechselkursrisiko. Da aber die Verbindlichkeit erst zu einem späteren Zeitpunkt fällig wird, führt dies immer dann zu einem zukünftigen Wechselkursrisiko, wenn die aus der Forderung eingehenden US-$-Beträge zwischenzeitlich (bis zur Fälligkeit der Verbindlichkeit) in DM umgetauscht werden.

Absicherung durch
Swap-Geschäfte

Dieses zukünftige Risiko kann zum Zeitpunkt der Fälligkeit der Forderung durch Abschluß eines **Swap-Geschäfts** ausgeschaltet werden. Unter einem **Swap-Geschäft** ist in diesem Zusammenhang die Kombination aus einem **Devisenkassa-** und einem gegenläufigen **Devisentermingeschäft** (Kassakauf und Terminverkauf oder Kassaverkauf und Terminkauf) zu verstehen. Konkret müßte in unserem Beispiel bei Eingang der US-$-Forderung ein Kassaverkauf und ein gleichzeitiger Terminkauf durchgeführt werden. In der Kalkulation des Geschäftes muß dabei allerdings berücksichtigt werden, daß der vereinbarte Terminkurs vom jeweiligen Kassakurs abweicht.

Swapsatzrisiken als
Risiken aus Verände-
rungen zukünftiger
Swapsätze

Die Differenz zwischen dem Terminkurs und dem Kassakurs wird allgemein als **Swapsatz** bezeichnet. Gegenüber der heutigen Situation, die als Basis für die Gesamtkalkulation herangezogen wird, besteht daher das Risiko, daß der zum Zeitpunkt der Fälligkeit der Forderung sich ergebende Swapsatz von dem heute zugrunde zu legenden und kalkulierten Swapsatz abweicht. Damit weicht auch der **zukünftige Terminkurs** von dem **heute kalkulierten Terminkurs** ab. Dieses Risiko wird deshalb als sogenanntes Swapsatzrisiko bezeichnet.

Die Höhe des Swapsatzes ist abhängig von den **Zinsdifferenzen** zwischen dem Inland und dem Ausland. Liegt für eine gegebene Fristigkeit, z. B. Jahresgeld, der **ausländische Zinssatz über dem inländischen Zinssatz**, so weist der Terminkurs einen Abschlag **(Deport)** gegenüber dem Kassakurs auf. Liegt der **ausländische Zinssatz dagegen unter dem inländischen Zinssatz**, so ergibt sich ein Aufschlag **(Report)**. Nur wenn die Zinsdifferenz zwischen In- und Ausland Null ist, wird auch der Swapsatz gleich Null. Dieser feststehende Zusammenhang zwischen Kassa- und Terminkursen ergibt sich zwingend aus Arbitrage-Überlegungen.

Verdeutlichung der
Arbitrage

Unter der Annahme, daß bonitätsmäßig erste Adressen auf den internationalen Geld- und Kapitalmärkten zu nahezu identischen Sätzen Mittel anlegen und aufnehmen können, würde eine Zinsdifferenz zwischen In- und Ausland, die nicht durch einen entsprechenden Swapsatz wieder ausgeglichen wird, zu umfangreichen Arbitrage-Geschäften führen. Weisen beispielsweise die USA ein höheres Zinsniveau als Deutschland auf und wird dieser Zinsvorteil nicht durch einen entsprechenden Abschlag im Devisenterminkurs wieder ausgeglichen, so würden die professionellen Marktteilnehmer sich in DM verschulden und die Mittel nach Umtausch am Kassamarkt in den USA zu den höheren Sätzen anlegen. Das Wechselkursrisiko würde durch Abschluß eines Devisenterminverkaufs ausgeschaltet.

Da der Abschlag beim Terminkurs den Zinsvorteil nicht in vollem Umfang kompensiert, könnte aus diesem Geschäft ein risikoloser Gewinn erzielt werden. Sollte eine solche Situation in der Realität tatsächlich einmal bestehen, so würde unmittelbar eine Vielzahl von Arbitrageuren diese Bewertungsdifferenzen zur Erzielung von risikolosen Gewinnen ausnutzen. Dies würde zu einer steigenden Dollarnachfrage am Kassamarkt und einem steigenden Dollarangebot am Terminmarkt führen. Die Folge wäre ein (Kurs-) Preisanstieg am Kassa- und ein (Kurs-) Preisrückgang am Terminmarkt. Der Swapsatz als Differenz zwischen Kassa- und Terminkurs würde sich auf sein theoretisch und rechnerisch richtiges Niveau zubewegen. Darüber hinaus würden auch die (sekundären) Zinseffekte in die gleiche Richtung wirken. Die Verschuldungsnachfrage würde zu steigenden Zinsen im Inland und das zusätzliche Anlageangebot zu sinkenden Zinsen im Ausland führen. Diese Effekte bewirken, daß die Swapsätze in der Realität zu nahezu jedem Zeitpunkt ihrer aus den Zinsdifferenzen abgeleiteten theoretischen Höhe entsprechen.

Für unterjährige Zeiträume läßt sich der Swapsatz mit Hilfe der folgenden Formel ermitteln (Hiering/Jacobs, 1988, S. 36):

Swapsatzformel

$$\textbf{Swapsatz} = \frac{KK \cdot (Z_I - Z_A) \cdot T}{100 \cdot 360 + Z_A \cdot T}$$

mit:
KK = Kassakurs
Z_I = Inlandszins in %
Z_A = Auslandszins in %
T = Tage

Gegenüber der früher üblichen Swapsatzermittlung – Ermittlung wie oben, jedoch ohne $+ (Z_A \cdot T)$ im Nenner – berücksichtigt dieser genauere Ansatz auch den Zinsertrag aus der Fremdwährungsanlage.

Am 29. September 1995 ergaben sich am **Euro-Geldmarkt** beispielsweise die folgenden Sätze (Mitte) für 6-Monats-Termineinlagen: DM = 4,00%; US-$ = 5,875%. Der Kassamittelkurs des US-$ lag bei 1,4188 DM/US-$.

Beispiel

Aus diesen Angaben kann der Swapsatz und der sich ergebende 6-Monats-Terminkurs für den US-$ wie folgt ermittelt werden:

$$\frac{1,4188 \text{ DM/US-\$} \cdot (4,00 - 5,875) \cdot 180}{100 \cdot 360 + 5,875 \cdot 180} = \underline{-0,0129 \text{ DM/US-\$}}$$

$$\text{Terminkurs} = 1,4188 - 0,0129 = \underline{1,4059 \text{ DM/US-\$}}$$

Da das **Swapsatzrisiko** somit aus Änderungen der Zinsdifferenzen zwischen dem Inland und dem Ausland resultiert, handelt es sich letztlich um eine besondere **Form des Zinsänderungsrisikos**. Aus diesem Grunde werden Swapsatzrisiken häufig auch unmittelbar den Zinsänderungsrisiken zugeordnet und dort behandelt.

Dieser ursachenbezogenen Zuordnung wird hier jedoch nicht gefolgt, da Swapsatzrisiken eine praktische Relevanz nur im Zusammenhang mit zeitlich offenen Devisenpositionen erlangen und sie insofern systematisch in die Behandlung des Wechselkursrisikos einbezogen werden sollten. Darüber hinaus ergibt sich ein enger inhaltlicher Zusammenhang zu den Sicherungsinstrumenten für Wechselkursrisiken, da beispielsweise die Kalkulation von Devisentermingeschäften die Kenntnis der Swapsatzermittlung voraussetzt. Rein formal führen Swapsatzänderungen schließlich zu entsprechenden Terminkursrisiken. Insofern lassen sich also zahlreiche Gründe anführen, die eine Behandlung der Swapsatzrisiken innerhalb des Wechselkursrisikos rechtfertigen.

Der Zusammenhang zwischen dem Wechselkursrisiko im engeren Sinne und den Swapsatzrisiken wird in der Abbildung 74 verdeutlicht.

Aus der betraglichen Differenz der beiden dargestellten Positionen resultiert eine offene passivische US-$-Devisenposition in Höhe von 100 Mio. US-$, die mit einem **Wechselkursrisiko im engeren Sinne** verbunden ist. Da die US-$-Forderung gleichzeitig eine kürzere Laufzeit als die US-$-Verbindlichkeit aufweist (zeitlich offen), besteht für die betraglich geschlossene Devisenposition in Höhe von 200 Mio. US-$ zusätzlich ein **Swapsatzrisiko**.

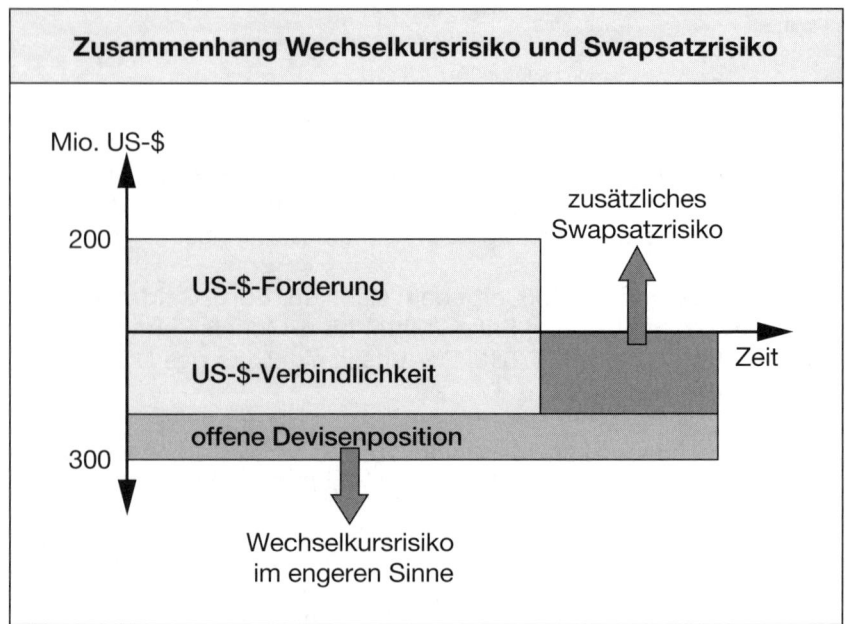

Abbildung 74

6.1.3 Quantifizierung des Wechselkursrisikos

Wie aus den bisherigen Ausführungen bereits hervorgeht, ist das Wechselkursrisiko von der Höhe der offenen Devisenpositionen abhängig. Diese offenen Positionen müssen für jede Währung gesondert ermittelt werden. Dabei müssen je Währung die bestehenden Forderungen und Verbindlichkeiten sowie die außerbilanziellen Lieferansprüche und Lieferverpflichtungen – beispielsweise aus Devisentermingeschäften – im Rahmen eines sogenannten **Devisen-Nettings** zusammengeführt und saldiert werden. Für die Ermittlung der Swapsatzrisiken ist darüber hinaus die zeitliche Struktur der bestehenden Devisenpositionen darzustellen. Die Gesamtheit der betraglich und zeitlich offenen Devisenpositionen wird unter dem Begriff des **Währungs-Exposures** (engl.: to be exposed = ausgesetzt sein, z. B. einem Wechselkursrisiko) zusammengefaßt. Das Währungs-Exposure stellt jedoch nur die eine, interne Komponente des Wechselkursrisikos dar.

Währungs-Exposure als interne Komponente

Die andere, externe bzw. marktseitige Komponente des Wechselkursrisikos stellen die **Wechselkursvolatilitäten** und **-korrelationen** dar. Ein Wechselkursrisiko kann nur vorliegen, wenn bezüglich der zukünftigen Wechselkursentwicklungen Unsicherheit besteht. In einem System absolut fester Wechselkurse könnten weder Wechselkursrisiken im engeren Sinne noch Swapsatzrisiken auftreten. Letztere deshalb nicht, weil sich Zinsunterschiede zwischen den Ländern bis auf Bonitäts- und Liquiditätsdifferenzen einebnen würden. Je ausgeprägter die Wechselkursvolatilitäten sind, um so höher ist unter sonst gleichen Bedingungen das Wechselkursrisiko. Umgekehrt ist bei gegebenen Wechselkursvolatilitäten das Wechselkursrisiko um so höher, je höher das Währungs-Exposure des Instituts ist.

Wechselkursentwicklungen als externe Komponente

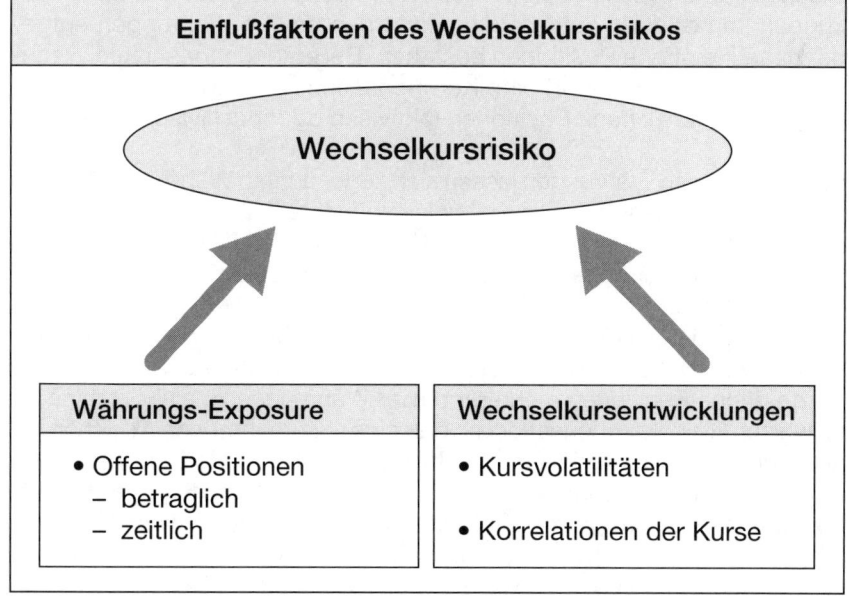

Abbildung 75

Die **Volatilität** als Schwankungsintensität der Wechselkursentwicklung kann wiederum mit der statistischen Kennziffer der **Standardabweichung** (s) bzw. der **Varianz** (s^2) ermittelt werden. Die Standardabweichung als Risikomaß gibt somit Aufschluß über die Höhe des bestehenden Wechselkursrisikos in einer einzelnen Währung. Unter Berücksichtigung eines vorgegebenen Wahrscheinlichkeitsniveaus und der Annahme einer zumindest näherungsweise normalverteilten Wechselkursentwicklung läßt sich das Wechselkursrisiko beispielsweise mit Hilfe des **Money-at-Risk-Konzepts** quantifizieren.

Quantifizierung mit Hilfe des Money-at-Risk-Konzepts

Beispiel Wurde etwa bei einem Wechselkurs von 1,50 DM/US-$ für einen repräsentativen Referenzzeitraum bzw. eine Haltedauer von 1 Monat eine Standardabweichung von 0,05 DM/US-$ ermittelt und wird die 2fache Standardabweichung (berücksichtigte Verlustwahrscheinlichkeit 47,72%) zugrunde gelegt, so ergibt sich für eine offene US-$-Position von 200 Mio. US-$ ein Money at Risk in Höhe von

$$200 \text{ Mio. US-\$} \cdot 0,10 \text{ DM/US-\$} = \underline{20 \text{ Mio. DM}}.$$

Die Wahrscheinlichkeit dafür, daß ein Wechselkursrisiko schlagend wird, das zu einem Verlust von mehr als 20 Mio. DM führt, beträgt hierbei nur noch 2,28%. Umgekehrt beträgt die Wahrscheinlichkeit für auftretende Verluste zwischen 0 und 20 Mio. DM 47,72%. Über die Normierung des Wahrscheinlichkeitsniveaus ist somit eine Quantifizierung des Wechselkursrisikos und seine Beobachtung im Zeitablauf möglich.

Wechselkurskorrelationen sind zu berücksichtigen

Bei mehreren Währungen beeinflussen die **Korrelationen der Währungen** untereinander das Wechselkursrisiko, da bei gleichgerichteten Wechselkursentwicklungen zweier Währungen kompensatorische Wirkungen immer dann auftreten, wenn in den beiden Währungen entgegengesetzte offene Positionen bestehen. Bei entgegengesetzten Wechselkursentwicklungen tritt eine Kompensationswirkung dann ein, wenn gleichgerichtete offene Positionen (aktivisch oder passivisch) vorliegen.

Eine Vielzahl von Währungen lassen sich sogenannten **Währungsblöcken** zuordnen, die mehr oder weniger gleichgerichtete Wechselkursentwicklungen aufweisen. Recht ausgeprägt ist dies bei den Währungen des sogenannten **DM-Blocks** (Belgischer/Luxemburgischer Franc, Dänische Krone, Französischer Franc, Niederländischer Gulden und Österreichischer Schilling) und des **US-$-Blocks** (Australischer, Hongkong-, Kanadischer, Malaysischer und Singapur-Dollar). In diesen Fällen führen entgegengesetzte offene Positionen mehrerer dieser Währungen zu einer zumindest teilweisen Risikokompensation, so daß eine vorzunehmende Absicherung nicht unbedingt für jede Einzelwährung **(perfektes Hedging)** erfolgen muß, sondern gegebenenfalls im Rahmen eines **Makro-Hedge (unvollkommenes Hedging)** erfolgen kann. Da hierbei deutlich weniger Sicherungsgeschäfte durchzuführen sind, können so auch die Sicherungskosten insgesamt verringert werden (vgl. Menichetti, 1992).

Mathematisch läßt sich das Ausmaß der Parallelität von Wechselkurs-entwicklungen mit Hilfe des **Korrelationskoeffizienten** (vgl. Kapitel 3.1.2) quantifizieren. Der Korrelationskoeffizient kann dabei Werte zwischen –1 (vollständig gegenläufige Entwicklungen) und +1 (vollständig gleichge-richtete Entwicklungen) annehmen. Ein Diversifikationseffekt bezüglich des gesamten Wechselkursrisikos eines aus mehreren Währungen be-stehenden Portefeuilles tritt immer dann ein, wenn die Entwicklungen der Einzelwährungen nicht vollständig positiv (+1) korreliert sind.

Im Zeitraum von Januar 1980 bis Dezember 1989 wurden unter Zu-grundelegung des **Schweizer Frankens** als Referenzwährung bei-spielsweise die folgenden Korrelationen bezüglich der monatlichen Wechselkursveränderungen berechnet:

Korrelationen wichtiger Währungen von 1980 bis 1989					
	DEM	FRF	JPY	GBP	USD
DEM	1				
FRF	0,81	1			
JPY	0,29	0,33	1		
GBP	0,40	0,42	0,36	1	
USD	0,39	0,40	0,43	0,47	1

Abbildung 76

(Quelle: Drummen/Zimmermann, 1992, S. 103)

Hohe Diversifikationseffekte ergeben sich aus schweizer Sicht demnach bei Währungspositionen in DM (DEM) und Französischem Franc (FRF), niedrige bei Positionen in DM und Yen (JPY).

Unter Berücksichtigung der Korrelationen kann das gesamte Wech-selkursrisiko eines Portefeuilles aus einer Vielzahl von Währungen wie folgt ermittelt werden (Menichetti, 1992, S. 168):

$$\sigma_P^2 = \sum_{i=1}^{m} \sum_{j=1}^{m} cov_{ij} \cdot a_i \cdot a_j$$

mit: σ_P^2 = Portefeuille-Varianz
      cov_{ij} = Kovarianz zwischen den Währungen i und j
      a_i, a_j = Nettobetrag der Währungen i und j

Dabei kommen die Korrelationen in der **Kovarianz** zum Ausdruck, die wie folgt definiert ist:

$$\text{cov}_{ij} = \rho_{ij} \cdot \sigma_i \cdot \sigma_j$$

mit: ρ_{ij} = Korrelationskoeffizient der Währungen i und j

σ_i, σ_j = Standardabweichungen der Währungen i und j

Das gesamte Wechselkursrisiko (hier in Form der Varianz) errechnet sich also aus dem Produkt aus der Kovarianz zwischen zwei Währungen mit der Höhe der offenen Positionen in beiden Währungen, aufsummiert über alle Währungen.

Die hier dargestellte Ermittlung des Gesamtrisikos kann über das Wechselkursrisiko hinaus auch auf die anderen Marktrisiken (insbesondere Zinsänderungs- und Aktienkursrisiken) übertragen werden (vgl. z. B. Drummen/Zimmermann, 1992).

Volatilitäts- und Korrelationskennziffern im RiskMetrics-System

Die amerikanische Investmentbank J.P. Morgan berechnet beispielsweise im Rahmen ihres **RiskMetrics-Systems** täglich Volatilitäts- und Korrelationskennziffern für zahlreiche Finanzinstrumente auf den 15 wichtigsten Finanzmärkten. So beispielsweise zwischen 3-Monats- und 10-Jahres-Zinsen sowie den Aktienindizes dieser Märkte. Darüber hinaus werden auch die Korrelationen des US-$ gegenüber 15 weiteren wichtigen Währungen ermittelt. Die Bank stellt diese Daten, die elektronisch abgerufen werden können, unentgeltlich zur Verfügung. Zwischenzeitlich wurden auch einige Rohstoffe (z. B. Gold, Kupfer, Heizöl) in die Berechnungen mit einbezogen, so daß die Zahl der Volatilitäts-Kennziffern auf 900 und die Zahl der veröffentlichten Überkreuz-Relationen auf 200 000 angestiegen ist (Rettberg, 1994; J. P. Morgan, 1995).

Mit Hilfe umfangreicher Berechnungen läßt sich also sowohl das gesamte Wechselkursrisiko als auch das gesamte Marktrisiko (inklusive Zins- und Aktienkursänderungsrisiken) quantifizieren. Wird bei einer so vorgenommenen Analyse des Wechselkursrisikos ein Steuerungsbedarf festgestellt, so müssen im Anschluß daran gezielte Maßnahmen ergriffen werden, die die Ist-Risikoposition wieder mit den Soll-Vorstellungen in Übereinstimmung bringen.

6.2 Steuerung des Wechselkursrisikos

Aus den gleichen Gründen, wie beim Zinsänderungsrisiko bereits erläutert (z. B. keine sinnvolle, einzelgeschäftsbezogene Kalkulation von Risikokosten möglich), stellt auch die Steuerung des Wechselkursrisikos primär auf Maßnahmen der **aktiven Risikosteuerung** ab, also auf die Beeinflussung der Risikopotentiale.

Im Rahmen der **Risikovermeidung** ist wiederum auf **Limitsysteme** zu verweisen, die auf echten **Risikolimiten** basieren sollten, wie sie beispielsweise mit Hilfe des bereits angedeuteten **Money-at-Risk-Konzepts** ermittelt werden können. Die Forderung nach **Risikolimiten** anstelle von einfachen **Volumenslimiten** ist beim Wechselkursrisiko einleuchtend, da eine offene Position im Gegenwert von 10 Mio. DM im US-$ offensichtlich ein deutlich höheres Wechselkursrisiko darstellt, als eine gleich hohe offene Position im Niederländischen Gulden.

Risikovermeidung

Darüber hinaus kann – wie soeben gezeigt wurde – durch eine entsprechende Steuerung der Währungspositionen auch eine gezielte Diversifikationswirkung zur Risikoreduzierung herbeigeführt werden.

Einen wesentlichen Schwerpunkt der Risikosteuerung dürften aber – wie beim Zinsänderungsrisiko – die Maßnahmen im Bereich der **Risikoverminderung und Risikoüberwälzung** bilden. Diese lassen sich wiederum in bilanzwirksame und außerbilanzielle Maßnahmen einteilen. So wie beim Zinsänderungsrisiko mit Hilfe von bilanzwirksamen Gegengeschäften Risiken abgesichert werden konnten, lassen sich auch beim Wechselkursrisiko zu den bestehenden offenen Devisenpositionen entsprechende bilanzwirksame Gegengeschäfte darstellen. Die Wirkung beispielsweise eines Devisentermingeschäfts läßt sich – ähnlich wie beim Forward Rate Agreement für das Zinsänderungsrisiko bereits gezeigt – ebenfalls durch die Kombination von zwei gegenläufigen Kassageschäften erzielen. Die hierbei übliche Vorgehensweise wird mit dem Begriff des Finanz-Hedgings umschrieben.

Risikoverminderung und -überwälzung als Kern der Steuerung

6.2.1 Finanz-Hedging

Bei einer offenen **aktivischen Devisenposition (Forderung)** kann eine Kurssicherung beispielsweise durch Aufnahme eines Fremdwährungskredits (Verbindlichkeit als Währungsgegenposition) und Kassaumtausch des Kreditbetrages in Heimatwährung erfolgen. Der Fremdwährungskredit wird dann einschließlich Zinsen durch den Eingang der Fremdwährungsforderung getilgt, und der bereits zuvor umgetauschte Währungsbetrag steht in Heimatwährung zuzüglich Zinsen am Fälligkeitstag der Forderung zur Verfügung.

Im umgekehrten Fall einer **Fremdwährungsverbindlichkeit** müßte bereits heute ein Fremdwährungsbetrag erworben werden, der zuzüglich Zinsen bis zum Fälligkeitstag zur Tilgung der Verbindlichkeit herangezogen werden kann. Da aber die Mittel hierfür heute normalerweise noch nicht zur Verfügung stehen, muß der Fremdwährungskauf über die Aufnahme eines DM-Kredits vorfinanziert werden. Bei der Kalkulation des Gesamtgeschäfts und der Ermittlung der Gesamtkosten müssen dabei natürlich auch die Zinskosten für den DM-Kredit berücksichtigt werden.

Beispiel   Die hier angedeutete Vorgehensweise soll am Beispiel einer offenen
aktivischen Devisenposition (Forderung in Höhe von 200 Mio. US-$) ver-
deutlicht werden:

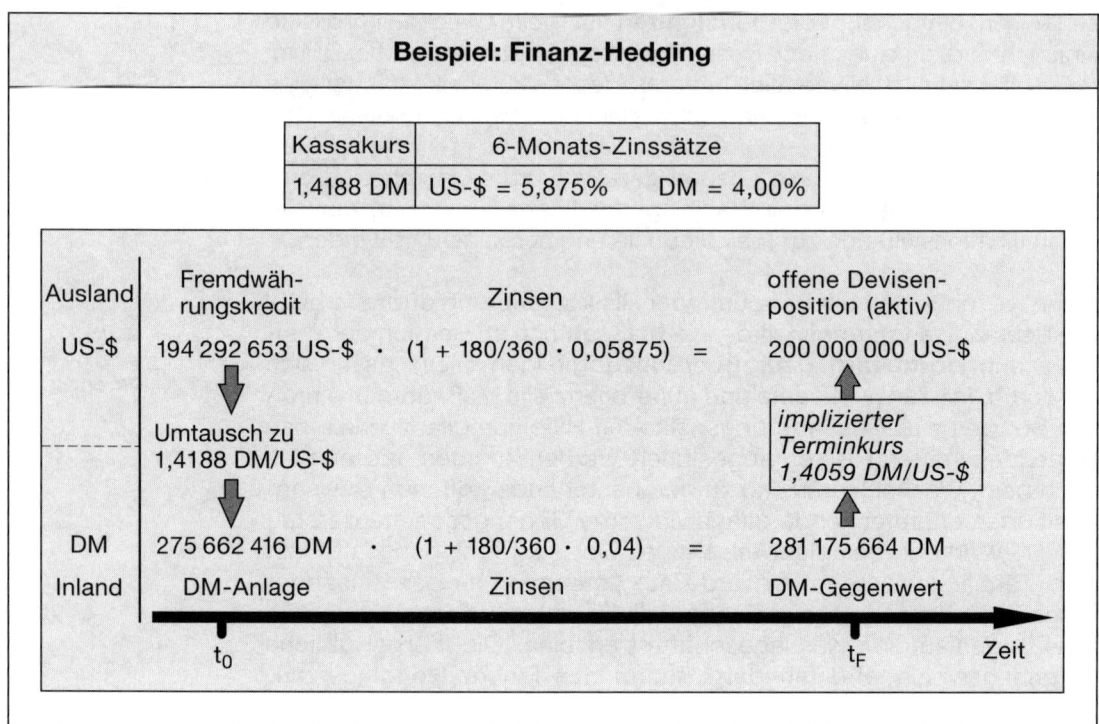

Beispiel: Finanz-Hedging

Kassakurs	6-Monats-Zinssätze	
1,4188 DM	US-$ = 5,875%	DM = 4,00%

Ausland	Fremdwäh-rungskredit	Zinsen	offene Devisen-position (aktiv)
US-$	194 292 653 US-$ ·	(1 + 180/360 · 0,05875) =	200 000 000 US-$

Umtausch zu
1,4188 DM/US-$

implizierter Terminkurs 1,4059 DM/US-$

DM	275 662 416 DM ·	(1 + 180/360 · 0,04) =	281 175 664 DM
Inland	DM-Anlage	Zinsen	DM-Gegenwert

t_0 t_F Zeit

Abbildung 77   (Quelle: In Anlehnung an Süchting, 1989, S. 193 f.)

Der Umtausch der offenen und in 6 Monaten fälligen Forderung in Höhe
von 200 Mio. US-$ wird auf den **heutigen Zeitpunkt (t_0) vorverlagert**.
Bei einem angenommenen Zinssatz von 5,875% für einen 6-Monats-
kredit in den USA ergibt sich für die Forderung ein Barwert in Höhe von
194,3 Mio. US-$. Die notwendige Tilgung des Kredits, die inklusive Zin-
sen zum Zeitpunkt der Fälligkeit der Forderung (t_F) 200 Mio. US-$ aus-
macht, erfolgt dann durch den Eingang der Forderung.

Der Verkauf des Auszahlungsbetrages des Kredits in Höhe von 194,3
Mio. US-$ am Kassamarkt ergibt zum heutigen Kassakurs von 1,4188
DM/US-$ einen Erlös von 275,7 Mio. DM. Diese Mittel können im Inland
zu den aktuellen 6-Monats-Termingeldkonditionen von 4% bis zum Fälligkeitszeitpunkt angelegt werden. Zum Fälligkeitszeitpunkt steht damit
– unabhängig von der weiteren Wechselkursentwicklung bis zur Fälligkeit – ein Betrag in Höhe von 281,2 Mio. DM zur Verfügung. Da dies letztlich der Gegenwert für die 200-Mio.-US-$-Forderung ist, ergibt sich aus
den dargestellten Transaktionen ein für den Zeitpunkt der Fälligkeit sicherer **(implizierter) Devisenterminkurs** von 1,4059 DM/US-$. Im Ver-

gleich zum heutigen Kassakurs von 1,4188 DM bedeutet dies einen Swapsatz (Deport) von –0,0129 DM/US-$.

Da die Konditionen in diesem Beispiel bewußt identisch zu denen bei der Erläuterung des Swapsatzes gewählt wurden, konnte so gleichzeitig eine Überprüfung der dort angegebenen Swapsatzformel erfolgen.

Die hier dargestellten gegenläufigen Kassageschäfte (US-$-Kreditaufnahme und DM-Anlage) entsprechen in ihrer Wirkung dem Abschluß eines US-$-Terminverkaufs. Liquiditätsmäßig gleichen sich die beiden Geschäfte während ihrer Laufzeit aus, wobei jedoch für diesen Zeitraum eine Ausweitung der Bilanzsumme (aktiv und passiv) erfolgt. Da das hier dargestellte Finanz-Hedging in der Regel auch mit höheren Transaktionskosten als ein einfaches Devisentermingeschäft verbunden sein dürfte, werden in der Praxis überwiegend außerbilanzielle Instrumente zur Steuerung des Wechselkursrisikos eingesetzt.

6.2.2 Außerbilanzielle Steuerungsinstrumente im Überblick

Die außerbilanziellen Steuerungsinstrumente können analog zu denen des Zinsänderungsrisikos in Instrumente mit **symmetrischem** und **asymmetrischem Risikoprofil** unterteilt werden. Darüber hinaus kann bezüglich des Handels der Instrumente unterschieden werden, ob sie an einer Börse gehandelt werden oder nicht **(OTC-Geschäfte)**.

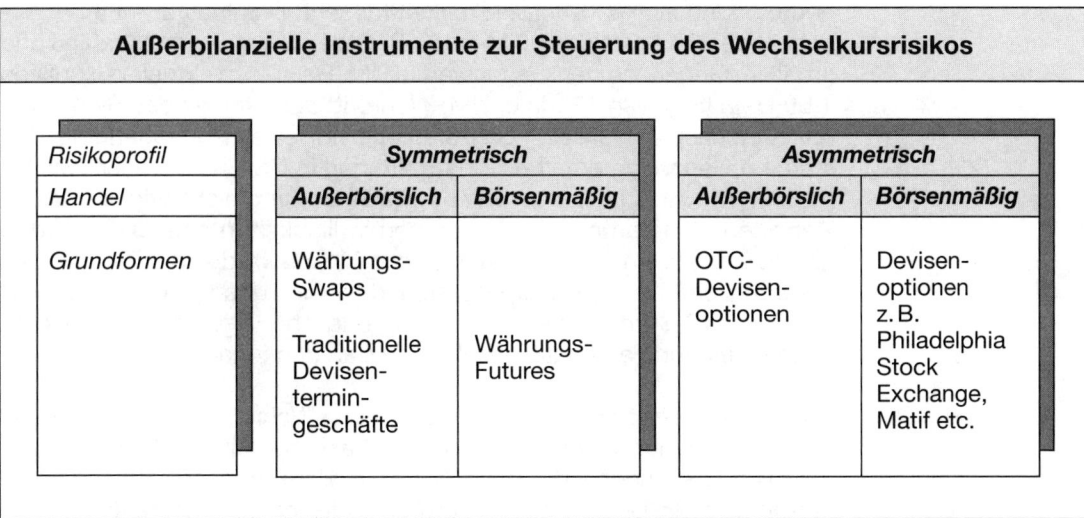

Außerbilanzielle Instrumente zur Steuerung des Wechselkursrisikos				
Risikoprofil	*Symmetrisch*		*Asymmetrisch*	
Handel	*Außerbörslich*	*Börsenmäßig*	*Außerbörslich*	*Börsenmäßig*
Grundformen	Währungs-Swaps		OTC-Devisen-optionen	Devisen-optionen z. B. Philadelphia Stock Exchange, Matif etc.
	Traditionelle Devisen-termin-geschäfte	Währungs-Futures		

Abbildung 78

Währungs-Swaps beinhalten den Austausch und späteren Rücktausch von Kapital- und Zinsbeträgen in unterschiedlichen Währungen zwischen zwei oder mehreren Vertragsparteien. Für den Tausch und

Währungs-Swaps

Rücktausch der Kapitalbeträge wird dabei üblicherweise ein Kurs zugrunde gelegt, der sich am aktuellen Kassakurs bei Abschluß des Geschäfts orientiert. Während der Laufzeit zahlt jeder Kontrahent Zinsen an seinen Vertragspartner und zwar in der Währung, in der er das Kapital erhalten hat.

Handelt es sich bei den vereinbarten Zinsbeträgen in beiden Währungen um Festzinsen (Cross Currency fixed to fixed) oder in beiden Währungen um variable Zinsen (Cross Currency floating to floating), so liegt ein reiner Währungs-Swap vor. Wird gleichzeitig auch die Art der Zinsverpflichtung getauscht, so handelt es sich um einen kombinierten **Zins-/Währungs-Swap** (Cross Currency Interest Rate Swap).

Technisch entspricht der reine Kapitalaustausch einer Kombination aus einem Kassa- und einem Termingeschäft und somit den bereits bei den Swapsatzrisiken angesprochenen Swap-Geschäften. Ein wesentlicher Unterschied zu den dort genannten Swap-Geschäften besteht jedoch darin, daß während der Laufzeit Zinszahlungen erfolgen, die die Zinsdifferenz zwischen den Währungen ausgleichen. Aus diesem Grunde können sowohl für den heutigen Tausch als auch für den späteren Rücktausch die gleichen Kurse zugrunde gelegt werden. Bei einem Währungs-Swap entsprechen sich daher Kassa- und Terminkurs.

Beispiel   Hat ein Kreditinstitut beispielsweise eine offene festverzinsliche US-$-Verbindlichkeit in Höhe von 100 Mio. US-$, die noch eine Restlaufzeit von 5 Jahren aufweist, so kann es das Wechselkursrisiko durch Abschluß eines Währungs-Swaps ausschalten, indem es die 100 Mio. US-$ bereits heute gegen eine DM-Verbindlichkeit tauscht. Das Institut muß bei Abschluß des Swaps also 100 Mio. US-$ an den Swap-Partner zahlen und erhält im Gegenzug den Gegenwert in DM. Bei einem aktuellen Kurs von 1,50 DM/US-$ also 150 Mio. DM. Während der Laufzeit des Swaps hat das Kreditinstitut feste DM-Zinszahlungen an seinen Kontrahenten zu leisten. Im Gegenzug erhält es Zinszahlungen in US-$ von seinem Swap-Partner. Mit Abschluß des Swaps wurde damit gleichzeitig die **US-$-Rendite** der ursprünglich offenen Verbindlichkeit in eine **DM-Rendite** umgewandelt. Am Ende der Laufzeit des Swaps werden die Beträge zum ursprünglichen Kurs zurückgetauscht, das heißt, das Kreditinstitut erhält 100 Mio. US-$, mit denen es die ursprüngliche Verbindlichkeit begleichen kann, und zahlt dafür 150 Mio. DM an den Swap-Partner.

Bezüglich der **bilanziellen Behandlung** von Währungs-Swaps ist anzumerken, daß der Tausch der Kapitalbeträge bei Abschluß des Swaps (100 Mio. US-$ gegen 150 Mio. DM) einen bilanzierungspflichtigen Aktivtausch darstellt. Da aber die auf den Fälligkeitszeitpunkt bestehenden Lieferansprüche und -verpflichtungen – wie bei einem Devisentermingeschäft – als schwebende Geschäfte nicht bilanzierungsfähig sind, erfolgt während der Laufzeit des Swaps keine Ausweitung der Bilanzsumme. Insofern sind Währungs-Swaps also als außerbilanziell zu bezeichnen.

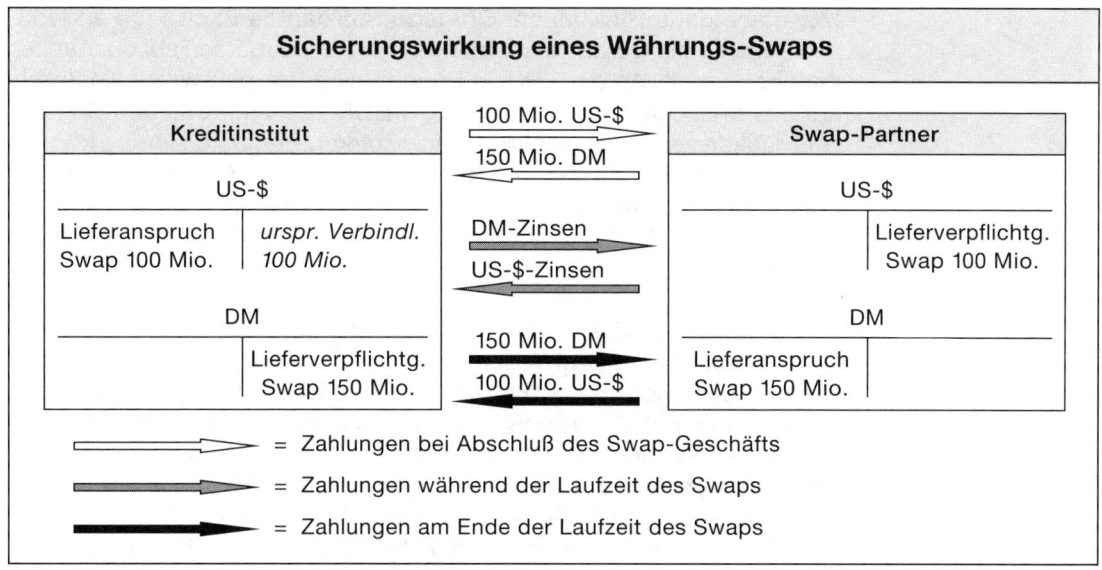

Abbildung 79

Im Gegensatz zu traditionellen Devisentermingeschäften können mit Währungs-Swaps auch sehr langfristige Devisenpositionen mit Laufzeiten von über 10 Jahren abgesichert werden. Zusätzlich zu dem reinen Absicherungseffekt können unter Umständen noch Arbitrage-Vorteile realisiert werden, die aus komparativen Kostenvorteilen des Swap-Partners in der jeweiligen Währung resultieren.

Den volumenmäßig größten Anteil bei den außerbilanziellen Sicherungsinstrumenten dürften wohl die klassischen **OTC-Devisenterminge-schäfte** aufweisen. Ein Devisentermingeschäft beinhaltet die für beide Seiten verbindliche Verpflichtung, einen vereinbarten Währungsbetrag zu einem bestimmten zukünftigen Termin zum bereits heute fixierten Terminkurs zu kaufen oder zu verkaufen. Wie bei der Behandlung des Swapsatzrisikos erläutert, kann dabei jedoch nicht der aktuelle Kassakurs, sondern nur der sich aus der Zinsdifferenz ergebende Terminkurs abgesichert werden. Eine Absicherung einer offenen aktivischen Devisenposition gegen sinkende Wechselkurse kann durch Abschluß eines Devisenterminverkaufs erreicht werden. Umgekehrt ist für die Absicherung einer offenen passivischen Devisenposition gegen steigende Kurse der Abschluß eines Devisenterminkaufs erforderlich. Die Sicherungswirkung von Devisentermingeschäften wird im folgenden Kapitel 6.2.3 noch näher erläutert.

Klassische Devisentermingeschäfte als häufigste Sicherungsinstrumente

Die börsengehandelten **Währungs-Futures** unterscheiden sich von den klassischen Devisentermingeschäften durch ihre Standardisierung bezüglich **Kontraktgröße** und **Laufzeit**, die **tägliche Marktbewertung** sowie die bestehenden **Einschußverpflichtungen** (z. B. Initial und Variation Margins). Währungs-Futures wurden erstmals 1972 am „International

Währungs-Futures

Monetary Market" (IMM) der **Chicago Mercantile Exchange** angeboten. Mittlerweile werden sie an zahlreichen Terminbörsen auf der ganzen Welt gehandelt. An der **Liffe** in London sind beispielsweise Kontrakte auf das britische Pfund, den US-$, die DM, den Yen und den Schweizer Franken verfügbar. Aufgrund ihrer starken Standardisierung können die Future-Kontrakte den individuellen Absicherungserfordernissen jedoch häufig nur begrenzt Rechnung tragen, weshalb sie in ihrer Bedeutung hinter den klassischen OTC-Devisentermingeschäften zurückbleiben.

Devisenoptionen

Devisenoptionen beinhalten für den Käufer das Recht, einen bestimmten Währungsbetrag entweder innerhalb einer bestimmten Optionsfrist **(American Style)** oder am Ende der Optionsfrist **(European Style)** zu einem festgelegten Basispreis zu kaufen (Kaufoption) oder zu verkaufen (Verkaufsoption). Im Gegenzug hat der Käufer dem Verkäufer hierfür bei Abschluß des Geschäfts die Optionsprämie zu zahlen. Neben den individuell im OTC-Geschäft gehandelten Devisenoptionen werden seit 1982 mit der Einführung an der Philadelphia Stock Exchange Devisenoptionen in standardisierter Form auch börsenmäßig gehandelt. Die Standardisierung bezieht sich dabei auf die **Kontraktgröße**, die **Fälligkeiten** und die **Basispreise**. Seit Mai 1994 werden Devisenoptionen auch am französischen Marché à Terme International de France **(Matif)** gehandelt. In Deutschland steht die Einführung von Optionen auf den

Deutsche Terminbörse

US-$ (European Style) an der **DTB** offensichtlich kurz bevor (Rettberg, 1995). Das Kontraktvolumen wird voraussichtlich 50 000 US-$ betragen. Der vergleichsweise späte Einstieg der DTB in das Devisenoptionsgeschäft dürfte auch auf den Widerstand der Kreditinstitute zurückzuführen sein, für die das von ihnen selbst betriebene, wenig transparente OTC-Optionsgeschäft seit Jahren sehr lukrativ ist.

Eine Absicherung gegen steigende Wechselkurse kann beispielsweise durch den Kauf einer Kaufoption erfolgen. Wechselkursrisiken aus sinkenden Wechselkursen werden dagegen insbesondere durch den Kauf einer Verkaufsoption abgesichert. Die Sicherungswirkungen einer Devisenoption werden abschließend im Vergleich zur Sicherung mittels Devisentermingeschäft anhand eines Beispiels erläutert.

6.2.3 Vergleich: Devisenoption und Devisentermin-geschäft

Mit Hilfe von **Devisenoptionen** können sich Kreditinstitute je nach Ausgangssituation gegen sinkende oder steigende Wechselkurse absichern. Gleichzeitig bleibt jedoch grundsätzlich die Möglichkeit bestehen, von einer gegenläufigen Wechselkursentwicklung zu profitieren. Für die Erhaltung der Wechselkurschance hat der Käufer der Option an den Verkäufer die **Optionsprämie** zu zahlen. Im Gegensatz dazu stellt das **Devisentermingeschäft** eine für beide Seiten feststehende Verpflichtung dar, an die beide Parteien unabhängig von der Wechselkurs-entwicklung gebunden sind. Um eine fundierte Entscheidung über das einzusetzende Absicherungsinstrument zu ermöglichen, müssen in jedem Fall die konkreten Sicherungswirkungen detailliert untersucht und Chancen und Risiken einander gegenübergestellt werden. Im Rahmen eines auf den Fälligkeitszeitpunkt bezogenen Vergleichs soll dies im folgenden an einem Beispiel für die Devisenoption und das Devisentermingeschäft verdeutlicht werden.

Ausgangssituation: Beispiel

Ein Kreditinstitut weist am 5. Oktober 1995 eine **offene passivische Devisenposition in Höhe von 200 Mio. US-$** auf. Diese resultiert aus einer Verbindlichkeit, die am 5. April 1996 – also in **6 Monaten** – fällig ist. Der **aktuelle Kassakurs** (Brief) am 5. Oktober beträgt **1,4397 DM/US-$**.

Folgende **Alternativen** stehen zur Wahl:

1. Es erfolgt **keine Absicherung**, die offene Position bleibt bis zur Fälligkeit der Verbindlichkeit offen. Damit besteht für das Kreditinstitut das Risiko, daß der Wechselkurs des US-$ am 5. April 1996 über 1,4397 DM/US-$ liegt und somit der zur Begleichung der Verbindlichkeit benötigte DM-Betrag über dem heute anzusetzenden Betrag liegt.

2. Das Kreditinstitut schließt zur Absicherung ein **Devisenterminge-schäft** (Devisenterminkauf) per 6 Monate ab. Der sich aus der Zins-differenz zwischen den USA und Deutschland ergebende Swapsatz beträgt –0,0128 DM/US-$, woraus sich ein Terminkurs von 1,4269 DM/US-$ ergibt. Der DM-Gegenwert der Verbindlichkeit ist damit für den Fälligkeitszeitpunkt fest fixiert und beträgt 285,38 Mio. DM.

3. Die Absicherung gegen steigende Dollarkurse erfolgt über den Kauf einer **Devisenoption**. Am 5. Oktober werden Kaufoptionen (Calls) mit einem Basispreis von 1,40 DM/US-$ zu einer Optionsprämie von 0,0655 DM/US-$ gehandelt. Mit dieser Option kann der maximale DM-Gegenwert der 200-Mio.-US-$-Verbindlichkeit auf

$$200 \text{ Mio. US-\$} \cdot (1,40 + 0,0655) \text{ DM/US-\$} = \underline{293,1 \text{ Mio. DM}}$$

begrenzt werden. Gleichzeitig bleibt jedoch die Chance erhalten, von sinkenden Wechselkursen zu profitieren. Bei der Kalkulation des dann erforderlichen DM-Gegenwerts ist jedoch die gezahlte Optionsprämie kostenerhöhend zu berücksichtigen.

Um die mit den einzelnen Alternativen verbundenen Sicherungswirkungen zu verdeutlichen, ist eine graphische Veranschaulichung der

Vgl. Abbildung 80   Zusammenhänge sinnvoll. Dabei wird der sich bei Fälligkeit ergebende DM-Gegenwert der 200-Mio.-US-$-Verbindlichkeit in Abhängigkeit von der Höhe des zukünftigen Kassakurses am 05.04.1996 dargestellt.

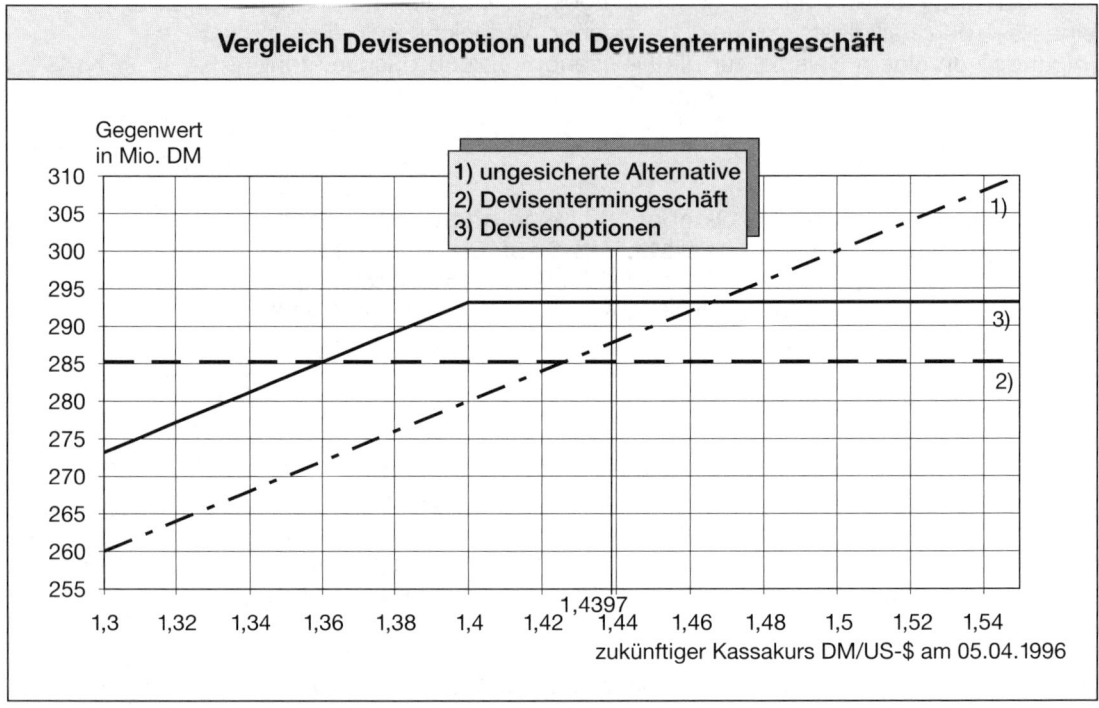

Abbildung 80

Bei der **ungesicherten Alternative** (1) ergibt sich der DM-Gegenwert bei Fälligkeit aus der Multiplikation der offenen Position mit dem zukünftigen Kassakurs. Beträgt der Kassakurs am 05.04.1996 z. B. 1,30 DM/US-$, so ergibt sich ein DM-Gegenwert von 260 Mio. DM. Bei 1,50 DM/US-$ beträgt der Gegenwert bereits 300 Mio. DM. Der DM-Gegenwert entwickelt sich also proportional zum zukünftigen Kassakurs, wobei die Chancen und Risiken, ausgehend vom heutigen Kassakurs, symmetrisch verteilt sind.

Beim **Devisentermingeschäft** (2) ergibt sich ein fester DM-Gegenwert in Höhe von 285,38 Mio. DM. Bezüglich der zukünftigen Wechselkursentwicklung bestehen hier weder Chancen noch Risiken.

Die **Devisenoption** (3) weist gegenüber den beiden anderen Alternativen ein geknicktes Risikoprofil auf, das aus einer asymmetrischen Chance-/Risiko-Verteilung resultiert. Bei Ausübung der Option ergibt sich der maximale Gegenwert in Höhe von 293,1 Mio. DM. Wird die Option nicht ausgeübt, so ergibt sich der insgesamt anzusetzende DM-Gegenwert der Verbindlichkeit in Abhängigkeit von der zukünftigen Wechselkursentwicklung, wobei die gezahlte Optionsprämie entsprechend zu berücksichtigen ist. Bei einem Kurs von 1,30 DM/US-$ würde sich beispielsweise ein gesamter Gegenwert in Höhe von

$$200 \text{ Mio. US-\$} \cdot (1,30 + 0,0655) \text{ DM/US-\$} = \underline{273,1 \text{ Mio. DM}}$$

ergeben.

Steigt der zukünftige Kassakurs **über den Basispreis** von 1,40 DM/US-$ an, so wird die Option ausgeübt und die 200 Mio. US-$ werden zum vereinbarten Basispreis vom Kontraktpartner bezogen. Liegt der zukünftige Kassakurs **unter 1,40 DM/US-$**, so läßt das Kreditinstitut die Option verfallen und deckt sich mit den 200 Mio. US-$ am Kassamarkt ein. Bei den gesamten Kosten ist jedoch wieder zu berücksichtigen, daß die Optionsprämie bereits gezahlt wurde. Deshalb verläuft die Optionsfunktion in diesem Bereich parallel zur Geraden der ungesicherten Alternative, wobei der Abstand zwischen beiden Geraden durch die Höhe der Optionsprämie bestimmt wird.

Für die **Ausübung** der Option ist ausschließlich der Vergleich zwischen Basispreis und aktuellem Preis relevant. Die Höhe der gezahlten Optionsprämie spielt dagegen für die Ausübungsentscheidung keine Rolle. Dies muß auch so sein, da die Optionsprämie bereits bei Erwerb der Option unabhängig davon gezahlt wird, ob die Option später ausgeübt wird oder nicht. Sie kann daher für die Ausübung nicht mehr entscheidungsrelevant sein. In der allgemeinen betriebswirtschaftlichen Terminologie spricht man in einem solchen Fall auch von sogenannten **Sunk Costs** (versunkenen Kosten).

Optionsprämie als Beispiel für Sunk Costs

An den in der Abbildung erkennbaren Schnittpunkten der eingezeichneten Geraden wechselt jeweils die **Vorteilhaftigkeit** einer Alternative gegenüber einer anderen. So ist die **ungesicherte Alternative gegenüber der Devisenoption** so lange vorteilhaft, wie der zukünftige Kassakurs unter 1,4655 DM/US-$ (1,40 + 0,0655) liegt. Gegenüber dem **Devisentermingeschäft** ist die ungesicherte Alternative bis zum Terminkurs von 1,4269 DM/US-$ günstiger. Steigt der Kurs darüber, ist das Termingeschäft vorteilhaft.

Da der Schnittpunkt der Optionsfunktion mit der Geraden des Termingeschäfts sehr weit links liegt, muß der zukünftige Kassakurs offensichtlich deutlich niedriger sein als der heutige Kassakurs, damit die Option einen Vorteil gegenüber dem Devisentermingeschäft bietet. Dies ist der Fall, wenn der zukünftige Kurs unter 1,3614 DM/US-$ (1,4269 – 0,0655) liegt. Verglichen mit dem heutigen Kassakurs von 1,4397 DM/US-$ muß der US-$ daher um 7,83 Pfennig bzw. 5,44% sinken, damit die Option vorteilhaft wird. Die Absicherungsentscheidung ist dann letztlich noch davon abhängig, für wie **wahrscheinlich** eine solche **Wechselkursentwicklung** erachtet wird.

Klassisches und
dynamisches Hedging

Die hier auf den **Fälligkeitszeitpunkt** bezogenen Überlegungen werden auch als **klassisches Hedging** bezeichnet. Im praktischen Devisenmanagement hat das klassische Hedging heute nur noch eine untergeordnete Bedeutung. Im Rahmen des heute überwiegend angewendeten **dynamischen Hedgings** werden dagegen die Wertveränderungen der offenen Devisenpositionen und der Optionsprämien **während der Laufzeit** der Option aufeinander abgestimmt.

Einflußfaktoren der
Optionsprämie

Aus der modernen **Optionspreistheorie** ergibt sich, daß der Wert einer Devisenoption insbesondere von sechs Faktoren abhängig ist (Menichetti, 1992):

- dem aktuellen **Kassakurs**,
- dem **Basispreis**,
- der **Zinsdifferenz** zwischen In- und Ausland, da sie den rechnerischen Terminkurs bestimmt,
- der **Kursvolatilität**,
- der **Restlaufzeit** der Option sowie
- dem laufzeitäquivalenten **Zinssatz** der Währung, in der die Optionsprämie gezahlt wird.

Während die ersten drei Faktoren den **inneren Wert** der Option bestimmen, determinieren die letzten drei Faktoren ihren **Zeitwert**.

Delta einer Option

Beim **dynamischen Hedging** wird insbesondere auf den Zusammenhang von Veränderungen der Optionsprämie aufgrund von Veränderungen des aktuellen Kurses abgestellt. Das sogenannte **Options-Delta (δ)** gibt dabei an, um wieviel sich der Preis der Option verändert, wenn sich der Kassakurs um eine Einheit verändert. Mathematisch entspricht das Options-Delta der ersten Ableitung der Optionspreisformel nach dem aktuellen Kassakurs. Da es sich hierbei um eine **Punktelastizität** handelt, können mit Hilfe des Deltas – ähnlich wie mit der Duration im Bereich des Kurswertrisikos bei festverzinslichen Wertpapieren – lediglich näherungsweise **Schätzungen** vorgenommen werden. Werden einer offenen Devisenposition genau in dem Verhältnis **(Hedge Ratio)** Devisenoptionen gegenübergestellt, bei dem sich die kursbedingten Wertänderungen der offenen Position mit den Wertänderungen der Optionen genau ausgleichen, so wird dies als **Delta-neutrales Hedging** bezeichnet.

Darüber hinaus gibt es im Rahmen des dynamischen Hedgings zahlreiche weitere Sicherungsstrategien, die z. B. auf Restlaufzeitveränderungen oder Volatilitätsveränderungen abstellen. Da diese Strategien auch einen wesentlichen Teil des modernen Portfoliomanagements darstellen, erscheint an dieser Stelle – schon aus Platzgründen – ein Verzicht auf eine detaillierte Behandlung dieser Strategien geboten.

1. Bei Wechselkurs- bzw. Währungsrisiken wird häufig zwischen Transaktions-, Translations- und strategischen Wechselkursrisiken unterschieden. Erläutern Sie die Begriffe, und geben Sie je ein Beispiel.

2. Im Zusammenhang mit Wechselkursrisiken wird regelmäßig auch das sogenannte Swapsatzrisiko erwähnt. Zeigen Sie anhand eines selbstgewählten konkreten Beispiels, inwiefern es sich hierbei um ein internationales Zinsänderungsrisiko handelt. Verwenden Sie dabei auch die weiter oben angegebene Swapsatzformel.

3. Der Swapsatz als Differenz zwischen Termin- und Kassakurs gleicht regelmäßig die Zinsdifferenz zwischen zwei Ländern aus. Welche Arbitrage-Prozesse würden stattfinden, wenn bei unterschiedlichen Zinssätzen im In- und Ausland der Terminkurs dem Kassakurs entsprechen würde, und welche Preiswirkungen würden diese Arbitrage-Prozesse auf den verschiedenen Teilmärkten auslösen?

4. Erläutern Sie die verschiedenen internen und externen Einflußfaktoren des Wechselkursrisikos.

5. Verdeutlichen Sie, wie mit Hilfe des Money-at-Risk-Konzepts eine Quantifizierung des Wechselkursrisikos erfolgen kann.

6. Seit etwa Mitte der achtziger Jahre werden zur Absicherung von Wechselkursrisiken verstärkt auch Währungs-Swaps eingesetzt. Zeigen Sie die grundsätzlichen Sicherungswirkungen eines solchen Swaps auf. Gehen Sie dabei auch auf die Zahlungsströme zu Beginn, während und am Ende der Laufzeit ein.

7. Die Deviso-Bank hat per Termin 6 Monate eine offene Lieferverpflichtung aus einem Devisentermingeschäft in Höhe von 20 Mio. US-$. Der für das Wechselkursrisiko Verantwortliche ist sich nicht sicher, ob er die Position absichern oder im Rahmen des noch freien Limits spekulativ offenhalten soll. Um seine Entscheidungsfindung zu fundieren, will er die Auswirkungen verschiedener Alternativen im Rahmen von Chance-/Risikoprofilen graphisch gegenüberstellen. Als mögliche Alternativen werden in Betracht gezogen:

   1) Spekulation bei einem derzeitigen Kassakurs von 1,5935 DM/US-$,

2) vollständige Absicherung mit Hilfe eines Devisentermingeschäfts, wobei zur Zeit folgende Swapsätze (Reports) genannt werden (1 Monat, 3 Monate, 6 Monate): 0,69, 2,08, 3,81 Pfennig je US-$,

3) Absicherung über eine Devisenoption. Zur Zeit werden US-$-Optionen zu den folgenden Prämien gehandelt (Pfennig je US-$, Basispreis = aktueller Kassakurs):

Zeitraum	call	put
1 Monat	2,96	2,23
3 Monate	5,18	3,20
6 Monate	7,62	4,06

a) Welche Wechselkursentwicklung ist bei „Offenhalten" der Position für die Bank positiv?

b) Zeichnen Sie die drei Alternativen unter Berücksichtigung der entsprechenden Kurse und der Optionsprämie in ein Diagramm ein, wobei der Gegenwert der zu liefernden Devisen in Abhängigkeit vom zukünftigen Kassakurs dargestellt werden soll.

c) Diskutieren Sie die Vor- und Nachteile einer Absicherung mittels Devisenoption gegenüber der mittels Devisentermingeschäft. Innerhalb welchen Bereichs zukünftiger Kassakurse ist die Devisenoption gegenüber dem Devisentermingeschäft vorteilhaft?

8. Erläutern Sie den Unterschied zwischen dem klassischen und dem dynamischen Hedging. Gehen Sie dabei auch auf den Begriff des Options-Deltas ein.

Schlußbemerkung

Wie die Ausführungen in den Kapiteln zum Zinsänderungsrisiko und zum Wechselkursrisiko gezeigt haben, stehen im Bereich der Marktpreisrisiken heute eine Vielzahl von Steuerungsinstrumenten zur Verfügung. Hierbei sind insbesondere die außerbilanziellen, derivativen Instrumente hervorzuheben, die – sinnvoll eingesetzt – eine zielgerichtete Risikosteuerung erlauben.

Aufgrund ihrer hohen Hebelwirkungen können die derivativen Instrumente – bei einem falschen Einsatz – aber auch enorme Risikopotentiale aufbauen, die ein Institut durchaus in seiner Existenz gefährden können. Daraus ergibt sich ein hoher Anspruch an die Risikoanalyse. Sie muß so weit verfeinert werden, daß sie eine sichere und zuverlässige Basis für den Einsatz dieser Instrumente liefert. Die theoretischen Konzepte hierfür liegen weitestgehend vor, so daß in den nächsten Jahren vor allem die Umsetzung in die Praxis im Vordergrund stehen wird. In gleicher Weise muß die abwicklungstechnische Überwachung der Geschäfte lückenlos gewährleistet werden.

In den Ausführungen zum Ausfallrisiko wurde darüber hinaus deutlich, daß sich auch beim klassischen Ausfallrisiko in den letzten Jahren eine rasante Entwicklung vollzogen hat. Gegenüber den Marktpreisrisiken ist die Quantifizierbarkeit hier – aufgrund der Datenqualität und -häufigkeit – jedoch wesentlich stärker eingeschränkt. Neben einer sehr viel bewußteren Portefeuille-Struktursteuerung ist insbesondere auf eine sachgerechtere Kalkulation von Risikokosten hinzuweisen.

Das interne Risk Management weist heute also schon einen recht hohen Stand auf. Die Bankenaufsicht wird dem zukünftig stärker Rechnung tragen, in dem sie auch die Ergebnisse interner Risikomodelle bei ihrer bankaufsichtlichen Risikobegrenzung anerkennen wird. Die Vielzahl der aktuellen Publikationen in den verschiedenen Teilbereichen der Risikopolitik verdeutlicht aber auch, daß die Entwicklungen durchaus noch nicht als abgeschlossen gelten können und in den nächsten Jahren eine weitere intensive Zusammenarbeit zwischen Theorie und Praxis erforderlich ist.

Unabhängig von schärferen Vorgaben durch die Bankenaufsicht werden auch die marktseitigen Anforderungen und der Wettbewerb in der Kreditwirtschaft zukünftig gerade auch kleinere Kreditinstitute dazu zwingen, ein planvolles und systematisch strukturiertes Risk Management zur Analyse, Steuerung und Kontrolle der Risikoposition des Gesamtinstituts zu installieren.

Literatur- und Quellenverzeichnis

Altman, E. I.: Financial ratios, discriminant analysis and the prediction of corporate bankruptcy, in: Journal of Finance, September **1968**, S. 589-609

Altman, E. I. / Haldeman, R. G. / Narayanan, P.: Zeta™ Analysis – A new model to identify bankruptcy risk of corporations, in: Journal of Banking and Finance, No. 1, 1977, S. 29-51

Backhaus, K. / Meyer, M.: Internationale Risikobarometer, in: Absatzwirtschaft, Nr. 10, **1984**, S. 64-74

Baetge, J.: Möglichkeiten der Früherkennung negativer Unternehmensentwicklungen mit Hilfe statistischer Jahresabschlußanalysen, in: Zeitschrift für betriebswirtschaftliche Forschung (zfbf), Nr. 9, **1989**, S. 792-811

Baetge, J.: Rating von Unternehmen anhand von Bilanzen, in: Die Wirtschaftsprüfung, Nr. 1, **1994**, S. 1-10

Baetge, J., u. a.: Bonitätsbeurteilung von Jahresabschlüssen nach neuem Recht (HGB 1985) mit Künstlichen Neuronalen Netzen auf der Basis von Clusteranalysen, in: Der Betrieb, Nr. 7, **1994**, S. 337-343

Baxmann, U. G.: Bankbetriebliche Länderrisiken, München **1985**

Beaver, W. H.: Financial ratios as predictors of failure, in: Empirical Research in Accounting, selected studies 1966, Ergänzungsheft zu Journal of Accounting Research, **1966**, S. 71-103

Berger, W.: Neue Ansätze im Schuldenmanagement der Entwicklungsländer, in: Sparkasse, Nr. 3, **1988**, S. 123-129

Brammertz, W. / Jäk, A.: Barwert und Duration von Spargeldern, in: Die Bank, Nr. 7, **1993**, S. 420-423

Brüggestrat, R.: Die Liquiditätsrisikoposition eines Kreditinstituts, Frankfurt/M. **1990**

Bühler, W. / Herzog, W.: Die Duration – eine geeignete Kennzahl für die Steuerung von Zinsänderungsrisiken in Kreditinstituten? (Teil I und II), in: Kredit und Kapital, Nr. 3 u. 4, **1989**, S. 403-428 u. 524-564

Bühler, A. / Hies, M.: Zinsrisiken und Key-Rate-Duration, in: Die Bank, Nr. 2, **1995**, S. 112-118

Büschgen, H. E.: Bankbetriebslehre, 3. Aufl., Wiesbaden **1991**

Demirgüc-Kunt, A.: Deposit-institutions failures: A review of empirical literature, in: Economic Review, Federal Reserve Bank of Cleveland, Nr. 4, **1989**, S. 2-18

Deutsche Bank AG (Hrsg.): Geschäftsbericht 1994, Frankfurt/M. **1995**

Deutsche Bundesbank (Hrsg.): Die Fünfte Novelle des Kreditwesengesetzes, in: Monatsbericht, November **1994**, S. 59-67

Deutsche Bundesbank (Hrsg.): Statistische Beihefte zu den Monatsberichten der Deutschen Bundesbank, Reihe 2, Kapitalmarktstatistik, versch. Jg.

Deutsche Bundesbank (Hrsg.): Statistische Beihefte zu den Monatsberichten der Deutschen Bundesbank, Reihe 5, Devisenkursstatistik, August **1995**, S. 11

Dombret, A. / Vossenberg, L.: Schuldenkrise und Securitization, in: Österreichisches Bankarchiv, Nr. 12, **1987**, S. 861-875

Dresdner Bank AG (Hrsg.): Zinsmanagement – Instrumente und Anwendungen, 2. Aufl., Frankfurt/M. **1989**

Drummen, M. / Zimmermann, H.: Portfolioeffekte des Währungsrisikos, in: Finanzmarkt und Portfolio Management, Nr. 1, **1992**, S. 81-103

Eller, R.: Modified Duration und Convexity – Analyse des Zinsrisikos, in: Die Bank, Nr. 6, **1991**, S. 322-326

Erxleben, K., u. a.: Klassifikation von Unternehmen – Ein Vergleich von Neuronalen Netzen und Diskriminanzanalyse, in: Zeitschrift für Betriebswirtschaft, Nr. 11, **1992**, S. 1237-1262

Fritz, M. G. / Wandel, T.: Qualitatives Kreditrisikomanagement, in: Die Bank, Nr. 11, **1991**, S. 620-625

Hake, B.: Der BERI-Index – ein Hilfsmittel zur Beurteilung des wirtschaftspolitischen Risikos von Auslandsinvestitionen, in: Lück, W./ Tromsdorff, V. (Hrsg.): Internationalisierung der Unternehmung als Problem der Betriebswirtschaftslehre, Berlin **1982**, S. 464-473

Hake, B.: Die Prognose des Länder-Risikos für Kreditgeber, in: Zeitschrift für das gesamte Kreditwesen, Nr. 1, **1984**, S. 57 u. 58

Hempel, G. H. / Coleman, A. B. / Simonson, D. G.: Bank Management, 3. Aufl., New York **1990**

Hiering, W. / Jacobs, R.: Die Absicherung von Fremdwährungsrisiken, Stuttgart **1988**

Hölscher, R.: Risikokosten Management in Kreditinstituten, Frankfurt/M. **1987**

Jaeger, A.: Multikriteria-Analyse im Bankbereich: Von PROMETHEE zu BANKADVISOR, in: Die Bank, Nr. 6, **1988**, S. 324-328.

J.P. Morgan: J.P. Morgan baut Risk-Metrics-System aus, in: Frankfurter Allgemeine Zeitung vom 01.04.**1995**, S. 16

Keine, F.-M.: Die Risikoposition eines Kreditinstituts, Wiesbaden **1986**

Krumnow, J.: Risikoanalyse im Controlling einer Großbank, in: Kolbeck, R. (Hrsg.): Die Finanzmärkte der neunziger Jahre – Perspektiven und Strategien, Frankfurt/M. **1990**, S. 93-119

Landwehr, H. A.: Moderne Instrumente zur Steuerung von Zinsrisiken, in: Rolfes, B. / Schierenbeck, H. / Schüller, S.: Bilanzstruktur- und Treasury-Management in Kreditinstituten, Frankfurt/M. **1994**, S. 143-155

Maier, G.: Debt-Equity-Swaps – Ein Ausweg aus der Schuldenkrise?, in: Sparkasse, Nr. 11, **1987**, S. 504-507

Menichetti, M. J.: Betriebliches Währungsmanagement: Optionen versus Futures, in: Die Unternehmung, Nr. 3, **1992**, S. 165-182

Merbecks, A.: Organisatorische Ausgestaltung des Risikomanagements in Finanzinstitutionen, in: Süchting, J. (Hrsg.): Semesterbericht des Instituts für Kredit- und Finanzwirtschaft, Nr. 39, Wintersemester 1993/94, Bochum **1994**, S. 4-18

Mewes, H.: Lateinamerika auf schmalem Grat zur Wachstumsregion, in: Die Bank, Nr. 1, **1993**, S. 14-18

Meyer, F. / Wittrock, C.: Der FIBOR-Future an der DTB, in: Die Bank, Nr. 3, **1994**, S. 169-172

Moser, R.: Außenhandelsfinanzierung, in: Gebhardt, G. / Gerke, W. / Steiner, M. (Hrsg.): Handbuch des Finanzmanagements, München **1993**, S. 557-583

Müller, A. P.: Finanzierungskennziffern zur Analyse des Länderrisikos im Auslandskreditgeschäft: Ein Überblick, in: Wirtschaftswissenschaftliches Studium (WiSt), Nr. 9, **1985**, S. 477-480

Pausenberger, E. / Glaum, M.: Management von Währungsrisiken, in: Gebhardt, G. / Gerke, W. / Steiner, M. (Hrsg.): Handbuch des Finanzmanagements, München **1993**, S. 763-785

Platow Brief vom 16.01.1995: Mexiko Schulden – Deutsche Banken sind fein raus

Professoren Arbeitsgruppe (Philipp, F., u. a.): Bankaufsichtsrechtliche Begrenzung des Risikopotentials von Kreditinstituten, in: Die Betriebswirtschaft, **1987**, S. 285-302

Puhlmann, A.: Das Länderrisiko hat sich seit Beginn der Transformation deutlich verschlechtert, in: Handelsblatt vom 19.05.**1994**, S. B6

Reichhardt, H.: Statistische Methodenlehre für Wirtschaftswissenschaftler, 6. Aufl., Opladen **1976**

Rettberg, U.: Eine neue Methode soll mehr Transparenz schaffen, in: Handelsblatt vom 12.12.**1994**, S. 40

Rettberg, U.: Devisenoptionen in der Pipeline, in: Handelsblatt vom 22.06.**1995**, S. 33

Reuter, A. / Welsch, F.: Wie sich frühzeitig Kreditrisiken erkennen lassen, in: Betriebswirtschaftliche Blätter, Nr. 2, **1993**, S. 48-51

Rolfes, B.: Die Steuerung von Zinsänderungsrisiken in Kreditinstituten, Frankfurt/M. **1985**

Rolfes, B.: Risikoquantifizierung im Elastizitätskonzept, in: Rolfes, B./ Schierenbeck, H. / Schüller, S.: Bilanzstruktur- und Treasury-Management in Kreditinstituten, Frankfurt/M. **1994**, S. 203-219

Schacht, G.: Frühwarnsystem und Kreditrating, Tagungsdokumentation zum ZEB-Workshop Risikomanagement in Kreditinstituten am 02.03.**1995** in Münster

Schierenbeck, H.: Ertragsorientiertes Bankmanagement, 4. Aufl., Wiesbaden **1994**

Schmidt, H.: Wege zur Ermittlung und Beurteilung der Marktzinsrisiken von Banken, in: Kredit und Kapital, Nr. 3, **1981**, S. 249-286

Schulte, M.: Integration der Betriebskosten in das Risikomanagement von Kreditinstituten, Wiesbaden **1994**

Schwanitz, J.: Analyse des Kontokorrentzinses mit Hilfe des Elastizitätsdiagramms, in: Die Bank, Nr. 3, **1995**, S. 165-169

Shapiro, H. D.: Country Credit: Before the fall, in: Institutional Investor, Nr. 3, **1995**, S. 89-95

Steiner, M.: Rating, in: Wirtschaftswissenschaftliches Studium (WiSt), Nr. 10, **1992**, S. 509-515

Storck, E.: Euromärkte in schwierigem Umfeld, in: Die Bank, Nr. 1, **1995**, S. 20-28

Stützel, W.: Bankpolitik – heute und morgen, 3. Aufl., Frankfurt/M. **1983**

Süchting, J.: Finanzmanagement, 5. Aufl., Wiesbaden **1989**

Süchting, J.: Bankmanagement, 3. Aufl., Stuttgart **1992**

Thiessen, F.: Die Banken setzen zu sehr auf indirekte Informationen und historisches Material, in: Handelsblatt vom 19.05.**1994**, S. B8

Vogel, T.: Insolvenzrisiko und Kreditstreuung im Kreditwesengesetz, in: Wirtschaftswissenschaftliches Studium (WiSt), Nr. 11, **1988**, S. 588-590

Weinrich, G.: Kreditwürdigkeitsprognosen, Wiesbaden **1978**

Stichwortverzeichnis

Kurzbiographie des Autors

Nach Banklehre und Bundeswehrzeit studierte **Dr. rer. oec. Michael Schulte** Wirtschaftswissenschaft an der Ruhr-Universität Bochum. Als wissenschaftlicher Mitarbeiter am Lehrstuhl für Finanzierung und Kreditwirtschaft von Prof. Dr. J. Süchting promovierte er dort anschließend zum Thema „Integration der Betriebskosten in das Risikomanagement von Kreditinstituten". Seit 1988 ist er Dozent und Trainer für die BANKAKADEMIE. In der Kreissparkasse Recklinghausen ist er heute leitend mit Aufgaben der Unternehmenssteuerung betraut, die neben der dezentralen Planung, Zielvereinbarung und -kontrolle auch wesentliche Teile des zentralen Bilanzstrukturmanagements umfassen.